마음
똑똑

외롭고 건조한 삶을 채색하는 심리 에세이

마음
뚝뚝

박승숙 지음

인물과
사상사

내가 가장 예민하게 반응하는 단어가 있으니 '유별나다'는 말이다. 보통의 것과 아주 다르다는 뜻을 지닌 이 말은 오랫동안 나를 힘들게 했다. 지금이야 '엉뚱하다, 사차원이다, 독특하다'는 평가가 매력적이라는 뉘앙스로도 쓰이지만, 내가 10대와 20대를 지내온 1980년대와 1990년대 중반까지만 해도 다르다는 건 '틀리다'는 의미를 내포했고, 틀리면 정을 맞는 게 당연한 분위기였다.

어려서부터 나는 '별나게 군다', '유난스럽다'는 말을 많이 들었다. 그 말은 그 표현을 쓴 분에 의해 '그르다', '피곤하게 군다' 혹은 '쯧쯧쯧'의 의미로 내게 자리 잡았다. 스스로 어쩔 수 없는 유별한 특성 때문에 나는 내가 하는 모든 행동과 선택에 책임을 저야 했고, 꼭 내 관점이나 방식이 틀린 것만은 아님을 입증해야 했다.

그럼에도 나 생긴 그대로를 부정한 적은 없고 포기하지도 않았다. 거기에는 별난 구성원이 많은 내 가족의 분위기가 한몫한 게 분명하다. 서로 '사이코'라고 치부하고 무시하면서도 삼형제는 성씨가 유전인자에 박아놓은 독특함이 어떻게 각자의 일에서 전문성을 만들고 이 사회에 머무를 한자리를 보장하는지 지켜보았다. 다름을 이해하거나 좋아해주는 짝을 만나 외롭지 않게 사는 것도 보았다. 한때 유별 떤다고 혀를 차며 걱정이 많으셨던 그분(내 유전자의 또 다른 책임자)도 이제는 '다름'을 바라보는 시각이 달라지셨다. 달라도 너무 많이 달랐던 삼형제가 누구도 삶에서 낙오하거나 낭패를 겪지 않았기 때문이다. 물론 결과적으로 말이다.

나는 타인에게 피해를 주는 것이 아니라면 어떤 유별함과 독특함도 그 자체로 온전하다고 믿는다. 그리고 다르다는 바로 그 점 때문에 사회를 보완하면서 기여할 부분이 생긴다고 생각한다. 생명체도 그렇지만 사회 내부도 특성이 다양할수록 더 건강하고 적응력이 커지는 법이다. 만약 유별해서 서로가 약간의 불편함을 겪는다면, 그 정도는 서로의 별남을 막거나 제거하려고 덤빌 이유는 못 된다. 더욱이 그 불편함의 속내를 신중히 들여다보면 사람들이 주장하는 불편이나 피해는 오히려 다름을 수용하지 못하는 그 사람 자신이나 사회 내부의 문제일 때가 더 많다.

그래서 나는 내 연구소에서 평생교육의 일환으로 자기 성장을 위한 미술 치료 이론 강좌를 만들었다. 어떤 면에서는 다른 나라보다 더 편협한 사회를 만들어 유지하고 있는 우리나라 성인들이 타자와 세상에 대한 수용의 폭을 넓히고, 자기가 알고 있는 자기와 다른 실제 혹은 가능한 측면들을 이해하고 받아들이게 돕는 프로그램이다. 연구소 개소 전부터 다른 곳에서 가르친 커리큘럼이니 벌써 16년이나 되었다.

이 책은 그 강좌에서 내가 가르치는 내용과 일화 중 흥미로운 것을 골라 쓴 원고다. 나라는 고유한 사람이 기여할 수 있는 부분인지라 심리학이나 다른 학문의 틀을 빌리는 대신 내 별남의 하나인 끝없는 호기심과 탐구심으로 발견해낸 것들이 주를 이룬다. 심리학 용어나 개념을 빌리는 경우에도 내 식으로 재해석한 것들뿐이고, 내 관점으로 발견한 것들에 일치하는 이론들만 갖다 끼워서 이 책은 에세이에 가깝지 인문학 서적이라고는 할 수 없다.

나는 내 특성상 다르면 무조건 신기해하고, 한눈에 이해가 안 되면 궁금함 때문에 견딜 수 없어진다. '왜일까, 뭘까, 어떻게 그러는 걸까?' 계속해서 질문이 맴돌고, 그에 대해 뭐라도 파악이 되면 '아하!' 하고 무릎을 치며, 나 아닌 다른 것에 가까워졌다는 안도감과 충만감으로 그제야 마음속이 한가해진다. 그다음에는 곧장 내가 알게 된 것을 누군가에게 말해주고 싶어 다시 안달이 난다. 내가 알게 된 것을 다른 사람들은 안 궁금해하는 게 또 신기해서 "이래도 안 신기해? 너와 나는 왜 다른 걸까? 이것 봐, 이런 게 있다니까. 얼마나 경이로워" 하면서 계속해서 말을 건다. 원고를 쓰고 강의를 하는 게 내게는 그런 나눔의 시간이다.

독자나 교육생이 내가 발견한 것들에 대해 새롭게 질문하거나 스스로 깨닫게 된 것을 나누어주면 나는 또 신바람이 나서 계속 질문을 확장하고, 차이에 감탄하며 고마워하고, 공감하고 동의하는 순간에 무척 기뻐한다. 다르면 한없이 다르면서도, 같은 면을 찾아보면 또 닮은 데가 많은 사람이 서로 다르면서도 같은 부분을 찾아내는 과정이 내게는 행복한 일이다.

이 책에는 차이를 이해하려는 내 노력이 일관되게 깔려 있다. 다른 사람들을 있는 그대로 '다르게' 이해하려 했고, 그들의 별남이 타인이나 자기 자신을 괴롭히고 있다면 그것을 어떻게 균형 잡고 해결할 수 있는지 심리 치료사로서 내가 알고 있는 것을 모두 이야기해주려고 노력했다. 자신이나 주변에서 발견한 것들도 있고, 사회에서 눈에 띈 것 중 아무래도 이해해야 잠이 올 것 같은 현상들에 대해 나름 해석을 시도한 부분도 있다. 흥미로운 책을 읽고 발전된 내 생각을 쓴 부분도 있고, 영화 때문에 감흥이 돋아 쓴 내용도 있다. 주제나 접근 방식에 이렇듯 일관성이 없는 이유는 그때그때 내 시선이 옮겨지는 대로 월간 『인물과사상』에 연재한 원고를 단행본으로 편집한 까닭이다.

1년 반 이상 연재물을 실으면서 바쁜 일정 중에도 틈틈이 조용한 시간을 골라 그동안 신기하게 보고 경험한 것을 차분히 정리해볼 수 있는 시간을 가졌다. 그 자체로도 고마운 일인데, 원고들을 다시 묶어 이렇게 책으로 낼 것을 제안해준 인물과사상사 대표님과 편집부 식구들에게 감사한 마음을 전한다.

흩어진 내 발견과 경험이 한데 모이니 내 모습이 이렇구나 다시 느끼게 되고, 내 별남이 누구에게는 흥미롭고 도움도 될 수 있지 않을까 하는 작은 기대를 가져본다.

2014년 9월

박승숙

Chapter 3

똑똑,
나의
마음을
두드리다

Chapter 1

똑똑,

당신의
마음을
두드리다

인정받아야
산다

+
왜 그 들 은
인 정 에 집 착 할까

A 회사에서 제가 맡은 일이 제대로 한 번에 끝나는 일이 없어요. 원래 일이란 게 그렇기는 한데, 어쨌거나 그럴 때마다 제 자신에게 낙인을 찍는 느낌이에요. '너 또 그랬네?' 물론 속으로는 이렇게 생각하죠. '이건 내 모습이 아니야. 이러저러해서 어쩔 수 없이 그런 거지, 내가 실수한 게 아니야. 늘 잘해왔잖아. 그런데 혹시 남들이 그렇게 생각하면 어떻게 하지?' 그러다보면 자꾸 숨이 막히고, 가슴이 조여와요. 정말로 실수를 할 것 같아서, 일을 크게 망칠 것 같아서 불안해지는 거죠. 그런 일은 내 사전에 없다고 다짐하고 '다시는 그런 일이 없어야 해!'라고 제 자신을 더 단속해보지만, 자꾸 마음이 불안해져서 안 좋은 것만 보면 다 나 같고, 안 좋은 상황이 다 내 상황이 될 것만 같고 그래요. '헉! 나도 저렇게 되면 어떻게 하지?' 아무 일 없이 편히 있을 때도 금방 마음이 불안해요. '이러다 뭔가 터질 거야.' 제가 제 숨통을 조이는 것 같아요.

<u>B</u> 내 부족한 점을 얼른 알아서 배울 것을 배워 고쳐나가야죠. 이런 이야기까지는 하고 싶지 않았어요. 그냥 이런 사태가 싫어요. 이런 이야기를 꺼내고 싶지 않아요. 지금까지 이야기한 것들에 좋은 게 하나도 없잖아요. 내가 들어도 좋은 모습이 하나도 없어요. 속을 터놓으면 개운할 줄 알았는데…… 뭐라고 해야 하나…… 홀가분하지 않네요. 괜히 제 속만 들킨 것 같고. 진짜 속을 터놓는다는 게 이렇게 어려운 건지 몰랐어요. 이야기하기 싫은 부분이었는데…… 괜히 말했어요. 뭐든 입 밖으로 말하면…… '볼 장 다 본 것'이 되는 거잖아요. 번복할 수도 없고…… 들은 사람은 계속 그 말을 기억할 거고. 제가 잘하고 있는 것이라든지 제가 노력하고 있는 것은 알아주지 않을 거잖아요.

<u>C</u> 자기 자신을 어떻게 그냥 받아들여요? 자기를 사랑하라, 뭐 그런 말이 있기도 하지만, 아무리 그래도 그러면 안 되는 거 아닌가요? 항상 좋을 수는 없겠지만…… 그냥 이대로의 나를 받아들이면, 발전이 없지 않나요?

<u>D</u> 그냥 지나쳐도 될 일인데, 꼭 제가 그러지 않아도 되는 일인데…… 친구들 일이라면 다 제 일같이 생각하고 잘해주려고 애쓰게 돼요. 뭐 알아달라고 그렇게 하는 것은 아니에요. 하지만 저 혼자 마음을 바쳐 충성하는 건 아닌가 의구심이 들 때가 있어요. 친구들은 제가 자기들을 그만큼 생각하고 있다는 것을 몰라주는 것 같아요. 어쨌든 친구들에게 인정

받지 못한다는 생각이 들어 괴로워요. 제가 그러는 것처럼 제 일이라면 일단 발 벗고 나서는 친구가 없는 것 같아요. 저만 손해 보는 짓 같다는 생각이 들면 억울한데, 지금까지는 그런 생각을 하지 않으려고 애써왔죠. 하지만 이제는 저도 걔들을 친구로 인정하지 않으려고요. 걔들은 친구로 인정하기에는 너무 의리가 없고 이기적이에요.

E 자꾸 옛날 이야기는 하지 않았으면 좋겠어요. 다 옛날 일이고, 저는 그때 그 사람이 아니잖아요! 뭐 지금도 부족한 건 있을 거예요. 하지만 노력하고 있잖아요. 그러니 과거의 저는 잊고 지금의 저를 봐주었으면 좋겠어요. "난 좋은 사람이다" 라고 제 입으로 말할 수는 없어요. 하지만 그래도 최소한 "좋은 쪽으로 가고 있다" 라고는 당당히 말할 수 있어요. 그러니 앞으로는 더욱 나아질 거예요. 제가 노력하고 있다는 것을 알아주었으면 좋겠어요.

F 자기 계발, 자아실현 이런 책을 많이 읽어요. 성공한 사람들의 자서전이나 '30대에 해야 할 일' 뭐 이런 종류의 책을 좋아하죠. '그래, 나도 내 삶을 개척해야 해!', '지금부터 나도 그들처럼 노력해서 성공해야겠다' 나태하게 있다가 자극이 많이 되니까 이제부터라도 잘해보자면서 힘도 불끈 내고 그래요. 하지만 시간이 지나면 또 예전 그대로예요. 아는 건 많아도 달라지는 것은 없으니 제 자신이 한심할 뿐이죠.

<u>G</u> 그동안 일하느라고 하도 힘들어서 다니던 학원을 모두 그만두었어요. 늦게까지 일하고 아침 일찍 학원을 가느라고 더 이상 무리할 필요가 없어 좋기는 해요. 덕분에 몸이 많이 편해졌어요. 그런데 마음은 영 편하지가 않아요. 왠지 게으름을 피우고 있는 것 같아요. 이래도 되나? 계속 노력해서 나아지는 게 없으면 금방 제가 형편없는 사람이 될 것 같은 생각이 들어요. 뭔가 더 노력하고 나아지고 그래야지 아무것도 안 하고 있으면…… 그냥 이렇게 가만히 있으면 누가 저한테 뭐라고 그럴 것만 같아 불안해요.

<u>H</u> 제 자신이 용서가 안 돼요. 제가 저인데, 그냥 싫어요. 제 자신이 좋아지지가 않아요. 이렇게 힘없는 이야기나 하고 있는 것도 싫어요. 울고 싶어서 우는데, 왜 우는지 모르겠어요. 이런 게 싫어요. 속상한 것도 싫고, 우는 것도 싫고…….

<u>I</u> 진짜 나? 진짜 나…… 제 모습을 모르겠어요. 항상 느꼈던 나? 그게 뭔지 모르겠어요. 자꾸 이상적인 모습만 생각나네요. 그게 아니라면…… 지금 저는…… 글쎄, 하고 싶은 거는 많고, 모두에게 좋은 모습이고는 싶은데…… 오랜만에 만난 친구가 "넌 어째 똑같냐?"라고 말하면 정말이지 화가 나요. 아아~ 모르겠어요.

<u>J</u> 어떻게 아버지라는 사람이 그럴 수가 있어요? 내가 생각하는 아버지

의 기준이 아니니 더 싫은 거예요. '또 저래, 또 저래……' 그 느낌이 모욕당하는 것 같고 무시당하는 것 같아요. '또 저래, 또 저래……' 아버지가 절 무시한다는 느낌만 들면 소름이 끼쳐요. 아버지가 저러면 안 되지. 그래서 저도 아버지를 아버지로 안 봐요. 있어도 그 자리에 없는 듯, 투명인간 보듯, 제가 무시해버리는 거예요.

K 제가 하고 싶은 것만 할 수는 없어요. 그건 그냥 취미여야지, 그러고 있으면 사회에서 인정받기 어려워요. 그래도 남들 보기에 버젓한 직장에 연봉 얼마다 하고 명함을 내보일 수 있어야죠. 안 그러면 사람들이 우습게 봐요. 그러니까 이왕이면 잘나가는 직종을 선택해야죠. 애인도 남들이 볼 때 내 꼴이 우습지 않을 괜찮은 사람이어야 해요. 외모라든지 학벌이라든지, 뭐 그런 것 있잖아요. 괜찮아 보이는 사람하고 초라해 보이는 사람이 같이 걸어가면 사람들은 다 이런 식으로 생각해요. 초라해 보이는 사람이 알고 보면 대단한 사람인가 보다, 아니면 괜찮아 보이는 사람이 뭔가 허점이 있나보다. 전 그렇게 보이기 싫어요. 내 애인이 인정받을 수 있게 내 자신이 그를 뒷받침해줄 수 있는 상대가 되고 싶은 건데, 뭐 잘못되었나요? 내 애인이 내게도 그런 사람이기를 바라는 건 당연한 거죠. '와, 너 실력 있다' 혹은 '너 수준 높다'라는 말을 듣게 해주는 애인이면 좋잖아요?

L 전문대 나온 게 처음엔 인정이 안 되었어요. 그보다는 잘할 수 있는

데, 나는 가능성이 있는 사람인데…… 사람들이 저를 학교 친구들과 똑같이 볼까봐 신경이 곤두서곤 했어요. '난 쟤네들처럼 공부를 못하는 사람이 아니야. 난 이유가 있어서 공부를 못한 거야.' 그래서 늘 제 가능성을 짓밟고 제 길을 가로막은 것들을 원망하며 시간을 보냈어요. 그래서 그런지…… 어떨 때는 꼭 제가 4년제 대학을 나온 것 같았어요. 취업할 때 좋은 데 가겠다고 4년제 대학 나온 사람을 구하는 데를 골라 원서를 넣기도 했어요. 하지만 전문대 나온 게 나인데, 이게 진짜 나인데, 이상적인 나를 좇아가려니까 자꾸 넘어지고, 또 넘어지고…… 아무래도 제가 제 발등을 찍고 있는 것 같아요. 이러고 있는 제가 한심하지만, 그러지 않으면 남들이 다 저를 무시할 것만 같아요. 친구들한테도 잘 보이려고 월급을 실제보다 더 받는다고 말했어요. "많이 번다, 야~ 좋겠다" 친구들이 그렇게 말해주면 제가 조금 잘난 것 같아서 기분이 나쁘지 않아요.

　미술 치료를 받으려고 내 치료실을 찾아오는 성인 중에는 "그래, 잘하고 있어!", "너 능력 있어", "대단해", "넌 특별해", "너니까 맡긴다", "너밖에 없어"라는 말을 들어야 비로소 사는 데 보람이 느껴진다고 말하는 사람들이 있다. 주변 사람에게 그런 식으로 인정받지 못하면 자신이 의미도 없고 쓸모도 없는 사람인 것 같아 견디기 힘들다고 한다. 그래서 그들은 늘 다른 사람의 시선에 예민하다.
　그런데 이상한 것은 그들이 인정을 어디서든 얻어낸 뒤에도 여전히 알 수 없는 불안에 싸인 채 불만을 느낀다는 것이다. 인정을 한두 번 받았다고 해서 걱정에서 놓이는 것은 아니기 때문이다. 받아낸 인정을 유지할 수 있을지, 지금과 다른 경우나 상황 속에서도 역시 그렇다는 인정을 얻을 수 있을지, 인정해주는 만큼 기대하는 것이 있을 텐데 실망시키지는 않을지 생각하고 준비하다보면 다시 긴장될 것이다. 이 사람이 나를 인정한다 해도 저 사람이 나를 인정해주지 않으면 내 자리는 불안한 법이다. 오늘은 실수 없이 성과가 있었지만 내일도 그 러리라는 보장은 없을 테니 결국 마음을 늦출 수 없고 계속 신경 쓰며 잘해낼 수밖에 없다.

그들에게 '인정'이란 한 번 잘 먹으면 포만감에 긴장이 풀리지만 곧바로 다시 살기 위해 때맞추어 먹어야 하는 세끼 음식과도 같다. 그들에게 타인의 인정은 하루를 움직이기 위한 연료이자 살기 위한 조건인 것처럼 보인다.

인정을 구하느라고 가정과 직장에서 고달픈 사람에게 말해보라. "당신이 스스로를 인정할 수 있으면 그만이지 다른 사람의 인정에 목매달 필요가 무엇이냐?" "당신은 이미 당신으로서 온전한데 다른 사람의 의견이 왜 중요하냐?" "칭찬을 들으려고 그렇게 한 것도 아니면서 왜 남이 알아주기를 바라느냐?" "오히려 당신이 자신의 가치를 모르고 있는 것은 아니냐?" 아무리 따지고 설득하고 타일러보아야 소용이 없다. 머리로는 그들도 당신의 말이 옳은 줄 다 안다. 하지만 그들의 마음은 그렇게 움직이지 않는다.

인정과 애정은 동일하지 않다

나중에서야 나는 그들이 아주 크게 착각하고 있음을 알게 되었다. 그들이 바라는 건 인정人情인데 자신들이 인정認定을 원한다고 잘못 알고 있었다. 그들은 사실 애정을 갈구하는 사람들이다. 누구나 그렇듯 그들도 비판 없이 따뜻하게 수용되기를 원하며, 자신에게 의미 있는 사람과 가까워지기를 원한다. 그런데 그들은 자신이 바라는 것과 거리가 먼 방식으로 세상을 대하고 있었다. 자신이 원하는 것과 본질적으로 다른 것을 사람들에게서 구하고 있었던 것이다.

인정認定이란 사전적 의미에 따르면 '옳거나 확실하다고 여기는 것'을 말한다. 일종의 판단 행위인 셈이어서, 일련의 상호작용을 통해 우리 마음속에 자연스럽게 스며드는 친밀감이나 애정 같은 것으로 순식간에 둔갑할 수는 없다. 나만 해도 능력이나 성과를 인정하는 훌륭한 후배들이 있지만, 특별히 개인적인 친분을 쌓지 않았다면 가깝게 느끼지 않는다. 개인적으로 가깝고 애정을 갖고 있지만, 행동이나 업무 수행력은 인정하지 못하는 후배들도 있다.

그런데 인정을 먹고 사는 사람들은 남이 자기를 칭찬하거나 인정해주면 그 사람이 자기를 좋아한다고 곧장 믿어버린다. 좋아하니까 가깝다고 생각하는 경향도 있다. 물론 자기의 행동이나 성과를 인정하지 않으면 그 사람의 관심이나 애정을 의심하기도 한다. 인정을 받는 것과 애정은 별개의 문제인데 같은 것이라고 착각하고 있기 때문에, 아무리 인정을 받아도 개인적인 포만감이 생기지 않아 불안하고 불만족스러운 것이다.

그들은 인정을 구하려고 애쓰는 방식이 타인의 이해와 사랑을 얻는 데 오히려 방해가 될 때가 많음을 알지 못한다. 그들은 과정을 나누기보다는 결과가 보이고 인정받을 수 있는 부분이라고 여기는 자신의 일부 측면만을 가려서 드러낸다. 또한 무엇을 어떻게 할 수 있는가를 보여야 하므로 사람들과 기능적으로만 관계를 맺게 된다. 개인적으로 상호작용하면서 자신을 개방해 친밀감을 쌓아가는 과정은 거의 거치지 못하는 것이다.

그들이 정작 원하는 것은 자기를 주목하고 받아달라는 것인데, 조금 더 쉽게 말하면 자기를 좋아해달라는 것인데, 왜 그들은 자신의 사회적 의미나 소용거리로 그 점을 확인하려고만 하는 것일까? 어폐가 있지만 편리를 위해 이제부터 그런 사람들을 인정주의자라고 부르도록 하겠다.

인정주의자들은 자신이 무엇을 갖고 있고 무엇을 하고 있느냐로 자기를 느낄 뿐, 숨 쉬고 움직이는 자기 그대로에는 거의 주목하지 않는다. 만약 누가 "당신은 어떤 사람이냐?" 라고 물으면 그들은 그 말의 의미를 정확히 이해하지 못한 채 자신이 무엇을 갖고 있고, 무엇을 하고 있으며, 무엇을 할 수 있는 사람인지 보여주려고 할 것이다. 그게 그들에게는 곧 자기이기 때문이다. 그들의 마음속에는 '가치 있는, 쓸모 있는, 능력 있는 존재가 아니면 자기라고 내세울 수 없다' 는 생각이 깊이 깔려 있다.

그렇게 된 데에는 흔히 이유가 있다. 자신을 있는 그대로 수용하지 않는 부모 밑에서 그들의 기준에 부합하려고 애쓰며 자랐다든지, 똑똑한 머리나 뛰어난 재능 덕에 항상 칭찬을 들어 그것이 곧 자신의 정체성이 되어버렸다든지, 정서적으로 공감받거나 사랑받지 못한 상태에서 놀림을 받거나 버려지는 일을 경험했다든지 하는 것이 그들이 전달하는 슬픈 스토리다.

그러나 이러한 환경이 반드시 인정을 추구하는 태도를 이끌어내지는 않는다. 인정주의와는 거리가 먼 사람들 중에도 사랑이나 수용, 칭찬이나 지지가 없는 냉혹한 환경에서 자란 경우가 많다. 어떤 경우에도 환경이 독립적으로 우리 삶의 태도를 결정하지는 않으므로, 그러한 태도의 차이는 환경과 상호작용하는 중에 우리가 각자 무엇을 '선택'하는가에 달렸다고 볼 수 있다. 한번 생각해보자.

"너는 왜 그 모양이니? 네가 마음에 안 든다. 네가 부끄럽다. 너는 우리가 바라던 그런 사람이 아니다. 이러이러한 식으로 노력해라. 그러지 않으면 너를 사랑하지 않겠다."

직접적으로든 간접적으로든 이러한 위협에 처해 있다면 누구나 자기 자신을 회의하게 될 것이다. 그때 '내가 어떻게 하면 그들이 나를 사랑해줄까?' 라는 질문을 하는 아이가 있다고 하자. 이후 아이의 모든 관심은 자신이 '무엇을 할 것이냐'의 문제로 쏠릴 것이다. 아이는 그들의 기준이 무엇인지에 민감해지고, 그 기준에 맞는 자신의 행동이 무엇이어야 하는지 고민할 것이다. 무엇을 하는가의 문제는 곧이어 무엇을 얼마나 어떻게 해내느냐의 문제로 바뀌고, 그것은 다시 자신의 성과를 누군가가 인정해주기를 바라는 마음으로 바뀔 것이다.

반면 똑같은 환경에서 '어차피 저들과 나는 다르구나'라고 깨닫는 아이가 있다고 하자. 그 아이는 자신이 그들과 다르다는 것을 어떻게 그들에게 제대로 이해시킬 수 있을지 고민할 것이다. 자신을 조금 더 세밀하게 보여줄 방법, 자신에게도 고유한 가치와 장점이 있다는 것을 알게 할 방법을 찾으면서 아이는 세상이 그런 자기를 얼마나 이해하고 있는지 확인하려고 할 것이다.

둘 다 사랑받고 싶어 하는 마음은 같다. 모두 자기를 받아주고, 아껴주고, 가치 있는 존재로 여겨주기 바란다. 그런데 각자 선택한 서로 다른 태도는 그들을 아주 다른 결과로 몰고 간다. 한 사람은 점점 더 제 기준과 생각과 감정에서 멀어지고, 한 사람은 점점 더 고집스럽게 제 것에 천착하게 된다. 앞의 사람은 자신의 행동과 성과와 업적을 보고 자신의 가치를 인정해달라고 요청하고, 뒤의 사람은 자신의 본질이 이러하니 이제는 제발 그것을 이해하고 받아들이라고 요구한다. 비슷한 환경에서 서로 다른 길을 선택한 셈이다.

인정주의자들은 인정받지 못하면 자신의 존재가 흔들리는 것처럼 느낀다. 그런데 그게 과연 가당한 것인가? 존재의 '인정'이라는 것이 도대체 무엇인가? 살아 있는 이상 그의 존재는 이미 거기에 있는 것이 아닌? 누군가의 존재를 제3자가 '그래', '없다' 혹은 '좋다', '아니다'

라고 인정해줄 수 있는 것인가?

사실 '인정'이라는 말 자체도 실제로 들어가면 무엇을 지칭하는 것인지 금방 애매해져버린다. 무엇을 인정하라는 말인가? 지금 막 주어진 일을 끝냈다는 사실? 끝낸 양? 일의 질? 노력했다는 것? 성실한 그 사람 자체? 이렇게 질문하면 구체적으로 어떤 인정이어야 하는지 설명할 수 있는 인정주의자가 별로 없다. 어떤 식으로 사람들이 자기에게 반응해주어야 인정받았다는 충만감이 드는 것일까? 가끔은 누구에게 인정받고 싶은 건지 꼭 집어 말할 수 없을 때도 있다. 그런데도 그들은 인정받고 싶다는 느낌에 자꾸 시달린다.

자신을 인정해줄 권위

인정받으려면 자신을 인정해줄 권위 있는 사람이 필요한 법이다. 그래서 인정주의자들은 세상을 대부분 수직 구조로 보는 경향이 강하다. 그들은 지위가 높거나 힘 있는 사람에게 느끼는 불편함이 남보다 심한 편이다. 자신이 그 사람의 위치나 실력을 인정할 경우에는 알아서 순종하거나 충성을 바치기도 한다. 공적인 지위나 힘이 없어도 자신이 동경하는 면을 갖고 있거나 여러 가지 부분에서 자신이 우러러볼 만하다고 인정하는 사람에게는 알아서 권위를 실어주기도 한다. 즉 그의 말 하나하나에 커다란 영향을 받으며 쉽게 상처 받고, 쉽게 힘을 얻는다는 말이다.

한마디로 인정주의자들은 윗사람의 힘을 너무 크게 느낀다. 그래서 실제로는 그렇게 듣지 않아도 될 그들의 말을 곧장 명령이나 비판으로 듣는다. "이렇게 해보라"라는 조언이 있을 때도 '요구'라고 생각해서 어떻게든 그 말에 자신을 맞추려고 노력한다. 비평을 들을 때도 상대가 자신을 공격한다고 느껴 더 크게 분노하거나 좌절감에 빠져버린다. 가끔은 아예 "나도 너를 인정할 수 없어"라는 공격으로 되갚기도 한다. 하지만 보통은 비판 앞에 입을 다물고 침묵해버린다. 자기에게 중요한 사람이 자신을 못마땅하게 여긴다는 사실에만 신경을 곤두세운 채로 말이다.

하지만 그렇게 침묵 속에서 일정한 시간을 보내다보면 다시금 자신을 새롭게 보여주고 싶은 욕구가 생긴다. '나를 인정하게 만들겠어!'라는 정신이 발동하는 것이다. 인정을 못 받을 때마다 개선 의욕을 느끼는 것이 인정주의자들의 특성이며 그들에게는 오기가 곧 힘이다. 그래서 가끔은 자신을 활발히 가동시키기 위해 실제보다 상황을 더 공격적이거나 위협적으로 받아들여 필요 이상의 오기를 발동하기도 한다. 그래서 늘 다른 사람의 평가나 다른 사람의 의지에 자극받아 자신의 삶을 살고 있는 것 같은 인상을 주기도 한다.

인정주의자들은 자신이 얼마나 변했는지 알리려고 애쓰는 모습을 자주 보인다. 변화란 그들에게 '개선'과 인정받을 가치가 늘어났음을 의미하기 때문에, 애써 현재의 자기는 이전의 자기가 아니라고 주장하고 미래에도 자기는 꾸준히 변하기 위해 노력할 것이라고 약속하곤 한다. 어느 누구도 그럴 것을 요구하지 않아도 스스로 그렇게 주장하고 약속하고 마는 것이다. 그럴 때 누가 과거의 모습을 언급하면 무척이나 자존심 상해 한다. 그 모습이 자기에게 더 이상은 없다며 부정하고, 행여 남에게 똑같다는 말을 들을까봐 늘 마음 졸이며 개선을 향해 박차를 가한다.

인정주의자들에게는 내보일 수 있는 것이 무엇이냐가 중요하기 때문에 무언가를 보일 수 있기까지의 과정은 사람들에게 드러낼 필요가 없다. 그들의 입장에서는 결과가 중요할 뿐 과정은 중요하지 않다. 결과가 나오기 전까지의 과정은 오히려 자기에게 약점이 될 수도 있고 부족함을 드러내는 셈이 될 수도 있다. 그렇기 때문에 인정주의자들은 과정에 대해 침묵하는 것을 좋아한다.

그렇게 성과를 향해 나아가는 중에 누군가 자신에 대해 알려고 하면 인정주의자들은 바로 긴장하고 경계한다. 스스로 준비가 되었을 때 자신의 성과를 드러내야 하는 그들이니 그런 관심이 달갑지 않다. '짜잔' 하고 보일 것이 있을 때야 비로소 "여기까지 오는 길은 참으로 힘든 과정이었다"라고 간략하게 지난 과정을 언급할 뿐이다. 그래서 인정주의자들에게 삶의 과정이란 혼자서 고스란히 짊어지고 가야 하는 몫이 된다.

남들에게 인정받기를 갈망하는 사람들은 다른 사람을 대할 때도 인정주의적인 태도를 취하기 마련이다. 세상의 기준에 자신을 맞추어 성과를 내온 그들이기에 타인을 인정할 수 있는 위치에 있을 때는 자신의 기준에 따라 그 사람을 평가하고 판단한다.

인정이라는 말에는 '안다認'는 의미와 '정한다定'는 의미가 있다. 말에서도 풍겨지듯이, 인정주의자들은 어쩔 수 없이 판단하고 평가할 수밖에 없다. 물론 공적인 업무나 기능과 관련될 때는 그러한 태도가 크게 문제되지 않는다. 그러나 인간관계에서 가까운 타인을 그런 식으로 바라볼 때는 문제가 복잡해진다. 실제로 이렇게 생각하고 말하는 사람들이 있다.

"당신은 내 아버지가 아니다. 아버지로 인정한 적 없다", "어떻게 이런 가족을 내 가족이라고 생각할 수 있다는 말인가!", "네가 무슨 자식이냐? 자식이면 자식답게 굴어야지", "아내로서 인정받고 싶으면 당신이 먼저 ~해야 하지 않겠는가!"

직업에 따른 역할에는 맡게 되는 일과 책임이 있어 '인정할 수 있다 / 없다' 같은 판단이 가능하지만, 부모나 자식처럼 역할 자체가 그 사람의 정체성이기도 한 경우에는 '인정한다 / 못 한다'의 판단은 존재 자체를 부정하는 셈이 된다.

'너를 내 가장 친한 친구로 인정한다', '네가 내 신붓감이다' 같은 긍정적인 경우에도 폐해는 마찬가지다. 상대는 그 사람의 가장 친한 친구 혹은 신부가 될 만한 사람이라는 범주에서 요구되는 기준과 할 일을 지속적으로 지켜내야 하는 부담을 안게 된다.

인정주의자들은 판단해서 결정하는 성향이 강해서 자칫하면 배타성을 띠게 된다. 그래서 자신이 인정하지 않는 사람에게는 관심을 두지 않고 기회가 있어도 잘 섞이려고 하지 않는다.

인정과 애정을 착각하는 데다 다른 사람을 판단해서 관계를 결정해버리기 때문에 인정주의자는 세상과의 친밀함에서 점점 더 멀어질 수밖에 없다. 그들이 정작 바라는 것은 자신이 사람들 속에 존재하고 있음을 느끼는 것이다. 그런데 그들이 믿고 있는 것처럼 존재감은 자신이 가치 있음을 증명해서 얻을 수 있는 것이 아니다. 존재감은 사람들과 긴밀하게 어울려 서로 힘을 주고받으며 살아가는 중에 자연스럽게 찾아오는, 함께한다는 느낌이 세상에 존재하고 있다는 감각이기 때문이다.

인정주의자들은 남이나 자신에게 들이대는 잣대를 내리고 수용적인 마음으로 어울리는 법을 다시 배워야 한다. 관계는 상호작용적인 것이고 쌍방에 책임이 있는 것이니, 다른 사람에게 수용되려면 먼저 자신이 이해받고 공감받을 수 있도록 자신을 드러낼 필요가 있다. 필요로 하는 사람이 관심과 이해를 적극적으로 구하는 건 당연한 이치다. 제대로, 올바로 구하지 않으면 자신이 원하는 것을 정확히 얻을 수 없다는 것을 잊지 말아야 한다.

이해하고 수용하는 태도를 지니면

인정주의자들은 자신을 바라볼 때도 자기만의 기준에 따라 '좋다 / 나쁘다', '마음에 든다 / 들지 않는다' 같은 이분법적인 판단을 내린다. 인정한다는 것은 '그렇다 / 아니다'로 한쪽을 취하고 한쪽을 버리는 판단이다. 기준에 맞는 것으로 인정할 수 없는 것은 당연히 무시하거나, 폐기 처분하거나, 바꾸어야 할 것이 되어버린다.

그러한 시각이 세상사를 향할 때는 효율성을 지향하며 발전을 이룰 수 있는 힘으로 작용하기도 한다. 하지만 자신을 향할 때는 자기를 선별적으로 수용해서 일부를 혐오하고 특정한 부분에 집착하게 만든다. 인정을 하든 안 하든 자기는 현재의 자신일 뿐이다. 하지만 인정주의적인 태도 때문에 받아들이는 부분과 받아들이지 않는 부분이 생기니 인정주의자들은 자기 통합에 문제를 겪을 수밖에 없다. 그래서 바라는 모습과 실제 모습 간의 불균형으로 자기가 누구인지 모르는 상황에 빠져버리곤 한다.

"그게 나라니 인정할 수 없다", "그런 모습이 나라고는 인정이 안 된다."

단순히 그런 자기가 '마음에 안 든다'는 표현일 뿐이지만, 그들은 이렇게 말하면서 자신이 인정을 안 하면 그것이 자신이 아닐 수도 있다고 생각해버린다. 우선 자신이 왜 그 모습을 못마땅하게 여기는지 살펴보아야 한다. 그렇게 바라보게 만든 평가 기준이 어디서부터 온 것인지 이해한 뒤 아무런 선입견 없이 완전히 새롭고 깨끗한 눈으로 자신의 모습을 다시 바라볼 수 있어야 한다. 자기가 인정하지 않으면 자기 모습이 아닌 것처럼 억지를 부려본들 달라지는 것은 아무것도 없지 않은가.

그러나 많은 사람이 숨기고 싶었던 자신의 모습을 그저 직면하는 것으로만 생각을 끝내버린다. 더 이상 거짓말을 할 수 없는 상황이 되면 '그래, 이것도 내 모습이지'라고 억지로 인정하고 만다. 그러면 아무 변화도 생겨나지 않는다. '좋다 / 싫다', '바람직하다 / 아니다'의 기준을 똑같이 적용한 채로 '이런 바보 같은 모습도 나에게 있다. 나에게도 이런 안 좋은 면이 있구나'라고 단지 마음에 안 드는 자신을 어렵게 시인하는 것뿐이라면, 고백의 차원에서 속은 시원해도 진정한 마음의 평화는 찾아오지 않을 것이다. 이면에서는 늘 그렇듯 '내가 부족한 것을 알았으니 다행이다. 얼른 배울 것을 배워서 남이 알기 전에 빨리 고쳐야겠다'라는 개선 의지가 작동할 것이다. '개선'이라든지 '발전'이라든지 '고친다'는 말은 지금의 자기를 여전히 형편없이 보고 있다는 것을 말해준다.

　하지만 아무리 그런들 자기는 자기이므로 '얼른 고쳐야 할' 자신의 참모습을 매번 재확인할 수밖에 없을 것이다. 그 모습을 재발견할 때마다 인정주의자들은 '그런 나를 인정했는데, 그래서 새롭게 노력해왔는데, 나는 왜 아직도 이 모습일까?'라고 의문을 품게 된다. 결국 여전히 그 모습에 머물러 있는 자신을 다시 한 번 인정하고 받아들여야 하는 괴로운 반복만 되풀이될 뿐이다.

　이러한 인정주의자의 함정에서 빠져나오려면 방법은 하나밖에 없다. 이건 내게서 '인정할 수 있는 모습이다 / 인정할 수 없는 모습이다'라고 마음속으로 구분지어놓은 기준선을 깨는 것이다. '이거다 /

France or England, ⟨The Dunstable Swan Jewel⟩, 1400.

인정주의자들은 자신이 무엇을 갖고 있고

무엇을 하고 있느냐로 자기를 느낄 뿐,

숨 쉬고 움직이는 자기 그대로에는 거의 주목하지 않는다.

저거다'의 경계선이 원래 있는 것이 아니고 자신의 인생에서 만들어 져온 것임을 이해하면 쓸데없는 자기 싸움의 갈등과 괴로움을 멈출 수 있을 것이다.

문제를 파악해서 판단하고 변화하는 것에 발 빠른 인정주의자들은 삶을 개선하고 발전을 꾀하는 데 탁월하다. 더군다나 과정을 일일이 누군가와 나누지 않고 자신이 결정하고 판단한 것을 혼자서 실현하는 과묵함은 개선과 발전에 속도를 붙여주기도 한다. 인정주의자들은 자신이 인정한다고 판단한 것은 과정에 세세한 변화가 생겨도 크게 흔들리지 않고 믿음을 유지한다. 일정 기간 지속적인 추진력을 갖고 변함 없이 행동할 수 있는 게 인정주의자들의 최대 장점이다. 그리고 인정주의자들은 수직 구조 체계에 민감하기 때문에 역할에 따른 책임 의식이 투철하고 권위나 권력이 주어졌을 때 효과적으로 활용하는 데도 뛰어나다. 어쨌든 이 세상은 성과 위주의 사회이기 때문에, 일이나 공적인 영역에서는 인정주의적인 개선 의욕이 큰 힘을 발휘하는 것이다.

하지만 문제를 삭감하려는 욕구나 판단, 평가를 절대적으로 중시해버리는 태도는 친밀한 인간관계나 자기를 바라보는 시각에서는 언제나 문제가 된다. 개인적인 인간관계에서는 서로 공존하고 받아들이고 이해하는 과정이 필요하다. 풀어내고 수용하면서 매 순간 변화에 발맞추는 태도는 서로를 수평적 관계에 놓고 풍요롭게 살리는 방향으로 작용한다. 특히 어떤 것도 갈라내거나 미워하지 않고 자기의 새로운 면을 있는 그대로 받아들여서 자기로 조화롭게 통합하는 데는 이해를 우선으로 하는 시각이 반드시 필요하다.

　인정을 추구하는 태도와 수용하는 태도는 동전의 양면처럼 서로를 보완하고 균형을 맞출 수 있는 관계다. 상황에 따라 조화롭게 필요한 태도를 적용하는 것이 건강하고 바람직하다. 쉽지 않은 일이지만 불가능하지는 않다. 어차피 모두가 애초에 선택된 태도이기 때문이다. 그러니 새로운 선택도, 보완도 가능하다.

지금 여기에
집중하기

+
몸 과 마 음 의
목 소 리 를 들 어 라

"인생에서 후회되는 것이나 바라는 것이 있다면 '만약'이라는 문장으로 표현해보세요. 목록이 길어도 상관없고 쓸 게 없어도 괜찮습니다. 생각나는 게 있으면 마음에 떠오르는 순서대로 자유롭게 써보세요."

수업 중에 학생들에게 이런 작업을 시킬 때가 있다. 살아온 날이 많은 성인이 '만약'이라는 상상의 나래를 펼친다면 어떤 것을 원할까? '뒤돌아 후회하지 않고, 오지 않은 미래는 걱정하지 않고'가 인생관이 아닌 다음에야 보통은 킬킬거리면서 혹은 씁쓸한 미소를 지으면서 문장을 완성해간다. 종이 위를 굴러가는 펜의 속도가 더뎌지면 나는 모두를 멈추게 한다.

"여러분이 쓴 목록을 다시 보세요. 실제로 벌어진 것과 전혀 다른 일이 벌어졌을 것을 생각해보는 '만약'도 있지만 미래의 일을 상상해보는 '만약'도 있을 겁니다. 단순한 조건도 있고 현실 불가능한 것을 가정하는 영어에서 가정법 같은 '만약'도 있고요. 어느 쪽이든 우리는 지금 실제와는 다른 것을 생각하고 꿈꾸고 있는 중입니다. 자, 그럼 이제 한 사람씩 자기가 쓴 것을 큰 소리로 읽어보도록 합시다."

들어보면 과거를 자꾸 뒤집는 사람도 있고, 확연히 미래에 대한 바람과 꿈에 치우친 사람도 있다. 누구는 현재를 바꾸고 싶어 가정하는 반면 누구는 현재에 감사해서 지금과 다른 것은 생각도 하기 싫다고 한다. '만약' 뒤의 상황을 제대로 상상하지 못하는 사람도 있다. 예를 들어 '복권에 당첨된다면 하고 싶은 일을 다 할 수 있을 텐데……'라고 가정하는 경우, 뒤에 할 작업을 위해 '하고 싶은 일'이 무엇인지 구체적으로 생각하게 도와줄 필요가 있다.

"자, 그러면 지금까지 쓴 문장을 실제 벌어진 것만 언급하는 방식으로 다시 바꾸어서 표현해봅시다. '만약'을 떼고 난 뒤의 자신의 현실을 정확히 아는 사람은 오직 본인뿐입니다. 그러니 가급적 사실적이면서도 솔직한 감정 그대로 표현해보시기 바랍니다."

'만약'이라면서 허공을 돌아다니는 마음을 땅으로 불러와 현재의 사실에 붙박아보니 다음과 같았다.

A 그때 그 사람과 헤어지지 않았다면 지금쯤 결혼해서 애 낳고 잘 살았을까? 그 사람과 헤어진 이후 사랑하는 사람을 만나지 못해 지금 많이 외롭고 쓸쓸하다. 이러다 영영 혼자 되는 게 아닌가 싶어 사실 좀 무섭기

도 하다. 살다보니 그만 한 사람도 없었다는 생각에 자꾸 후회가 된다.

B 아이를 하나만 낳았더라면 다시 직장에 나갔을 거다: 아이가 연년생으로 태어나서 다시 직장에 나갈 기회를 놓쳤다. 이제는 아이들이 조금 커서 마음만 먹으면 시도해볼 수도 있을 텐데, 어쩐지 자신도 없고, 영영 이렇게 퇴보하는 건 아닌지 마음이 불안하다. 괜히 둘째 탓을 하게 된다.

C 우리 집이 살 만했다면 나도 공부를 많이 했을 거다: 공부를 많이 해서 성공한 사람을 보면 질투가 난다. 부모를 잘 만나 어려움 없이 자기 하고 싶은 것만 하며 살아왔으니 당연하고 깎아내리고 싶다. 나도 그들처럼 지적인 일을 하고 싶다. 나를 요 모양 요 꼴로 만든 건 다 가난했던 부모 때문이라는 생각에 자꾸 그들을 원망하게 된다. 아무튼 내 자신이 마음에 안 든다.

D 중·고등학교 때로 돌아간다면 나는 정말 공부만 할 거다: 학벌이 중시되는 사회에서 학력이 너무 낮으니 직장에서나 친구들 속에서나 여러모로 자신감이 떨어진다. 학교 다닐 때 공부에 취미가 없어 열심히 하지 않았던 것이 지금 많이 후회된다. 하지만 이제 와서 만회할 방법도 없으니 속상할 뿐이다. 공부도 다 한때라는 어른들 말씀이 왜 그때는 안 들렸는지…….

<u>E</u> 애인이 생기면 친구들에게 막 자랑하고 다닐 텐데: 친구들이 하나둘 애인이 생겼다고 나에게 소홀하다. 혼자 남은 것 같아 많이 속상하고 나만 문제가 있나 싶어 조금 초조하고 걱정도 된다.

<u>F</u> 지금 프랑스 파리의 한 카페에 앉아 커피를 마시고 있다면 정말 행복하겠다: 집안일이 너무 복잡한 데다, 하고 있는 일도 안 풀리는 게 많다. 어디서부터 풀어가야 좋을지 모르겠는데, 그냥 다 잊고 멀리 도망가고 싶은 심정이다. 정말이지 미치지 않는 것만도 다행이다.

'만약'으로 시작되는 가정을 현재의 사실에 입각한 문장으로 바꾸면 즐겁게 상상하며 희망찼던 마음이 갑자기 맨땅으로 곤두박질치는 기분이 든다. 문장이 바뀌는 순간 헉하고 놀라거나 답답해진다고 고백하는 사람이 많은데 그렇게 놀라고 답답한 만큼이 현실의 무게일 것이다.

우리에게는 현실의 무게를 덜어주는 장치가 참 많다. 대부분 표현이나 생각을 바꾸는 장치다. 한 친구는 매사를 설명할 때 시제를 자기만의 방식으로 특이하게 바꾸는 버릇이 있었다. '했다'를 '했었다'로, '느꼈다'를 '느꼈었었다'로 바꾸어 말하곤 했던 것이다. 감정이 격해져 말을 버벅거리기라도 하면 '었'은 중간에 심지어 네 개까지 끼어들었다. 물론 당사자는 자기가 그러는 줄 모르고 있었다.

나는 한동안 친구의 습관을 관찰하다가 그가 또 시제를 바꿀 때 단순한 과거나 현재로 말을 바꾸어보라고 개입해보았다. "그러니까 제가 그 아이에게 그렇게 굴고 있더라고요." 말을 고치는 순간 그가 움찔했다. '굴고 있었었다'와는 느낌이 판이했던 것이다. 나는 그동안 지켜본 이야기를 들려주면서 시제를 제대로 말하니 기분이 어떤지 물었다. 그러자 친구는 행동이 기억 속에 멀리 있는 것 같았는데, 동사를 고쳐 말하자 순간 행동이 자기 옆으로 바짝 다가온 느낌이라고 했다. 그런 만큼 행동은 말을 뱉은 사람이자 행동의 주체인 그에게 즉각적인 감정과 책임을 요구했을 것이다. 시제 하나만으로도 현재 생각하는 것이나 감정에 변화가 생긴다니 놀랍지 않은가!

앞에서 해본 '만약'이라는 가정도, 단순히 초점을 바꾸어 말과 생각을 달리한 것뿐인데도 현실이 우리에게 주는 압박과 스트레스, 즉 화나고 슬프고 좌절하고 괴로운 현재의 감정에서 멀리 피해 있게 도와준다. 이러한 언어나 사고방식은 순간순간 우리의 짐을 덜어내 삶에 더 잘 적응하도록 해주지만, 고정될 경우에는 습관적 회피라는 심각한 '태도'의 문제로 변한다.

'만약'은 실제와 다른 조건을 가정하게 만든다. 그것을 고집하다 나아가 집착까지 하게 되면 평생 과거나 미래에만 매달려 살아야 한다. 원래 회피와 집착은 한 쌍으로 움직인다. 한 곳에 꽂히거나 묶이면 대면해야 할 것과 만날 가능성이 줄어드니, 회피하려면 어딘가에 집착해야 하고 집착하다보면 계속 회피하게 된다. 집착이든 회피든 삶을 있는 그대로 받아들이지 못하게 하고 자연스러운 삶의 변화와 흐름을 방해하는 장애이기 때문에, 다시 좋지 않은 증상을 낳고 병을 일으킨다.

현재를 살지 못하는 사람

스스로 허용하지 않는 것이 아주 많은 사람이 있었다. 그는 절대로 약해 보이면 안 되었고, 누구에게 무엇을 바란다는 것은 창피한 일이니 티도 내지 말아야 했으며, 이런저런 감정을 드러내는 것은 구질구질하고 유치하니 혼자 몰래 처리해야만 했다. 그가 자신에게 고집한 것은 '독립적이고 똑똑하고 강한 사람'이었다. 하지만 그 이미지를 고집하면 할수록 그는 자꾸 불안정해졌고, 감정의 기복도 커졌으며, 매사에 곤두서서 경계하느라고 사람들과 친밀하고 편한 관계를 형성하지 못했다. 사람들 속에 있으면 그는 금방 피곤해졌고 이질감 때문에 어색하고 불편했다.

그는 자라는 내내 지극히 감정적인 부모를 보면서 유치하다고 생각했고, 그들이 자기 부모라는 사실도 창피해했다. 그래서 그는 자기는 그들과 절대로 다르다고 믿으면서 매사에 반대 모습이 되기 위해 노력했다. 하지만 그렇게 한쪽으로 치우치다보니 실제 자신의 욕구와 필요에서 멀어졌다. 그는 사람들과 편히 어울릴 수 없는 자기 자신을 괴로워했지만 그렇다고 관계를 개선하기 위해 특별히 노력하지도 않았다. 그게 이상해서 물으니 그는 가족들과의 오랜 문제가 해소되고 개선되어야 다른 인간관계에도 집중하면서 문제를 해결해나갈 수 있다고 했다.

어떻게 그럴 수 있을까? 지난 일은 지난 일이고, 부모에게서 받은 상처는 되돌릴 수 없으며, 아무리 노력해도 부모를 바꿀 수도 없다. 그런데 애초에 불가능한 일이 성사되어야 오늘의 자기 삶을 살겠다니, 결국 오늘도 그에게 미완성인 채로 남아 있을 수밖에 없지 않은가! 그는 자신의 바람이 불가능한 일이라고는 한 번도 생각해본 적이 없었다며 놀랐다.

또 다른 누구는 자신의 이력에 '줄이 그어졌다'고 표현한 하나의 사건 때문에 10년 가까이 괴로움을 겪었다. 그는 스트레스를 받기만 하면 그때를 기점으로 '이전의 자기'와 '이후의 자기'를 비교하면서 모든 책임을 그 일로 돌리곤 했다. "그전에는 내가 이러지 않았다", "내가 지금 이런 것은 다 그 사건 때문이고, 그때 나를 부추긴 사람들과 어려움에 처했던 나를 도와주지 않았던 사람들 때문이다"라는 식이었다.

그러다보니 그는 현재의 삶을 살지 못했다. 현재를 살지 못해 과거에 집착하게 된 것인지, 과거에 집착해 현재를 놓친 것인지 따지다보면 닭이 먼저냐 알이 먼저냐의 질문이 되어버린다. 어쨌든 중요한 것은 현재의 회피와 과거에의 집착이 상호작용하면서 그를 곤란에 빠뜨리고 있다는 것이었다.

그의 문제는 뭐든 다가오는 것을 있는 그대로 받아들이지 못한다는 것이었다. 그렇게 되는 이유는 간단했다. 자신이 바라는 것이 늘 따로 있었기 때문이다. 지난 사건이 그에게 잊혀지지 않는 엄청난 일이 되어버린 까닭도 자신의 좋은 이미지를 크게 망쳐놓았다고 생각했기 때문이다. 그는 그런 일을 원하지 않았다. 그가 원하든 말든 그런 일은 생길 수 있고, 생겼으며, 생긴 이상 바꿀 수 없는 것인데도 끝까지 그는 그 사건을 받아들이지 못하고 계속해서 '민약'을 되풀이하며 원망만을 일삼았다.

어느 날부터 그에게는 삶에서 주어진 것이 다 '버티고 지나가야 할' 고역이 되었다. 일뿐 아니라 사람들을 만나는 것도, 가족과 시간을 보내는 것도 이유 없이 그저 '해야 하는 일'이 되어버렸다. 그 자체로 집중해 만끽할 수 있는 오늘의 삶이 아니니 아무런 기쁨도, 즐거움도, 행복도, 보람도 느낄 수 없었다.

보통 반 컵의 물을 보면 "많이 마신 줄 알았는데 아직도 반이나 남았네"라며 좋아하는 사람과 "얼마 먹지도 않았는데 벌써 반이나 줄었네"라며 안타까워하는 사람으로 나뉜다. 반면 그는 '저걸 언제 다 마시지?'라고 생각하는 사람이었다. 반드시 다 마시라고 아무도 말하지 않았는데 그에게 물은 다 마셔야만 끝낼 수 있는 숙제로 변한 것이었다. 목마를 경우 갈증을 해소하기 위해 행복하게 마실 수 있는 물이라는 혜택은 없었다. 마시기 싫으면 안 마시면 그만이라는 본인의 선택권도 제거되어 있었다.

정작 자신이 무엇을 위해 그러는지도 모르면서 무작정 참고 버티면서 살아온 탓에 그는 매사에 '이것만 끝나면'이라는 사고에 길들여져 있었다. 하지만 살아야 할 이유를 찾지 못해 한편으로는 늘 무력하고 우울했다. 그런데 살아야 할 이유를 어디서 찾을 수 있는 걸까? 분명한 것은 그것을 미래에 두면, 즉 '내가 지금보다 나아지면, 혹은 이것만 끝나면'이라고 생각하면 현재는 언제나 불만족스러울 것이라는 사실이다. 현재가 그런 식으로 불만족스러울 때면 그는 '그때 그 일만 없었어도 내가 지금 같지 않을 것이고, 그랬으면 모든 게 다를 텐데'라는 생각을 추가로 작동시켰다. 바꿀 수 없는 과거를 한탄하는 데 시간을 보내다보면 더욱이 오늘에 집중할 턱이 없다. 그의 이런 '시간 놀음'은 평생 해도 끝나지 않을 활동이다.

순간을 영원으로 바꾸지 마라

'이런 것을 얻고 저런 것에서 자유로워질 때 나는 만족할 것이다'는 생각은 미래의 어딘가에 구원이라는 환상을 만들어놓고 지금 여기서는 그런 상태에 도달할 수 없으니 앞만 보고 가자고 주장하는 것이다. 꿈을 찾고 나면, 성공하면, 사랑하는 사람을 만나면, 돈을 많이 벌면, 목표를 달성하면, 공부를 마치고 나면 비로소 자유로울 수 있고 완전할 수 있다? 잘 생각해보라. 지금을 살려면 시간이 필요하다는 말은 완전히 말장난이다.

사람들은 시간을 구원으로 가는 수단으로 보지만 실은 시간이야말로 구원을 방해하는 가장 큰 장애물이다. 그 순간에는 즐겁고 유쾌해도 그 상태를 의도적으로 지속하려고 하면 사실 신경만 쓰일 뿐 마음대로 되는 것도 아니라서 괴롭기만 할 뿐이다. 모든 것은 변하기 때문에 무언가를 시간 속에 고정시킨다는 것은 인위적으로나 가능한 일이다. 흐름을 거스르는 인위적인 노력은 결국에는 강박과 집착이 되고, 어느 날에는 또다시 벗어나고 싶은 고통이 된다.

예를 들어 어떤 사람을 사랑하게 되었다고 하자. 그런데 집에서 결혼은 안 된다고 반대한다. 꼭 결혼을 하겠다는 것은 아니었으나 그렇게 반대해오니 오기로 더 그 사람을 고집하게 되는 상황이다. 쏟아지는 가족들의 질책에 점점 더 당신은 '정말 사랑하는데 어떡하지? 나는 꼭 이 사람이어야만 한다'는 생각을 하게 된다. 상상이 되는가? 그러는 중에 당신은 그 사람에 대한 자신의 마음에 강력한 의미를 부여하며, 그렇기 때문에 '이것은 영원한 감정일 것이다' 혹은 '진정한 사랑이라는 게 이런 것이구나'라고 자신을 속이게 된다.

처음에는 그냥 '그 사람이 참 좋네'라는 단순한 감정이었는데, 점점 더 '그 사람이어야만 한다'라는 신념으로 바뀐다. 그러니 그 사람과 어느 날은 좋기도 하고 어느 날은 꼭 그렇지 않기도 한 매일매일의 변화가 '정말 사랑한다면'의 기준으로 평가되어 괴롭다. 결국 둘은 그 기준에 맞게 의도적으로 노력하게 되고, 그러다보니 자꾸 실망할 것이 많아지고, 그사이 점점 더 관계에 지치고 상대에 대해서도 회의하게 된다. 나중에는 가족의 반대라는 핑계를 대서라도 헤어지고 싶어진다. 순간을 영원으로 바꾸려고 하는 바람에 즐거움이 고통으로 변한 것이다. 어쨌든 마음이 요구하며 기대하고 있는 것과 지금 있는 것 사이에 격차가 있으면 거기가 바로 고통의 틈새다.

삶에서 상황이 펼쳐질 때는 두 가지 선택밖에 없다. 있는 그대로를 받아들이는 것과 어떻게든 행동해서 상황을 바꾸는 것. 현재에 집중해 살고 있는 경우라면 어느 쪽이든 상관 없다. 문제는 당장 행동을 취할 의도도 없고 바꿀 수 있는 가능성도 없는데 괜히 상황에 빠져 이리저리 생각하고, 합리화하고, 증거를 모으고, 분석하고, 계획만 하고, 다른 것을 기대하고, 기다리고, 그러면서 긴장되고 불편하다고 괴로움을 호소하는 불필요한 모든 짓에 있다.

상황에 이름표를 붙여 이러쿵저러쿵 단정하면서 지금을 어떤 식으로든 판단하고 평가하면 자연스레 마음에 저항이 생긴다. 그러면 그 상황에 부정적인 감정이 일어나게 된다. 그러면 마음은 불만족스러운 현재에서 탈출하기 위해 지금이 아닌 것에 집착하게 된다. 당장의 결정에 필요한 게 아니면 마음의 조작에 불과한 판단은 전반적으로 중지하고 있어야 한다. 매 순간을 그때의 현실에 맡기고, 일어난 일은 이미 일어난 일로, 일어나지 않은 일은 일어나지 않은 일로 받아들여야 한다. 물론 그 상황에서 해야 할 일이 있으면 결정한 대로 하면 된다. 절대로 마음으로만 바라거나 언젠가로 미루지 말고 '지금!' 해야 한다. 지금의 삶을 있는 그대로 수용하고 결과를 받아들이면, 외부 상황이 바뀌든 바뀌지 않든 스스로는 자유롭다. 현재에 깨어 있으면 상황에 직관적으로 반응하게 되기 때문에 일어나고 있는 일에 분명하고 예리하게 대처할 수 있다. 그런 상태에서 나오는 행동은 분노나 절망, 좌절 등에서 나오는 어떤 행동보다 효과적이다.

현재의 상황에서 빠져나갈 방법이 없을 때는 뚫고 나가면 그만이다. 그럴 수 있는 방법은 모든 것을 외면하지 않고 마주보고 흘러가는 것이다. 그게 고통이라 해도 마찬가지다. 고통을 완전하게 느끼되 생각하지 않으면 된다. 필요하면 고통을 표현해도 좋지만, 마음속으로 고통에 대한 구구절절한 각본은 만들지 않아야 한다. 지금 현재 고통스럽다면 그 느낌에서 벗어나려는 시도 자체가 실존을 피하는 것이 될 수 있다.

영화 〈반지의 제왕〉에는 절대 반지를 소멸해야 하는 임무를 부여받은 프로도가 나온다. 그의 모험은 막중한 책임으로 이어지는 긴장된 것이고, 고단한 여정에는 위험한 사건이 연이어 기다리고 있다. 지칠 대로 지친 프로도는 자신의 운명이기도 한 반지를 손에 쥐고 회의한다.

"반지가 나한테 안 왔다면 좋았을 텐데…… 아예 이 모든 게 일어나지 않았더라면 좋았을 텐데……."

누구나 한두 번쯤은 이런 생각을 한다. 하지만 반지가 오고 안 오고는 우리가 결정할 문제가 아니다. 우리가 할 수 있고 해야 하는 것은 주어진 이 시간에 무엇을 할 것인지 선택하는 일이다. 이미 자기 손에 쥐어져 자기만이 운반할 수 있는 것인데 왜 자신에게 반지가 왔느냐고 한탄하는 것은 쓸모없는 짓이다. 중요한 것은 자신의 삶의 반지를 어떻게 잘 운반할 것인가다.

그러면 사람들은 묻는다. 지금 여기에 철저하게 몰입하고 집중해서 살려면 어떻게 하면 좋겠느냐? 살아 있다는 것은 지금 여기에 이미 있다는 말이니, 주어진 것 그대로를 받아들여 집중하고 발맞추어 움직이면 된다. 그런데도 사람들은 그렇게 사는 방법, 그렇게 존재하는 방법이 따로 있는지 묻는다. 내 생각에는 질문이 틀린 것 같다. 당연히 되는 그것을 하게끔 도와주는 특별한 방법이 아니라, 당연히 되어야 할 그것을 못하게 방해하는 것이 자신의 경우엔 무엇인지, 그리고 그것을 어떻게 치워내면 좋을지 물어야 한다.

지금 여기를 살지 못하게 방해하는 것은 오직 한 가지, 쓸데없는 생각이다. 생각은 마음의 저항을 만들고 저항이 생기면 감정이 일어난다. 몸의 반응과 감정을 잘 읽어내면 자신이 지금 여기에 저항하고 있다는 것을 알 수 있다. 그렇게 되면 기저에 깔린 생각을 읽어내 치울 수 있다. 자세히 설명해보겠다.

1) 일어났다가 사라지는 감정 단순히 알아차리기

내 딸은 아기였을 때 심하게 앓던 중이염이 감기에 걸릴 때마다 재발해서 자주 병원 신세를 졌다. 물론 아이가 그렇게 아프면 엄마인 내 스트레스도 장난이 아니었다. 초등학교 1학년 여름방학 때 또 다시 아이 귀에 염증이 일었다. 덥고 짜증나는 한여름, 고열이 나서 아무것도 먹지 못하고, 물도 입에 안 대고, 잠도 못 자고, 좋아하는 텔레비전도 보지 못하게 된 아이는 꼬박 4박 5일 동안 아프다고 울면서 보챘다. "엄마~ 엄마~ 귀가 아파. 엄마~ 엄마~ 귀가 아파." 대신 아파줄 수 있다면 좋으련만, 내가 해줄 수 있는 게 아무것도 없었다. 계속 진통제를 먹이면서 우는 아이의 얼굴을 안쓰럽게 쓰다듬어주는 게 고작이었다.

며칠 밤을 자지 못하니 내 몸도 견디지 못했다. 하지만 미음 한 숟갈도 못 넘기고 연거푸 진통제만 받아먹어서 늘어져 있는 아이를 보면서 내 컨디션을 걱정할 수는 없는 노릇이었다. 나는 아이를 위해 비디오 가게에서 만화영화를 빌려오면서 내 몫으로 만화책도 한 무더기 빌려왔다. 지루하다고 다른 할 일을 찾아 나서거나 아이 옆에서 잠들어버리지 않으려고 그랬다.

아이 옆에 꼼짝 않고 대기하면서 나는 오직 시간이 가기만을 기다렸다. 누구를 탓할 수도 없는 상황이니 그저 꾹 참고 아이를 보살피는 중에 시간이 흘러 모든 것이 다시 원점으로 돌아오기만을 기다렸다. '아이가 다 나으면 빨리 일을 해야지. 할 게 산더미 같은데 이게 웬일이람', '우리 아이는 왜 자꾸 아픈 걸까? 이런 식이면 정말 큰일이네' '아아, 지루해. 아픈 아이 옆에 가만히 있는 것 외에는 할 게 없구나', '달리 어찌 해줄 수 있는 것도 없는데, 아픈 아이를 보고 있자니 너무 괴롭다.'

그러던 차에 4일째 되는 날, 죽을 조금이라도 먹어보려고 노력하지 않는 아이에게 나는 그만 화를 냈다. 입이 너무 쓰니 약도 안 먹겠다고 떼쓰는 아이의 엉덩이를 심하게 때려주고 울다가 지쳐 잠이 든 아이 옆에 누워 있는데, 여전히 내 몸에서 감정의 열기가 느껴졌다. 아이의 잘못도 누구의 잘못도 아니라는 것을 알고 있으면서도, 대상 없는 화가 멈추지 않고 몸 안을 돌고 있었다. 발아래에서부터 서서히 위로 밀고 올라오는 에너지는 배를 거쳐 가슴을 지나 머리끝으로 올라왔다. 나는 견딜 수 없어 자리를 박차고 밖으로 나갔다. 이성적으로는 말도 안 되는 분노였다. 하지만 나는 화가 났고, 거의 미칠 지경이 되어 무엇이든 박살을 내거나 파괴하고 싶은 상태였다.

일단은 그 에너지를 밖으로 뽑아내 나를 비워야만 했다. 그래서 나는 억지로 눈물을 자아냈다. 가슴을 치면서 자책하는 말을 내뱉어 괜히 더 서럽게 만들었다. 일단 울음이 나오니 그 뒤에는 어떤 말도 생각도 필요 없었다. 열린 수도꼭지에서 물이 흘러나오듯 줄기차게 눈물이 났다. 잠시 후 가슴과 머리에서 열기가 가셨다.

나는 조용히 앉아 찬찬히 돌아보았다. 어디서부터 잘못된 거지? 잠시 후 나는 훨씬 전에 내 상태를 자각할 기회가 있었다는 것을 알게 되었다. 오전에 아이 옆에서 시중들면서 만화책을 보고 있을 때 가슴이 답답해오는 것을 느낀 것이 기억났다. 숨 쉬기 힘들 정도였는데 그때 나는 어리석게도 집 안 공기가 더럽다고 창문만 열었다. 일부러 만화책에 의식을 흘리고 있으니 내 몸이 말하는 것에 집중하지 못한 것이다. 반나절을 더 보내고 나서야 나는 엉뚱한 행동으로 옮겨진 내 감정을 보았다. 시간 속에 쌓인 감정이 터졌을 때는 이미 모든 것이 통제 불가였다.

그럼 내가 느낀 감정은 무엇이었나? 상황에 대한 답답함이 짜증이 되고, 짜증이 화로 변했다. 그런데 거기에는 '만약 ~하면'이라는 생각의 시간 놀음과, 내가 원하는 게 따로 있으니 기다려야 한다는 생각이 들어 있었다. 그 생각이 마음에 저항을 만들어냈다. 그리고 그 저항이 '아아, 싫다'로 이어져 여러 가지 감정을 만들어냈다.

그런데 나는 그렇게 변화되는 내내 자각을 하지 못했다. 바보같이 3~4일 동안 엉성한 자세로 시간을 때우며 마음을 팔 책만 보고 있었다. 내가 할 수 있는 것이 아무것도 없다는 무력감과 아파하는 아이에 대한 안타까움이 나를 그 순간에서 거리를 떼게 만들었다. 그 자체가 괴로웠기 때문이다.

그러나 거기에는 사실 내가 할 수 있는 것이 있었다. 그 자리에 온전히 있는 것, 그게 내가 할 수 있고 해야 하는 것이었다. 아픈 아이에게 온전히 마음을 쓰면서 매 순간 아이와 상호작용하는 데 집중하는 것이 그 순간 내가 완전히 받아들여 몰두할 수 있는 내 삶이었던 것이다. 나는 그날 어떤 상황에서든 매 순간 주어진 것에 저항 없이 있는 그대로 몰두하면, 쓸데없는 스트레스도 감정적 반응도 생기지 않는다는 것을 알게 되었다.

모든 부정적인 감정은 현재를 부정함으로써 비롯된다. 불안, 초조, 긴장, 스트레스, 걱정, 두려움은 미래에 매달리고 현재에 머물지 못하기 때문에 일어나는 것이고, 죄책감, 후회, 원망, 한탄, 슬픔, 비탄 따위는 과거에 집착하고 현재에 있지 못하기 때문에 생겨나는 것이다.

감정은 존재의 표면 위에 순간적으로 일어나는 물결 같은 것이다. 그러나 우리는 호수의 수면이 아니라 호수 전체다. 바람이 불고 폭풍이 치는 외부 상황으로 인해 표면에서 아무리 시끄럽게 물결이 일어도 여전히 저 깊은 곳은 고요한 법이다. 호수가 아니라 바퀴로 비유해도 마찬가지다. 우리가 존재의 중심, 즉 바퀴의 굴대 자리에 위치해 있으면 삶이 아무리 굽이진 길, 울퉁불퉁한 길 위를 흔들거리며 돌아가도 자신은 그에 따라 흔들리지 않으면서 같이 굴러갈 수 있다. 하지만 존재의 가장자리, 즉 바퀴의 테두리에 자리를 잡고 있으면 삶이 움직일 때마다 위로 아래로 울렁이며 가게 되어 있다. 그럴 때 감정은 우리를 점령한다.

감정에 휩쓸리게 되면 일시적이나마 그것은 '나'가 된다. 생각과 감정은 서로를 돌고 도는 못된 습성이 있어서 서로를 부채질하는데, 감정의 원인으로 인식되는 상황이나 사건 혹은 사람에 대해 생각을 거듭하면 할수록 생각은 감정에 에너지를 불어넣고, 그렇게 에너지를 얻은 감정은 다시 생각에 에너지를 불어넣는 식으로 서로를 키워가는 것이다.

부정적인 감정이 생기면 '지금 내가 현재를 받아들여 집중하지 않아 마음에 휩쓸리고 있구나' 라고 알아채면 된다. 오히려 감정을 자기 상태를 알려주는 신호로 받아들여 그 메시지를 지금 여기에 집중하는

데 이용하라는 말이다. 감정 자체는 표면에서 일렁이는 대로 그냥 말 없이 지켜보면 된다. 있는 그대로 받아들이고 감정이 자신을 그저 통과하게 내버려두면 된다.

감정을 느끼는 데 어려움이 있다면 몸 안의 에너지 장에 주의를 집중하는 것부터 시작해보자. 몸이 말하는 바에 가만히 귀 기울이면 감정이 말하는 소리가 들린다. 생각은 머릿속에서만 진행되는 반면, 감정은 신체 내부에서 생화학적 변화를 일으키기 때문에 주로 몸 안에서 느껴진다. 그래서 알아차리기가 훨씬 쉽다. 마음의 어떤 움직임은 생각으로 인식되지 않을 때가 종종 있는데, 그렇다 하더라도 우리 몸 안에서 나타나기 때문에 감정을 제대로 자각하면 숨겨진 마음의 움직임을 정확히 알아차릴 수 있다. 몸은 마음의 충실한 대변자라고 생각하면 된다.

만약 마음과 감정 사이에 갈등이 있다면, 마음이 거짓이고 감정이 진실이라고 생각하자. 감정을 인지하는 과정에서도 마음이 장난을 치거나 거짓된 해석을 할 수 있다. 그럴 때는 몸이 말하는 것이 감정을 말해주는 것이라고 생각하면 된다. 자신은 화가 나 있다고 생각하지 않는데 목이 붉게 달아오르면서 목소리가 떨린다면, 생각과 달리 분노가 일어나고 있는 것이다. 마음이 만들어내는 생각에 몸이 정직하게 반응하는 것이 감정이니, 감정을 통해 쓸데없는 생각을 끊어버리고 치워내자.

그런데 사람들은 감정을 인식하고 지켜보라고 하면 상황에 대한 자신의 생각과 감정이 합당한 것인지 아닌지를 먼저 문제 삼으려고 한다. 감정이라는 것은 마음이 빚어내는 표면의 일렁임일 뿐이니 합당하든 아니든, 논리적으로 근거가 있든 없든 그냥 '그렇구나' 하고 알아챈 상태에서 지나가게 두면 그만이다. 의미를 부여해 중요한 것으로 붙잡으려고 하니까 감정이 생각과 맞물려 이상하게 얽혀 돌아가는 것이다. 감정을 그냥 지켜보고 받아들이면 그만인데, 받아들일 만한 것이냐 아니냐를 따지면서 이해하려고 하니 감정의 이유가 된다고 믿는 사람과 상황에 자꾸 시시비비를 가리게 된다. 그들은 내 마음을 자극한 것일 뿐 정확하게는 내 감정의 이유가 아니다. 중요한 것은 세상에 대한 반응으로 일어난 감정을 있는 그대로 인식해 자신이 상황에 저항하고 있다는 것을 깨닫는 것이다.

2) 지금 행동하지 않을 거면 생각하지도 않기

무서운 개가 지금 당신에게 사납게 덤벼든다고 상상해보자. 당신의 머릿속에서는 순간 '피해!'라는 본능적인 명령이 들릴 것이다. 급히 도망치는 당신의 온몸에 혈액이 빠르게 펌프질되고, 단단히 긴장된 근육에서는 엄청난 속도의 달음박질이 나올 것이다. 실제로 닥친다면 이것이 지금 여기를 살고 있는 당신의 모습이다.

반면 길을 지나는데 무섭게 보이는 큰 개를 목격한다고 하자. 순간 당신의 머릿속에는 오만 가지 생각이 들 것이고 온몸은 긴장되고 가슴이 뛸 것이다. '개가 나를 물면 어떻게 하지? 나에게 달려들어 짖어

대면 어떻게 하지?' 당신의 마음은 벌어질 사건을 머릿속에 그려보느라 분주해질 것이다. 개에게 물리면 얼마나 아플지 고통을 가늠해보기도 하고, 혹시라도 모르니 광견병에 대한 지식을 기억에서 더듬어낼지도 모른다. 그것으로 그치지 않고 당신은 그 길로 들어선 바보 같은 자신을 탓하고, 그 장소에서 만나자고 했던 사람을 원망하며, 이 세상에 존재하는 사나운 개들과 그런 개들을 관리하지 않는 누군가를 비난하느라고 정신이 없을지도 모른다. 이것은 지금 여기를 사는 모습이 아니다. 단지 두려움에 '빠진' 사람의 모습일 뿐이다.

'지금'이라는 이름의 실재는 받아들이고, 누리고, 반응하고, 행동하고, 집중하기만 하면 된다. 그런데 오지 않은 것에 초점을 두니 자꾸 두려움이 생긴다. 미리 예측하고, 판단하고, 오만 가지를 생각해보아야 지금 여기가 달라질 것도 아닌데, 사람들은 사고를 끊지 못하고 생각이 꼬리에 꼬리를 물게 놓아둔다.

지금 속에는 원래 아무 문제가 없다. 사나운 개가 달려든 순간에도 문제는 없었다. 대처하면 그만이었기 때문이다. 그건 실재이지 문제가 아니었다. 반면 사람들이 말하는 '문제'란 타개하거나, 개선하거나, 이겨내거나, 참고 기다려야 하는 상황을 마음이 만들어낼 때 생겨나는 것이다. 그렇기 때문에 즉각적으로 요구되는 것 이상으로는 생각을 끌어내지 말아야 한다. 괜히 문제를 만들어내 앞당겨 고민하면서 지금 여기를 잃어버리지 않아야 한다.

생각이 잇달아 일어나는 것 같으면 곧장 자신에게 말해주자. "생각은 쓸모다. 생각은 당장의 행동을 위해 있는 것이다. 지금 너는 무엇을 하려고 하는 것인가?" 당장 결정을 내려야 하는 게 아니라면 지금 하고 있는 생각은 전부 쓸모없는 것일 수 있다. 쥐가 들끓듯 머릿속에서 신경을 갉아먹는 생각을 단칼에 끊어내고 웃어주라. 반드시 웃어주는 게 필요하다. 그런 생각을 하는 자신에 대해 또다시 진지하게 생각하기 시작하면-즉 '왜 나는 아직도 이렇게 생각이 많지? 왜 나는 단순해지지 않을까? 이 방법이 소용이 없는 것은 아닐까? 남들도 이럴까? 나만 효과가 없는 것이면 어떡하지?' 등-또다시 생각은 꼬리에 꼬리를 물게 되니 조심하자.

끊어내는 게 정 안 되면 그냥 지켜보기만 해도 된다. 현재 자신을 점령하고 있는 생각에 자신을 일치시키지 말고 그것이 그저 뇌에서 일어나는 현상일 뿐임을 이해하라. 그러면 몸의 기관에서 일어나는 변화를 차분히 느끼고 인식할 수 있듯 자기 생각도 그저 바라보고 지켜볼 수 있다. 와글거리는 자신의 생각을 '아, 내 마음이 지금 이렇게 떠드는구나'라고 알아차리기만 하면 되는 것이다. 그 생각에 끼어들지 말고 지금 여기에 남아 그저 그 소리를 지켜보기만 하면 된다. 지켜본다는 것은 그 순간에 있는 것을 그 자체로 받아들인다는 뜻이다. 생각을 자신과 동일시하지 않으면 생각에 힘을 부여하지 않아 생각에 부림을 당하거나 휘둘리지 않는다.

생각을 지켜보는 것조차도 어렵다면 단순히 지금 이 순간에 주의를 집중하는 것만으로도 마음의 흐름에 틈새를 만들 수 있다. 지금 이

순간을 확고하게 의식하기만 하면 되는데, 자신에게 수반되는 모든 감각에 주의를 집중해서 기울이면 고요하면서도 강렬한 현존을 느낄 수 있다. 생각이 많아질 때는 밖에 나가 걸어볼 것을 권한다. 하늘을 올려다보고, 참새 소리에 귀 기울여보고, 피부에 느껴지는 햇살과 공기를 느끼면서 걷는 자신의 신체에 집중해보자. 자신을 감싸고 있는 실제적인 것과 그것에 반응하고 있는 자신에게 집중하면 생각이 잦아드는 것을 느낄 수 있다. 지금 여기에 그저 있으면 마음과 뒤엉키지 않으면서 마음을 있는 그대로 인정할 수 있게 된다. 그러고 나서 해야 할 일이 있으면 그냥 하면 된다.

가까이에 지금 있는 것이 우리에게 필요한 것이고 진짜다. 현재 인연을 맺어 함께 움직이고 있는 것을 보지 않고 먼 어딘가에서 무언가를 찾아 헤매 돌아다닌들 결국엔 다시 빈손으로 돌아오게 되어 있다. 그것이 파랑새 동화가 우리에게 들려주는 교훈이다. 우리에게 있는 것은 지금 여기뿐이다. 그리고 그 조건 속에 움직이고 있는 나 그대로가 실존이다. 실존을 놓치면 병이 든다. 그러니 '만약'의 덫에 빠지지 말고, 지금 그리고 여기에 생생하게 살아 있음에서 떠나지 말자.

제 게으름을
치료해주세요

+

탈 진 의 피 로 에 서
회 복 의 피 로 까 지

어느 날 한 고등학생의 상담 신청서가 메일로 들어왔다. 보통은 학부모가 상담을 의뢰하는데 학생 스스로 간단한 자기소개와 함께 치료를 신청한 경우였다. 만나보니 덩치가 있는 건장한 남학생이었다. 긴장했는지 거의 눈을 마주치지 않고 묻는 말에만 단답형으로 대답하는 그의 토막 이야기를 꿰어보니, 공부를 죽 잘해오다가 중3 때 친구들과 조금 놀았는데 다시 정신을 차리고 열심히 해보려고 하지만 지금은 마음같이 실천이 뒤따르지 못하고 있단다. 또래 관계에 큰 문제는 없고 친구들과 시간만 나면 농구며 게임이며 즐겁게 놀고 있단다. 나는 심리 치료를 통해 어떤 변화가 일어나기를 희망하는지 구체적으로 말해줄 것을 부탁했다. 그의 답은 이랬다. "제 게으름을 치료해주세요."

종종 게으름을 치료 중에 다루어야 할 특성의 하나로 보고하는 사람들이 있다. 하지만 이 학생처럼 다른 문제는 없고 오로지 게으름만 문제라고 말하는 사람은 없었다. 학생을 물끄러미 쳐다보던 나는 아무래도 내 생각을 분명히 전달하는 게 낫겠다고 생각했다.

"현재 본인의 삶에서 해야 할 일이 많은데 생각처럼 몸이 움직이지 않아 많이 답답한가봐요. 그런데 자신이 게으르다고 자책하는 사람들을 만나보면 특성상 게으른 사람들은 아니더군요. 자신이 '해야 한다'고 여기는 것이 정말로 원하는 일이 아니거나 실제로 할 수 있는 일이 아니라서 결과적으로 자꾸 게을러지는 것처럼 보일 뿐이에요. 학생도 친구들이 농구하자고 부르거나 어디 가자고 할 때는 머뭇거림 없이 바로 뛰쳐나가잖아요. 학생이 게으른 것은 학업과 관련된 특정 부분에서만인데, 마음은 공부를 해야 한다고 명령을 내리지만 몸은 하고 싶지 않다는 것을 알고 있기 때문에 둘 사이에 자꾸 격차가 벌어지는 거죠. 미안하지만 저는 게으름을 직접 치료할 수는 없습니다. 학생이 해야 할 일을 열심히 하게 만들 방도가 없다는 말입니다. 그렇지만 다른 식으로 도와줄 수는 있어요. 게으름은 자기가 뭘 하고 싶은지 자신의 몸과 마음이 말하는 것을 귀 기울여 듣지 않고, 그저 해야 한다는 맹목적인 생각만을 앞세워 삶을 살아가는 방식의 문제라고 생각합니다. 우선 자신이 정말 원하는 게 뭔지, 뭘 필요로 하는지, 자기가 어떤 사람인지, 뭘 할 수 있는 사람인지 살피는 게 중요해요. 자신을 똑바로 보고 본인에게 맞는 선택을 해야 게으름에서 벗어날 수 있을 겁니다. 물론 제대로 알게 되었어도 여전히 다른 것을 선택하지 않는다면 마찬가지 결과가 올 수도 있지요. 내가 도울 수 있는 것은 학생이 자기를 깨달아가는 과정뿐입니다."

　어머니와도 상담을 마친 뒤 치료 방향에 동의하면 다시 연락을 주기로 하고 일단 우리는 헤어졌다. 학생은 내내 아무 연락도 없다가 그다음 주 같은 시간에 일이 생겨 못 가겠다는 전화를 했다. 치료를 받기로 결심한 것인지 물으니 그는 당연하다는 듯 그렇다고 했다. 하지만 나는 그다음 주에도 학교가 파한 후 잠이 들어버려 이제 일어났는데 너무 늦어 못 가겠다는 문자 메시지를 받았다. 그다음 주에는 시험이라 못 올 거라고 했다. 올 것같이 꼬박꼬박 연락은 하면서도 나타나지 않는 학생을 생각하며 나는 여러 생각에 잠겼다.

'뭐든지 할 수 있다'는 믿음

　독일에서 활동하고 있는 철학 교수 한병철의 『피로사회』에는 그 학생이 겪고 있을 법한 탈진 상태와 우울이 잘 묘사되어 있다. 한 교수는 지금의 우리 사회를 긍정적 마인드가 과잉된 상태라고 보고 있다. 커뮤니케이션이 보편화된 정보의 과잉 속에 살다보면 사람들은 더 이상 낯선 것에 일일이 충격을 받지 않는다. 한때는 무조건 막고 공격해야 했던 낯선 것들이 이제는 관용적으로 받아들이고 평화적으로 조율해야 하는 '차이'로 변해 있다. 사람들은 이것과 저것을 혼합하고 경계를 무너뜨려서 통섭하는 것이 미덕이라고 말한다. 세상은 이제 통제와 박탈과 배제를 기본으로 움직이지 않고, 그저 수용되고 포화되며 지나치게 많이 쓰는 쪽으로 흐르고 있다. 한 교수는 이러한 과잉 생산, 과잉 가동, 과잉 커뮤니케이션이 우리 사회 전반에 소진과 피로, 질식을 초래하고 있다고 말한다.

이전에 우리는 이것을 해야 한다, 저것을 해서는 안 된다는 부정성을 바탕으로 통제받는 규율 사회에 살았다. 지금은 과거의 규율에 잘 단련된 상태에서 단순한 복종 말고 자기 주도적으로 성과를 내라는 재촉까지 받고 있다. 현대를 움직이는 힘은 모 영어 학원의 "Yes, we can"이라는 마케팅 문구처럼 거의 무한에 가까운 '할 수 있음'에 대한 믿음이다. 뭐든 가능하므로 자기 경영을 잘해서 성과를 내라니 이제는 미셸 푸코가 비판한 광인과 범죄자 외에 우울증과 낙오자가 추가로 속출한다.

"너는 뭐든 할 수 있다. 할 수 있게 해주지 않았니. 그러니 열심히만 해라." 게으름을 치료해달라던 그 학생이 어른들에게 듣는 말일 것이다. 책이나 텔레비전에 등장하는 성공 시대의 주역들도 하나같이 "당신도 저처럼 할 수 있습니다"라는 복음을 전파하느라 바쁘다. 어디를 둘러보나 꿈을 크게 갖고 희망을 버리지 말라는 당부의 눈짓들이 우리를 지지한다. '아무것도 불가능하지 않다'고 믿는 사회에서 '아무것도 가능하지 않다'는 인식이야말로 얼마나 우울한 것인가.

우울증은 성과를 내는 것이 당연한 주체가 더 이상 할 수 있을 것 같지 않을 때 덮쳐오는 병이다. 할 수 없다는 의식은 파괴적인 자책과 자학으로 이어지고, 어디를 향해야 할지 모르는 분노와 답답함은 당사자의 심장을 겨누어 밤마다 그로 하여금 자신과 전쟁을 치르게 만든다. 낙오자, 머저리, 한심한 녀석……. 남이 뭐라 하기 전에 그가 먼저 자기를 욕한다.

막연히 할 수 있다는 것을 따라 무엇을 위한 것인지도 모른 채 자기를 실현하라는 압박에 수동적으로 끌려간다. 그 속에서 모든 것은 방향은 있으나 목적은 없는 고역 같은 노동이다. 자기와의 전쟁으로 신경과민에 빠진 그는 한편에서는 극단적인 허무를 느끼지만 어쩔 줄 모르고 계속해서 초조하고 부산하다. 낙오자가 될 것이라는 불안을 감추고 애써 그는 어머니에게 짜증을 부려본다. "내가 다 알아서 할 테니 내버려두어요!" 하지만 그의 신경질 뒤에는 엄청난 책임의 무게가 있다. 그는 갈수록 지치고 피로하다.

한 교수는 피로를 두 가지로 정의한다. 우선 성과를 증대하기 위해 자신을 닦달하다가 탈진해버려 너도 피로하고 나도 피로하니 서로 볼 수 없고 말할 수도 없는 상태로 고립되어버리는 피로. 학생이 겪고 있는 피로가 이것일 것이다.

첫 면담에서 나는 학생과 미술 작업을 시도했다. 자신에게서 표현할 거리를 찾기 위해 그가 내면에 얼마나 집중할 수 있는지, 마음속에 어떤 움직임이 있는지, 그것을 어떻게 시각화하거나 언어화할 수 있는지 보고자 했다. 나는 치료실에 있는 여러 상자 중에서 형태나 재질, 크기, 모양, 외관의 디자인 등 어떤 면에서든 자기와 닮은 상자가 있는지 찾아보라고 했다. 학생은 상자 더미를 물끄러미 쳐다보더니 이것저것 뒤져보는 적극성 없이 맨 위에 있는 것을 그냥 집어 들었다. 시장에서 딸기를 담아 팔던 불투명한 플라스틱 박스였다. 흔히 보는 얇은 것이 아니라 두께가 꽤 있는 튼튼한 것이었다. 바람이 통하라고 측면과 뚜껑에 작은 구멍들이 뚫려 있었다. 하지만 그는 그것이 자기와 어떻게 닮았는지 설명하지 못했다. 그냥 "밖에서도 속이 다 보여서"라고 내가 묻는 말에 마지못해 대답할 뿐이었다. 그래서 나는 설명을 이어갔다.

"상자이다보니 안이 있고 밖이 있어요. 우리하고도 비슷한 데가 있죠. 누구나 남들이 보는 혹은 겉으로 드러나는 모습이 있지요? 뚜껑을 열어 보여주기 전에는 남들은 잘 알 수 없는, 그렇지만 나 자신은 느끼고 있는 내면도 있어요. 그런 나의 외면과 내면을 상자의 겉과 속에 표현해봅시다. 막막하다면 내가 주는 잡지에서 자신과 비슷한 느낌이 나는 이미지를 오려서 붙여도 돼요. 마음에 와닿는 글자가 있으면 텍스트를 오려 붙여도 되고요. 그 위에 다시 칠을 하거나 다른 재료를 붙여도 되니까 마음 편히 작업해보세요." 중학생 정도만 되어도 가능한 작업이라서 어려운 일은 아니었다. 학생도 말귀는 이해했다.

잡지를 한 장 한 장 아주 천천히 넘겨보던 그는 어떤 자리에서 오랫동안 페이지를 응시했다. 무얼 보고 있는 것일까? 잘 지켜보니 자극에 반응하는 자기 마음속 움직임을 잡아내느라고 집중하는 모습이 아니었다. 목적을 잃은 채 멍하니 그저 눈에 들어오는 잡지의 내용을 수동적으로 읽고 있는 모습이었다. 나는 일단 학생이 잡지 세 권을 다 훑어

볼 때까지 기다렸다. 그러고 나서 작업이 너무 어려운지, 아니면 잡지에서 표현할 것을 찾을 수 없어 그러는지 조심스럽게 물었다. 학생은 내 질문에 뭔가 생각하는 듯 다시 눈길을 내리고 가만히 있었다. 처음에는 생각을 해보려고 했던 것 같은데 몇 초 지나지 않자 정신이 딴 데로 흘러가버린 사람처럼 그냥 멍해진 모양이었다. 몇 분이 흘러도 학생의 멍한 눈은 원래대로 돌아오지 않았다. 입력 버튼이 눌러졌는데도 아무런 프로세스가 진행되지 않고 먹통이 되어버린 컴퓨터 같았다.

하는 수 없이 나는 작업을 중단했다. 학생이 스스로에게 집중이 잘 안 되는 것 같다고, 집중을 해보아도 안에서 일어나는 것을 잡아낼 수 없는 것 같다고 말해주었다. 그는 수긍도 부정도 하지 않았다. 이런 작업을 하는 과정에서는 아무리 미세한 것이라도 자극이 있기 마련이고, 그에 대한 반응이 있으며, 다시 반응에 대해 자신에게 전달되는 피드백이 있다. 그걸 인지하면 다시 언어로든 이미지로든 옮길 수 있다. 그런데 어떤 이유 때문인지 그는 과정에 문제가 있는 것 같았다. 이런 식이라면 친구들과의 관계에서도 어려움이 있지 않을까?

나는 친구들이 본인에 대해 이렇다 저렇다 하는 말이 없느냐고 물었다. 그는 그런 건 없다고 답했다. 남자들 사이에서는 자기 이야기를 많이 하거나 자기를 적극적으로 표현해야 할 일이 별로 생기지 않으니 그럴 수도 있다. 죽이 맞으면 컴퓨터 게임을 하거나 농구를 하며 신 나게 시간을 보낼 수 있을 테니 별 문제가 없겠다. 나는 여자 친구는 있느냐고 물어보았다. 그는 없다고 답했다. 서로를 이해하고 원하는 것을 맞추어 친밀한 관계를 만들어가려면 서로 속을 보이는 과정이 요구되기 마련인데, 그에게는 아직 그런 일이 없나보다.

게으름의 문제에 접근하려면 일단 그가 자기 자신과 일체감을 느끼며 자기 안에서 일어나는 것을 자각하고 그것을 의식해서 표현하고 다룰 수 있어야 하는데, 지금은 감수성도 떨어져 보이고 자기 마음에 집중도 잘 안 되서 자기표현이 부족하니 큰일이다. 어머니와 그렇게 상담하니 그래서 담임선생님이 걱정하다 못해 치료실을 연결해준 거라고 했다. 무기력해져서 아무것도 벌어지지 않는 것 같은 그의 내면에 어떻게든 생동감을 되찾을 방법을 찾아야 한다.

아니라고 저항할 수 있는 힘

한 교수가 말하는 또 다른 피로에 단서가 있다. 그것은 탈진 상태에 불과한 앞서의 피로와 달리 회복하는 피로라고 말할 수 있다. 이는 무엇을 할 수 있는지보다 무엇을 내버려두어도 괜찮은지 알게 하는 피로다. 피로감을 느끼면 우리는 잠시 멈추어 부산한 자아의 조임쇠를 느슨하게 열어주지 않는가. 짧고 빠른 과잉주의의 혼잡함에서 벗어나는 막간의 시간인 셈이다.

만약 당신이 아무것도 안 할 수 있는 능력과 약간의 태평함을 잃지 않고 있다면, 그 틈새를 통해 그동안 보지 못했던 길고 느린 형식에 주의하게 될 것이다. 그동안 떠다니던 것, 잘 눈에 띄지 않던 것, 금세 사

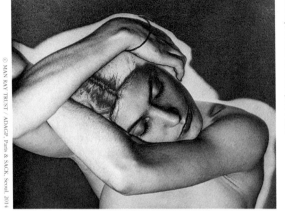

멈추어서 비워진 자리에 깊은 사색이 노닐고

다시 거기서 깊은 심심함이 우러나오면,

성과가 아닌 창조를 향한 새로운 시각이 싹틀 것이다.

라져버리던 것이 비로소 모습을 드러낸다. 그렇게 되면 세계는 다시 경이감으로 다가온다. '이런 것이 있었군. 아, 저러기도 했었네.' 피로가 가져오는 휴식에는 오랜만의 많은 만남이 있다.

한 교수는 페터 한트케의 묘사를 인용해 그것은 "접근을 허락하는 피로, 만져지고 또 스스로 만질 수 있는 상태를 실현하는 피로"라고 정의한다. 학생이 빠져 있는 고독한 자아의 탈진 상태는 "세계가 없는, 세계를 없애는 피로"인 반면, 한트케와 한 교수가 말하는 치유적인 피로는 "세계로 옮겨가 세계를 신뢰하게 하는 피로"다. 이것은 너도 지치고 나도 지쳐 만날 힘도 없고 만나지지도 않는 피로가 아니다. 도리어 "너를 향해 지치는" 피로이기에 한 교수는 그것을 '우리-피로'라고까지 부른다.

피로를 느껴 쉬기 위해 정신을 이완하다보면 천천히 사색하는 고요함에 도달하곤 한다. 한 교수는 이러한 사색적 집중 상태를 '깊은 심심함'이라고 부른다. 할 일에 쫓기는 게 아니라 할 일을 놔두고 딱히 쓸데없는 시간에 그냥 머무르다보면 도리어 그 심심함 속에서 "경험이 알을 품다가 창조를 일으키기"도 하지 않는가. 많은 예술가나 학자가 말하는 창조의 비밀이 그렇다.

업무 부담의 증가로 다양한 정보의 원천과 처리 과정 사이에서 빠르게 초점을 이동하며 생활하다보면 우리의 지각은 넓지만 평면적으로 파편화되고 분산된다. 분주하게 멀티태스킹을 하는 중에는 경험에서 깊이 숙고하는 평온한 시간 따위는 들어설 자리가 없다. 무언가를 돌이켜보기도 어렵고, 자기 안의 미세한 소리를 듣기도 힘들며, 타인이나 세계를 있는 그대로 관찰하고 느낄 여유도 없다. 그래서 대부분은 이미 존재하는 것을 재생하거나 가속화하기만 한다.

이럴 때 중단하는 힘이 필요하다. 한 교수는 이러저러한 자극에 저항해 아니라고 대꾸하지 못한다면 우리의 행동은 그저 안절부절못하는 과잉 활동 반응과 해소 작용으로 흩어지고 만다고 경고한다. 과잉 활동은 아무 저항 없이 모든 자극과 충동에 순종하는 과잉 수동성으로 전도되어버린다. 최근 들어 더 많은 사람이 명상 같은 '깊은 주의'로 자신을 치유하는 이유도 시대의 요청에 따른 것이다. 외부의 자극에 내맡겼던 자신의 시선을 주체적으로 조정해 몰려오는 자극에 저항하는 법을 배우는 것이다.

그렇다. 아직 치료실로 발걸음을 옮기지 못하고 있는 그 학생은 아무것도 할 수 없는 무력함에 빠져 있다. 일단 하지 못해서라도 그는 성과의 쳇바퀴를 멈추어놓고 있다. 어찌 보면 다행한 일이다. 우울도 이럴 때는 순기능을 갖는데, 하던 것을 다 못하게 만들어버리니 그의 인생에 막간을 만들어준 셈이다.

하지만 탈진의 피로가 회복의 피로가 되려면 짜증이나 신경질을 낼 것이 아니라 "현재에 대해 총체적인 의문을 제기하게 만드는" 분노를 일으켜야 할 것이다. 치료를 하다보면 분노는 한 교수의 말처럼 "어떤 상황을 중단하고 새로운 상황이 시작되도록 만들 수 있는 힘"일 때가 많다. 성과에의 강박에 스스로의 목소리로 아니라고 화를 내고, 분노로 자기 안에 다시 에너지가 일어나면 삶과 세계 전체를 다시 조망하는 시간을 보내야 할 것이다.

멈추어서 비워진 자리에 깊은 사색이 노닐고 다시 거기서 깊은 심심함이 우러나오면, 성과가 아닌 창조를 향한 새로운 시각이 싹틀 것이다. 그가 이번 기회에 자기 인생을 돌아볼 힘, 아니라고 저항할 수 있는 힘을 가지게 되면 앞으로도 삶에서 그는 순간순간 피로를 느낄 때마다 뒤로 물러나 세계를 다시 만나고 인간으로서의 생동감을 다시 찾을 수 있을 것이다.

빈 상자만 앞에 놓고 아무것도 하지 못했던 그에게 멈추어서 깊이 주의할 수 있는 시간을 주고 싶다. 새로울 수 있는 여기 이 자리로 일단 비트적거리면서라도 그가 발걸음을 옮기기만 한다면 말이다.

비우고
채우기

+

진정한 성장은
계단식 도약이다

몇 년 전 문득 '그릇이 커진다'는 말이 무엇을 뜻하는 것일까 궁금했다. 왜 그런 질문이 떠올랐는지 모르겠다. 특정한 표현이나 속담이 만들어진 과정을 평소에도 이리저리 음미해보기를 좋아하는 나는 사람들이 왜 그런 표현을 고른 것일까 곰곰이 생각해보았다.

우리는 보통, 사람을 그릇에 비유한다. "저 사람은 큰 그릇이다", "기대하지 마라. 그릇이 작아서 그런다." 그릇은 무언가를 담을 수 있는 기구다. 그릇이 크다는 것은 많은 것을 담을 수 있다는 말이다. 그릇이 크다거나 작다고 하는 것은 타고날 때부터 많은 것을 담을 수 있는 인격이 정해져 있다는 말일 것이다.

하지만 내가 궁금했던 것은 애초의 그릇 크기를 가리키는 게 아니라 '그릇이 커진다'는 말이었다. 타고난 크기를 무시하고 그릇이 마음먹은 대로 늘었다 줄었다 할 수는 없다. 도자기나 쇠로 된 그릇을 상상해보자. 만들어진 불변의 크기가 있다. 우리 모두는 그만한 크기가 될 잠재력을 갖고 태어나 그만큼 담을 수 있게 성장한다. 그렇다면 그릇이 커진다는 말은 자신의 최대 용량이 확인되는 날까지 자신을 실현하기 위해 성장한다는 의미인가? 아니다. 그 말은 애초에 결정된 용량보다 크게 바뀌었다는 말이다. 그렇다면 무슨 의미일까?

생각이 자유롭게 이리저리 흘러가던 중 문득 해답이 떠올랐다. 그릇은 고정되어 있다. 하지만 원래 용량보다 많이 담게 된다면 그릇이 커졌다고 말할 수 있다. 고정된 크기의 그릇에 많이 담을 수 있는 방법은? 비워내고 다시 채우는 방법뿐이다. 결국, 그릇이 커진다는 말은 용량이 꽉 찼을 때 담고 있던 것들을 비우고 새롭게 다시 채우는 것을 말하는 것이다. 계속해서 새로운 것을 담아낼 수 있다면 그 사람의 그릇이 계속해서 커진다고 말할 수 있다. 나는 '그릇이 커진다'는 말에 대한 궁금증에서 출발해 '비우고 채우기'라는 화두를 건졌다.

무엇을 비우는가 - 거짓된 자아상

치료실에서 내담자들을 만나면서 깨달은 것은 인간의 성장은 완만한 곡선을 그리면서 진행되는 과정이 아니라는 사실이다. 성장은 계단식 진행 과정으로 껍데기를 탈피하는 순간 몸이 커지는 매미나, 가재나, 뱀의 성장과 비슷한 과정이다. 그런 식으로 성장한다는 것은 오늘 알고 익숙한 것에 하나를 첨부하는 식으로 양이 늘고 넓어지는 것을 말하지 않는다. 10단위의 앎과 삶을 유지하고 있다면 11, 30, 89로의 변화는 같은 차원에서 조금 더 늘거나 정교해지는 것을 의미한다. 10단위에서 말하는 진정한 성장은 100단위로 도약하는 것이다. 그리고 100단위에서의 성장은 1,000단위로 도약하는 것이다. 이는 수준이나 차원을 달리하는 성장이며, 계단식 도약을 전제로 하는 것이다. 그릇을 비운다는 것은 그러한 도약을 준비하는 것이다. 그렇다면 도대체 무엇을 비우라는 말인가?

우리는 자라면서 개인적이고 문화적인 조건에 따라 자신이 누구인지에 대한 이미지를 만들어낸다. 심리학에서 말하는 '자아'란 그 같은 자기개념이요 이미지다. 자아의 정체성은 지나온 삶에 근거해서 만들어지지만, 있는 그대로의 존재를 고스란히 반영하지는 않는다. 자아는 마음의 활동으로 이루어지며 끊임없는 생각을 통해서만 유지될 수 있기 때문에, 자기 자신을 마음과 동일시함으로써 창조된 자아는 실재와 멀어진 가짜 개념이 되곤 한다.

자아는 항상 과거에 집착하고 과거를 살아 있게 하려고 애쓴다. 과거가 없으면 자신이 누구인지 알 수 없기 때문이다. 자아가 강한 사람들은 일관된 자기 정체성을 유지하려고 애쓰기 때문에 끊임없이 변하면서 흔들리는 현재를 주관적으로 거르고 왜곡하려고 한다. 자아는 과거의 눈을 통해서 현재를 보기 때문에 지금 벌어지는 그대로를 제대로 파악하지 못한다. 또한 미래에 자신을 투사함으로써 계속적인 생존을 보장받으려 하기 때문에 미래의 목적을 위해 현재를 하나의 수단으로 축소하기 일쑤다.

자아는 원래 허깨비 같은 것이다. 실체가 아니라 개념이기 때문에 아무리 단단한 척해도 사실은 연약하고 불안하다. 허구의 존재인 자아는 정체성을 상실할지도 모른다는 위기의식 때문에 끊임없이 삶에서 위협을 받고 있다고 느낀다. 그러면서 미래에 벌어질 일, 상상해본 일에 불안, 근심, 초조, 긴장, 공포, 증오 등의 감정을 자아낸다. 허구의 정체성을 지키기 위해 실재로는 존재하지도 않는 두터운 경계선을 자신과 세상 사이에 그어놓고 늘 긴장해서 교묘한 방어 전략을 편다.

경계가 없으면 아군도 적군도 없고 이쪽과 저쪽의 갈등도 없는 법인데, 자아는 자기 마음이 만들어낸 경계를 실제라 믿으며 고민하고 갈등하고 적을 만든다. 그러면서 자기와 진정한 자기, 자기와 동료, 자기와 자연 사이를 인위적으로 떼어놓고 분리되어 있다는 착각을 굳힌다. 그러면서 자아는 삶에 강하게 저항하는 자신의 힘이 자기를 증명하는 힘이라고 믿는다. 연약하기 그지없는 생각 속의 '나'는 그러한 자신의 단단함을 믿으며 삶의 우위에 있는 듯 묘한 우월감마저 느낀다.

폐쇄적인 세계에 있으면 자연히 고정관념에 사로잡히게 된다. 자아는 자신이 방어막을 치고 그 안에 틀어박혀 있다는 것을 모른 채 세상 모든 말과 이미지를 곡해하면서 자기를 지키기 위해 고정된 판단을 내린다. 거짓된 자의식을 유지하고 강화하기 위해서는 늘 무언가가 필요하고, 가짜 자기와 실제 삶에서 간격을 느낄 때마다 끊임없이 문제라는 것을 찾아낸다. 그러나 문제가 생겨도 궁극적으로 벗어나려고 하지는 않는다. 벗어난다는 것은 자아의 상실을 의미하기 때문이다. 자아는 찾아놓은 문제를 끌어안고 자신의 일부라도 되는 것처럼 다루면서 실재에 무지한 채로 고통과 괴로움에 많은 것을 투자한다. 그러면서 자신의 연약함을 감추기 위해 다른 사람을 지배하고 상황을 통제하려고 애쓴다.

생각 속에 '나'라고 존재하는 믿음인 자아는 실체감을 위해 외부에 있는 것과 자신을 자꾸만 동일시하려고 하고, 자신의 빈 틀을 무언가로 채우려고 한다. 그러한 자아의 욕구는 끝이 없는데, 채워도 채워도 채워지지 않는 이유는 자아가 실재가 아닌 허망한 개념이기 때문이다. 한 만화에서 읽은 아래 글은 새겨볼 만한 내용을 담고 있다.

옛날 옛날 어떤 곳에 이름 없는 괴물이 살았습니다. 괴물은 이름이 너무나 갖고 싶어서 견딜 수가 없었습니다. 그래서 괴물은 여행을 떠나 이름을 찾아보기로 했습니다. 하지만 세상은 넓어서 괴물은 둘로 나누어서 여행을 떠나기로 했습니다. 한 마리는 동쪽으로, 또 한 마리는 서쪽으로.

동쪽으로 간 괴물은 마을을 발견했습니다. "대장장이 아저씨! 나에게 당신의 이름을 주세요." "이름을 어떻게 줘?" "이름을 주면 내가 아저씨 속에 들어가서 힘을 세게 해드릴게요." "정말이냐? 힘이 세진다면 이름을 주겠다." 괴물은 대장장이 속으로 들어갔습니다. 괴물은 대장장이 오토가 되었습니다. 오토는 마을에서 가장 센 힘을 가졌습니다. 하지만 어느 날 "나를 봐. 나를 봐라. 내 안의 괴물이 이렇게 크게 자랐다." 아드득아드득 질겅질겅 와작와작 꿀꺽~ 안에서 배가 고팠던 괴물은 오 토를 안에서 먹어치웠답니다.

괴물은 다시 이름 없는 괴물로 되돌아가고 말았습니다. 신발 가게의 한스 속으로 들어갔어도. 아드득아드득 질겅질겅 와작와작 꿀꺽~. 또 이름 없는 괴물로 돌아가버렸습니다. 사냥꾼 토머스 속에 들어갔어도. 아드득아드득 질겅질겅 와작와작 꿀꺽~. 역시 이름 없는 괴물로 돌아 가고 말았습니다.

괴물은 성 안에서 멋진 이름을 찾기로 했습니다. "네 이름을 나에게 주면 강해지게 해줄게." "병이 낫고 강해질 수 있다면 이름을 줄게." 괴 물은 사내아이 속으로 들어갔습니다. 사내아이는 매우 건강해졌습니 다. 임금님은 아주 기뻐했습니다. "왕자가 건강해졌구나. 왕자가 건강 해졌어." 괴물은 사내아이의 이름이 마음에 들었습니다. 성 안의 생활 도 마음에 들었습니다. 그래서 배가 고파도 참았습니다. 매일매일 배가 고팠지만 참았습니다. 하지만 너무나 배가 고팠기 때문에, "나를 봐. 나 를 봐. 내 안의 괴물이 이렇게 크게 자랐어." 사내아이는 임금님도 신하 도 모두 잡아먹었습니다. 아드득아드득 질겅질겅 와작와작 꿀꺽~.

어느 날 사내아이는 서쪽으로 갔던 괴물과 만났습니다. "이름을 찾 았어. 멋진 이름이라고." 서쪽으로 갔던 괴물은 말했습니다. "너 같은 건 필요 없어. 이름 따위는 없어도 행복해. 우리는 이름 없는 괴물이니 까 말이야." 사내아이는 서쪽으로 갔던 괴물을 잡아먹고 말았습니다.

모처럼 이름이 생겼는데, 아무도 이름을 불러줄 사람이 없게 되고 말았답니다. 요한~ 멋진 이름이었는데.

— 우라사와 나오키, 『몬스터』 중에서

이 동화는 자아 정체성이 필요한 우리의 욕구에 대한 끔찍한 진실을 보여준다. 이름이 있는 그럴듯한 사람이 아니라는 이유로 존재는 '괴물'이라 인식되고, 자기가 아닌 다른 존재가 되기 위해 동일시할 수 있을 무언가를 찾아 길을 떠난다. 서쪽으로 갔던 괴물은 결국 자기 그대로가 자신임을 받아들이면서 그대로도 온전하고 행복하다는 것을 깨닫는다. 하지만 엉뚱한 외피를 두르고 그것에 만족하고 있는 동쪽 괴물에게 진실을 말하는 순간 잡아먹힌다. 간신히 찾은 정체성을 잃을 수 없어 동쪽 괴물이 자신을 방어하고자 자기 존재를 희생한 것이다. 이렇듯 자아의 마음이 우리의 삶을 움직이는 한 우리는 진정으로 편안할 수 없다. 원하는 것을 얻었을 때나 갈구하는 것을 손에 넣었을 때의 잠시 동안을 제외하면, 또다시 배가 고프고 지루해서 견딜 수 없는 것이다.

삶 속에서 일어나는 소위 나쁜 일은 대부분 자아가 만들어낸 것이다. 거기서 드라마가 탄생하고, 사람들은 자신들만의 특별한 인생 드라마와 사랑에 빠진다. 그들은 그 드라마가 곧 자신이라고 생각한다. 자아가 생각하는 문제가 자기 자신이 되면, 자아는 부정적 감정에 자신을 동일시하면서 그것을 떠나보내고 싶어 하지 않는다. 표면적으로는 변화하고 싶다고 말하지만, 깊은 무의식 속에서는 변화를 원하지 않는다. 그렇게 되면 절망하고, 분노하고, 산전수전 다 겪은 사람이라는 자신의 정체성이 위협받기 때문이다.

그렇다면 도대체 그릇이 커지기 위해 비워내야 할 것은 무엇인가? 자아라는 불완전한 틀이 의식적으로 채워넣고 있는 잘못된 내용물이다. 사람들은 새로워지고 싶다는 욕망 때문에 그저 채우는 데만 초점을 맞추지만 이미 꽉 찬 그릇이라면 비워내기 전에는 채울 수 없다. 꽉 찬 그릇이 아니더라도 비워내기 전에는 새로운 것이 담길 수 없을 때도 많다. 이런저런 내용물이 담겨 있는 그릇을 상상해보라. 거기에 전혀 새로운 것을 하나 담는다고 하자. 원래 있던 내용물에 묻혀 새로 들어온 것은 색이 변하거나 맛이 변할 수도 있다. 어떤 식으로든 새것은 기존의 것에 동화되기 쉽다.

새로운 것을 온전히 담아내려면 기존의 것을 비워내야만 한다. 그 것이 10단위에서 100단위로, 1,000단위로 도약해 성장하는 것이다. 이미 차 있는 그릇에 새로운 요소를 집어넣는 것은 단순한 첨부, 즉 10에서 11로 혹은 20으로 성장하는 것이다. 비우지도 않고 잃는 것도 없이 채울 수 있을 거라고 착각하지 말자. 양손에 무언가를 가득 쥔 채로 새로운 것을 손에 잡기를 바라지 말자. 새로운 것을 손에 쥐고 싶으면 무언가를 놓아야 한다.

진정한 변화나 성장을 위해 자신의 틀을 깨야 할 때 사람들이 흔히 하는 말은 이런 것이다. 죽을 것 같다, 무너질 것이 두렵다, 내가 파괴

되는 것이 아닐까? 고꾸라질 것이다, 손을 놓으면 빈손이 될 것이다, 빈 깡통이면 어떻게 하나, 지난 세월이 다 가짜라면 어디에 어떻게 서 있으란 말인가, 내가 알고 있던 내가 없어지면 나는 누구라는 말인가? 암흑 상태가 무섭다……

그러나 무너지고 죽는 것은 자아일 뿐이다. 그것이 깨지고 파괴된다고 해도 존재는 사실상 잃는 것이 없다. 에크하르트 톨레는 『지금 이 순간을 살아라』에서 이런 말을 했다. "한줄기 햇살이 태양과 떨어질 수 없는 일부라는 것을 잊어버린 채 생존을 위해 태양과 싸우고, 태양이 아닌 다른 것에 의지해야 한다는 착각에 빠져 있다고 상상해보라. 그러한 착각이 죽는다면 진정 자유롭지 않겠는가?"

많은 신화에서 죽음과 부활이 상징하는 것도 그런 의미다. 죽지 않으면 새로운 탄생이란 없다. 신화적인 원형을 그대로 살리고 있는 영화 〈반지의 제왕〉을 보자. 회색의 간달프가 흰색의 간달프로 거듭나는 장면이 나온다. 괴물과 싸우다가 절벽 아래로 떨어진 간달프는 죽음의 벼랑에서 이리저리 헤매면서 악몽 같은 순간을 거치고 난 후, 갑자기 무언가를 깨치면서 하얀색으로 바뀐다. 그리고 부활해서 세상으로 돌아온다. 여기서 색의 변화는 차원의 변화를 상징하는 요소다.

물론 채우지도 않았는데 비워내라는 것은 있을 수 없다. 자라지도 않았는데 탈피하는 일은 자연에도 존재하지 않는다. 그래서 우리는 어린아이들이나 청소년들에게 먼저 자기가 되라고 말하고 자아를 강화하는 교육을 시킨다. 하지만 성인이 되었을 때는 삶이 다시 자기를 비워내라고 요구한다. 변화에는 다 때가 있는 것이다. 때가 되어 삶에서 자아라는 허구적인 상을 흔드는 도전을 받게 될 때, 우리는 그것을 축복으로 받아들여도 좋다.

무엇을 비우는가 – 붙잡아두었던 과거

현재의 삶이 자아의 단단한 벽에 균열을 내면서 근본적으로 허구적인 상을 흔들어 깨뜨리려고 할 때, 우리가 해야 할 첫 번째 일은 과거에서 손을 놓는 것이다. 과거는 자아에 계속해서 정체성을 부여하는 미끼 같은 것이다. 자신이 누구인지 헷갈리고 불안할수록 사람들은 과거에 매달린다. 모르는 것은 통제할 수 없어 위험하기 때문에 마음은 언제나 이미 알고 있는 익숙한 것을 되풀이하려고 한다. 과거로 파고들어 거기에서 지금을 말해주는 인과관계를 찾아 지금의 자신에 확고한 토대를 갖추려는 것이다. 자아는 자기를 말해주는 과거를 사랑하며, 그렇기 때문에 과거의 사건과 문제를 소중히 여기고 집착한다.

주변을 둘러보라. 이러이러한 조건에서 이러이러한 일을 겪으면서 이러이러한 아픔과 상처를 안고 살아와서 이러이러하게 되었고 이러이러할 수밖에 없다는 것이 우리가 흔히 듣는 인생 스토리다. '내가 이런 것은 과거가 이렇기 때문'이라는 결정론적인 사고방식이 그 사람의 정체성을 만든다. 물론 '그럼에도 나는 지금 이렇다'는 것을 강조할 때, 혹은 '그러니까 미래는 이래야 한다'고 생각할 때, 그 사람은 이미 과거로 독특하게 각색되어 있는 자아에 조금 더 각별한 옷을 입히는 셈이다.

과거에서 자의식을 끌어내는 한, 과거는 계속해서 거짓된 정체성과 연결되어 벗어날 수 없는 시간이라는 짐을 부여한다. 과거의 잘못에서 떠나지 못한 채 자기를 비판하고 저주하면서 죄책감을 느낀다면 우리는 그 실수를 자기 자신으로 만들고 있는 것이다. 물론 과거 인물의 잘못을 끝까지 용서하지 않고 지금 자기의 상태를 정당화하는 데 쓰는 것 역시 심리적 시간의 무거운 짐을 지고 과거가 만든 정체성에 매여 있는 것이다.

과거를 깊이 파고드는 것은 아무리 해도 끝이 없는, 끝이 있다 해도 옆으로 또 다시 새로운 구덩이를 팔 수 있게 허락하는 미로 같은 기억의 장난이다. 과거는 해석되는 것이다. 몇 번이고 재해석될 수 있다. 어떻게 해석하든 스스로 자신의 과거를 돌아보면서 어떤 특정한 조건과 사건과 상황 속에서 자기가 '만들어져왔다'는 것을 깨닫게 되면, 그 사람은 이유 있게 '만들어져왔다'는 사실 자체로 자신의 전 존재를 해방할 수 있다. 지금의 모습에 이유가 있다고 믿으면 믿을수록, 과거 때문에 지금의 자기가 이해된다고 하면 할수록 지금의 자기는 존재의 가능성 전부에서 특별한 조건 속에 경험된 일부에 지나지 않는다는 것을 깨닫게 된다. 이유가 있으니 지금의 자기를 있는 그대로 수용할 수 있다. 이해되니 어쩔 수 없었구나 하고 받아들일 수 있다. 지금의 자기는 그렇게 익숙하게 습관화된 모습일 뿐이고, 그러면서 '이렇다'

고 믿어온 모습일 뿐이다.

그러니 지금 자신이 갖고 있으면서 괴로워하는 이미지, 자기에 대한 인상, 자기에 대한 믿음과 개념을 있는 그대로 인정한 뒤 깨보자. 오늘까지 거기에 매달려 있을 필요가 없다. 더 이상 편협하게 조건화된 모습을 부여잡고 자신이라고 우길 이유가 없다.

오늘의 나는 과거 이상이다. 과거가 오늘의 나를 설명해야 하는 것도 아니고, 오늘의 나에게 이유를 대야 하는 것도 아니다. 과거는 오늘의 나에게 어떤 형태로든 녹아 있다. 그 이상도 그 이하도 아니다. 자신의 정체성을 지키기 위해 지나간 것을 다시 끄집어내 매달리고 싶은 게 아니라면, 지나간 것은 이미 지나간 것이기 때문에 그대로 버려둘 수 있다. 깨달음이 여기까지 오면 모든 게 용서되고, 현재에 충실하게 된다. 현재는 자아의 틀에 쑤셔 박아야 하는 내용이 아니다. 그것은 흘러가는 그대로이고, 오늘의 나는 계속되는 변화 속에 움직이는 존재이지, 개념적으로 묶여 있는 자아의 상像이 아니다.

과거에서 손을 놓는 방법으로 모건 스콧 펙은 『끝나지 않은 여행』에서 '용서'에 대해 이야기했다. 여기서 용서란 내게 잘못한 과거 사람들을 넓은 아량과 사랑으로 감싸고 이해하는 행위를 말하는 게 아니다. 오히려 그러한 행동은 스스로를 더 넓고 크고 자비로운 인간으로 우월하게 만들어놓고, 연민이나 사랑을 부르짖으면서 그들을 이해하고 눈감아주는 척하는 거짓된 행동이기 쉽다. 그가 말하는 용서는 무익하게 반복되는 괴로운 감정과 기억에서 자신을 해방하기 위해

'이기적으로' 과거에서 손을 놓겠다고 결정하는 것을 말한다. 대상이 그들이든 자신이든 마찬가지다. 용서되어야 용서할 수 있다고 생각하면 시간이 아무리 지나도 때는 오지 않는다. 스스로를 자유롭게 하기 위해 의지적으로 과거에서 손 놓기를 선택해야 용서할 수 있다. 어려운 일이지만 언제든 할 수 있는 일이다.

용서하지 않으면 분노를 끌어당겨가면서 끝까지 '비난 게임'을 계속하게 된다. 그것을 '게임'이라고 부르는 이유는 다른 놀이와 마찬가지로 일정한 원칙을 가지고 있고, 지키기만 한다면 끝없이 몰두할 수 있는 장場을 마련해주어서다. 물론 거기에는 책임 회피라는 즐거운 이득도 있다. 스콧 펙은 비난 게임을 '네가 그렇지 않으면' 게임이라고 부른다. 예를 들어보자.

A　좋아요. 내가 잔소리를 한다는 건 알아요. 하지만 그건 당신이 마음의 벽을 치고 있기 때문이에요. 그러고 싶지 않지만, 어쩔 수 없이 당신에게 다가가기 위해 잔소리를 하게 돼요. 만일 당신이 벽을 치고 있지 않으면, 난 잔소리를 안 할 거예요.

B　그래, 내가 마음의 벽을 치고 있다는 건 어느 정도 인정해. 하지만 그건 당신의 잔소리 때문이야. 당신의 잔소리에서 나 자신을 보호하려면 그럴 수밖에 없어. 왜 그건 이해 못하는 거지? 당신이 잔소리를 하지 않는다면, 내가 벽을 쌓을 필요도 없다고.

비난 게임에는 일종의 순환 논법이 존재하기에 중단하기 힘든 반복적인 특성이 있다. 이 게임을 그만두는 유일한 방법은 그냥 멈추는 것이다. 상대가 그만둘 것을 기다릴 필요도, 먼저 그만두라고 종용할 필요도 없이 스스로 먼저 그만두면 된다. 실제로는 매우 어려운 일이 분명하지만, 스콧 펙은 스스로에게 다음과 같이 말하고 나서 하던 짓을 멈추고 게임에서 빠지라고 권고한다.

"알다시피 이것은 너무나 바보 같은 게임이야. 지금까지 4시간 동안이나 이 게임을 했어. 이건 너무 유치한 짓이야. 내게는 지금 꼭 해야 할 더 유익한 일이 얼마든지 있어."

그런데 스콧 펙은 이러한 비난 게임을 즐기는 사람이 따로 있다고까지 말한다. 대부분은 자신의 죄나 결점이 드러나는 증거가 있으면 무언가가 잘못되었음을 깨닫고 자기 교정을 해야 할 필요를 느낀다. 그러나 어떤 사람들은 그렇게 하지 않는다. 다른 사람에게는 물론 자신에게도 거짓말을 할 수 있고, 자신들의 결점이나 악행을 고집스럽게 모른 체할 수 있기 때문에 그렇다. 그들은 강한 의지를 가졌지만 자기애가 강하고 자아도취에 빠져 있어 무슨 대가를 치르더라도 자신을 선하게 생각하려고 애쓴다. 그래서 자기 교정을 하려고 하지 않고, 종종 엄청난 에너지를 소모하면서 자신의 잘못이나 부족함을 드러내는 증거를 없애버리려고 노력한다. 전력을 다해 제멋대로 자신의 의지를 타인에게 강요함으로써 망가진 자아를 보호하려고 하는 것이다.

스콧 펙은 강한 자아를 가지고 있는 사람들의 완고한 의지가 부적절한 비난 게임을 일삼게 만든다고 생각한다. 그는 그러한 의지를 '외고집willfulness'이라고 부르면서 '자발성willingness'이라고 부른 긍정적인 의지와 구별한다. 후자는 더 높은 힘에 의해 소명을 받고 이끌려진 데로 기꺼이 가려고 하는 사람들이 지닌 강한 의지라는 설명이다.

자아가 거짓된 정체성을 부여잡고 의지를 잘못 부려 삶에 끝까지 저항하면, 스스로의 잘못과 책임은 파악하지 못한 채 다른 사람만을 비난의 대상으로 파악하게 된다. 비난 게임을 멈추려면 용서가 필요하다. 용서야말로 비난 게임을 멈추고 끝내는 과정이다. 그런데 스콧 펙은 용서와 용인을 구분하라고 말한다. 용인은 단순히 눈감는 것이다. 다음과 같은 방식으로 말이다.

"그래요, 나의 어머니는 어린아이처럼 나를 괴롭히지만, 그것은 어머니의 인간적인 약점이고 어느 정도는 어머니 당신이 어렸을 때 받은 상처 때문이지요."

스콧 펙은 이런 태도를 '값싼 용서'라고 부르는데, 용서받지 못할 그들 혹은 자신을 이해한다면서 다 잊었다고 말하는 것은 일시적인 마음의 평화를 얻고자 쉽게 용인한 것에 불과하기 때문이다.

용인으로 눈가림을 하지 않은 채 과거에서 손 놓는다는 것에 얼마나 큰 의지가 필요한지 다음 이야기를 들어보라. 그런 순간이 오면 사람들이 흔히 하는 항변이다.

"아시겠지만, 내가 부모님에게 당신들이 어떤 식으로 내게 상처를 주었는지 말해서 그분들이 용서를 구한다면 용서해드릴 수 있어요.

아니, 제 말을 귀담아 듣기라도 하신다면요. 내가 부모님에게 이러이러한 상처를 주었다고 말씀드리면, 그분들은 내가 사실을 너무 부풀리고 있다고 말씀하시죠. 부모님은 자신들이 했던 일조차 기억하려고 하시지 않아요. 저 혼자서만 모든 고통을 짊어지고 있었던 거예요. 부모님은 눈곱만큼도 고통을 겪지 않으셨는데, 왜 제가 그분들을 용서해야 하나요? 고통도 제가 받고, 용서도 저 혼자 해야 하는 건가요? 그건 너무 불공평한 것 아닌가요?"

그 사람이 사과를 하든 하지 않든, 귀를 기울이든 그렇지 않든, 그 사람을 용서할 때까지는 자신이 계속해서 괴로운 상태로 있게 된다는 것을 모르고 하는 소리는 아니다. 그가 원하는 것은 단지 '나의 과거가 얼마나 나를 괴롭히는지 보라고요!'다. 그 이상을 원하지는 않는다. 용서하면, 과거에서 손 놓으면 그동안의 자기 인생과 자기 자신이 더 이상 설명되지도, 정당화되지도 않기 때문이다. 그의 눈앞에는 완전히 처음부터 다시 시작해야 하는 오늘의 내가 있을 뿐이다. 그 부담에서 벗어나기 위해, 새로 주어진 삶의 책임을 피하기 위해 그는 계속해서 괴로움에 남기를 선택하고 비워낼 수도 있는 두 손으로 과거를 부여잡는다.

다른 사람을 용서하는 이유는 그 사람을 위한 것이 아니다. 그들은 자신들이 용서를 받을 필요가 있다는 것을 알려고 하지도 않고, 자신들의 잘못을 기억하려고도 하지 않는다. 그들은 바뀌지 않는다. 그들이 바뀌어야 내가 변할 수 있다고 전제하지 말자. 어쩌면 그들은 아무 잘못도 하지 않았을 수 있다. 중요한 것은 그들의 잘못이 진짜인가 아니는가, 그들이 잘못을 뉘우치고 있는가 아닌가가 아니다. 어느 쪽이든 해야 할 일은 마찬가지다. 용서가 필요한 자기 마음속 비난 자체가 무익한 것임을 알고 포기할 것을 결정하는 것, 이것이 진정한 용서다. 과거에서 손 놓지 않으면 우리의 성장은 분노와 함께 멈춘다. 과거가 계속해서 재료를 제공하는 중에 우리는 고정된 거짓 자아에 머물게 되고, 삶과 경험은 그 틀 속에 갇혀 함께 오그라든다.

무엇을 채우는가 — 창조적인 깨달음

과거에 묶여 있었던 마음의 구속이 풀리고 실재에서 멀어진 허구의 자아가 힘을 잃으면 삶은 변화무쌍하게 돌아간다. 우리는 날마다 새로운 경험에 열려 많은 것을 흡수하고 채우게 되어 있다. 자아가 자신을 지키기 위해 애쓰지 않으면, 꼬리에 꼬리를 무는 생각의 사슬에서 벗어나면 창조적인 깨달음이 무심한 마음 위로 솟아나기도 한다. 비워내면 채워지게 되어 있다. 채우는 데는 목적도 없고, 기대하는 내용이나 방향도 없다. 어려운 것은 비워내는 일일 뿐이다.

남기시겠습니까,
지우시겠습니까

+
선택한 만큼의 과거,
감당한 만큼의 진실

인간이 자신을 보호하기 위해 정신의 힘으로 할 수 있는 가장 놀랍고도 위대한 일은 '망각' 아닐까. 망각은 고통에 밀려 삶의 최후방까지 가게 되었을 때, 해결되지 않은 상처의 기억과 그것에 관련된 격한 감정을 제어하기 위해 우리가 마지막으로 쓰게 되는 방어 기제일지도 모른다. 물론 모든 사람이 고통을 막기 위한 최후의 수단으로 망각을 쓰는 것은 아니다. 우리에게는 자아가 위협받는 상황에서 무의식적으로 자신을 속이거나 상황을 다르게 해석해 감정적 상처에서 자신을 보호할 수 있는 심리 의식과 행위가 여러 가지 있기 때문이다.

그렇지만 가장 손쉬운 '부정不定'이 통하지 않거나 '합리화'나 '미화'를 하려고 해도 억지를 쓰는 게 느껴지고, 다른 사람이나 무언가에 비슷한 것을 '투사'해서 대체하고 전이하는 것마저 먹히지 않으면 우리는 문제를 그냥 기억 속에서 깡그리 도려내는 것을 택할 수밖에 없다. 괜한 자극을 주어서 기억의 실마리가 될 것을 모두 피하기 위해서는 그편이 가장 안전하지 않을까? 그래서인지 뇌를 다쳐서 기억상실증에 걸린 것도 아닌데 일상을 멀쩡히 살아가면서도 어느 시기 전체를 기억하지 못하거나, 특정 사람이나 사건과 관련된 부분을 전혀 기억하지 못하는 사람이 생긴다.

초등학교나 중학교 동창회에 가면 친구들은 저마다 어린애가 되어 기억 맞추기 게임에 열을 올린다.

"너 그때 그 일 기억하고 있어?", "맞아, 맞아. 이 녀석이 어찌어찌 해서 그런 짓을 했지", "아냐, 그것보다 더 웃긴 건 누구랑 누가 어디서 무엇 무엇을 했을 때잖아", "그래, 그래. 생각난다."

모두가 하나같이 깔깔깔 회포를 풀고 있을 때 내 눈에 멀뚱히 앉아 있는 친구가 보였다. 그는 마치 기억이 지워진 사람처럼 수다와 웃음에 동참할 수 없었다. 대신 그가 자세히 기억하는 것은 조회 시간에 줄 맞추어 서서 교장 선생님의 말씀을 듣고 있을 때 하늘을 날던 새의 특이한 배 모양이었다. 몇 학년 몇 반 교실의 천장 모서리에 쳐 있던 거미줄과 그 위를 기어가는 거미의 움직임 같은 것도 그는 아주 세밀하게 기억하고 있었다. 주의와 관심을 별다른 데 기울이는 사람이 있다는 것은 결코 이상한 일이 아니다. 하지만 그는 그런 특정한 것 외에 어린 시절의 활동 기억이 없었고, 주변 사람들과의 상호작용에서도 거의 기억하는 바가 없었다.

나중에 나는 그 친구가 자폐적인 성향에 무척이나 마음이 여리고 예민한 성격을 갖고 있음을 알게 되었다. 안쓰러움에 자주 만나 깊은 대화를 나누곤 했는데, 어느 날 그 친구에게 갑자기 봇물 터지듯 어린 시절의 기억이 세세하게 떠올랐다. 자신이 좋아한 이성 친구와 있었던 일, 친구들에게 느꼈던 감정, 옆집에 살던 사람들과 그 집과 관련된 크고 작은 사건까지 오밀조밀 기억났다.

심리 치료사로 일하다보면 이런 일을 자주 목격하게 된다. 그 사람이 감당하는 만큼이 진실이라는 말이 있는데, 자신이 소화할 수 없고 감당할 수도 없는 일이면 지각은 해도 인식을 하지 못하거나, 기억이 방해되거나, 의식 속에서 그 사안을 다각도로 돌려보며 이해할 수 없게 된다. 그 친구도 습관적으로 무시하던 자신의 괴로운 감정을 소중하게 바라보기 시작하면서 스스로를 깊이 이해한 뒤에야 잃어버린 줄 알았던 기억을 되찾기 시작했다. 그 기억은 도대체 어디에 숨어 있다가 그제야 모습을 드러낸 것일까?

우리 기억은 진짜 기억일까

인간의 기억에는 두 가지가 있다. 컴퓨터에서 프로그램 작동을 위해 기능적으로 쓰는 RAMRandom Access Memory 같은 단기 기억이 있고, 하드웨어 속 메모리 유닛 같은 대용량의 장기 기억이 있다. 단기 기억에서 장기 기억으로 넘어갈 때는 선별이 이루어지고 기존의 데이터에 충돌되지 않게 의미가 분류되고 정돈된다. 컴퓨터와 마찬가지로 인간의 뇌도 용량을 문제 삼기 때문에 우리가 경험한 것은 시간이 흐르면서 자동으로 편집되고 압축된다. 처음에는 풍부한 감각 정보를 총동원해 일시적으로 저장해두었던 에피소드도 시간이 흐르면서 세부 데이터를 유실하게 되고 마침내는 간략하게 의미 용량을 줄이게 된다. 이런 식으로 말이다.

매일 보는 시험 때문에 오늘 학원에 일찍 가서 영어 단어를 외우고 있었어. 같은 반에 영희가 있는데 처음 학원에 갔을 때 맨 먼저 말을 걸며 잘해주던 애야. 집이 가는 방향이 같아 매일같이 걸어가면서 이야기를 많이 했거든. 그런데 오늘 내가 영어 단어를 외우는데 걔가 앞자리에 앉아 나를 계속 보고 있더라고. 나는 단어를 외울 때 모르는 거에 미리 표시를 해두고 그걸 집중적으로 외우거든. 그런데 걔가 갑자기 '너 이 단어 몰라?' 하고 묻잖아. 내가 원래 영어 단어에 약해. 그 단어가 '선거 election' 라는 거였는데, 그런 단어를 내가 어디서 들어보았겠어? 그래서 '모르니까 체크해놓았지' 라고 대꾸했어. 그랬더니 걔가 '한 번도 안 들어봤어?' 하고 또 묻는 거야. 살짝 기분이 나빠서 '아, 너는 알아? 잘났다' 라고 했어. 그랬더니 또 뜬금없이 '너희 엄마 영어 잘하잖아' 라잖아. 그래서 '엄마가 영어를 잘하는 거지 내가 잘하는 건 아니잖아' 라고 퉁명스럽게 말했어. 그랬더니 '그래도 엄마가 영어를 잘하니까 도와줄 것 아냐?' 라고 또 물었어. 완전 기분이 상하잖아. 그럼 자기 아빠가 수학을 잘하면 자기도 수학을 모르는 게 없어야겠네! 그래서 내가 '그 말은 내가 제일 싫어하는 말이니까 그냥 가만히 있어라'라고 목소리를 깔고 말했어. 그랬더니 걔가 '아, 일단 미안'이라고 하잖아. 도대체 '일단'이란 말이 거기 왜 들어가? 미안하면 미안한 거지 일단 미안한 건 또 뭐야? 이상한 애야.

기억은 애초에 객관성이나 보편적 진실을 보장하지 않는다. 누구나 자기 식으로 주목해 의미를 파악하고 보유하기 때문이다. 그날의 사건도 화자의 주관적인 필터를 통해 특정한 의미를 지닌 경험으로 해석되어 기억장치 속에 저장되었다. 며칠 후 화자가 그 기억을 꺼내 누군가에게 다시 수다를 떨 때면 자세한 대사는 오래된 벽의 페인트처럼 떨어져나가고 없을 것이다. 물론 시간이 한참 더 지나면 그 기억은 하나의 의미만 전달할 정도로 굉장히 단순화될 것이다.

학원에 있는 영희가 내가 단어를 외우는데 엄청 깐죽거렸어. 처음에는 좋은 애인 줄 알았는데 영 아닌가봐.

풍부한 색감과 섬세한 화질을 자랑하던 한 컷이 시간의 풍파를 맞아 저용량 이미지로 압축된 것이다.

몇 년 후 이 기억을 잊고 있던 주인공이 친구와 이런저런 이야기를 하다가 우연히 둘 다 영희를 알고 있다는 사실에 도달했다. 친구가 영희에 대해 좋지 않은 평을 마구 늘어놓으니 주인공은 동조할 필요를 강하게 느껴 서둘러 데이터를 뒤졌다.

　아, 걔? 정말 재수 없고 이상한 애지. 사람 좋은 척 접근해서는 뒤통수치는 애야. 엄청 깐죽거리고 참견하고 제 마음대로 하려고 해. 걔랑 예전에 학원에 같이 다닌 적이 있는데, 어느 날인가는 내가 영어 단어를 외우고 있는데 엄청 잘난 척하면서 나를 무시했다니까.

결국 기억은 인출하는 시점의 상황과 감정, 현재의 필요에 따라 어떤 색감으로 어떤 곳을 강조해 어떻게 레이아웃을 조절하고 컷할 것인가의 문제라고 할 수 있다.

강화되고 편집되는 기억

기억이 이렇듯 불완전한 성향을 가지고 있다보니 요즘은 법정에서도 증인의 진술만을 토대로 한 사람의 죄를 묻거나 형량을 결정하지는 않는다. 전 세계를 들썩이게 한 CSI Crime Scene Investigation 외화 시리즈의 의미가 바로 여기에 있다. 이제 법조계에서 중요한 것은 과학적인 방법으로 범죄 현장에서 찾아낸 증거이지 사람이 전하는 스토리가 아니다.

여성 심리학자 엘리자베스 로프터스가 쓴 『우리 기억은 진짜 기억일까』는 기억이 법정에서 얼마나 무서운 일을 할 수 있는지 담고 있다. 낯선 사람이나 범죄자에게 성폭행을 당하면 그 즉시 흔적을 채취하거나, 사진을 찍거나, 병원에서 진단서를 받아 문제 해결의 실마리를 찾을 수 있다. 하지만 지인이나 가족에게 성희롱이나 성폭행을 당한 경우에는 당사자들이 심리적으로 복잡하고 혼란해서 곧바로 사실을 말하지 못하고 시간을 끌게 된다. 증거가 소멸된 뒤에 복잡한 관계에 있는 사람들이 증인으로 출두하고 서로의 기억에만 의존해 진위 여부를 가리는 것이다.

데미 무어와 마이클 더글러스가 출연한 영화 〈폭로〉는 직장 내 성폭력의 미묘한 문제와 딜레마를 스토리의 반전을 통해 효과적으로 드러낸 덕에 유명해졌다. 은밀한 시간과 공간 속에서 벌어지는 남녀 간의 일을 두고 성희롱이라든지 성폭력이라는 이슈로 법정 싸움을 하는 것은 결코 쉬운 일이 아니다.

일찍부터 선진국에서는 사회적으로 약자의 위치에 있는 사람들에 대한 차별과 편견을 없애기 위해 정치적인 관점에서 올바른 시정을 행하고자 다각도의 노력을 기울여왔다. 내가 미국에서 공부를 하던 1990년대만 해도 애인의 성희롱이나 남편의 성폭력 문제가 대중매체에 심심치 않게 등장했다. 설사 오해로 불거지거나 애증 문제로 대두된 사건이라 해도 여성은 애인이나 남편 혹은 가족을 고소하고 처벌할 수 있었다.

하지만 이 문제를 CSI식으로 본다면, 무엇으로 어떤 상황에서 어떤 행동이 희롱이나 폭력임을 증명할 수 있겠는가? 서로 다른 입장에서 서로 다른 기억으로 서로 다른 필요를 느끼며 서로 다른 압박 속에 법정에서 진술하는 두 사람의 이야기로 유죄와 무죄를 속 시원히 결정할 수 있을까? 로프터스는 근친상간을 당한 희생자들이 아무 일 없이 잘 살다가 어느 날 갑자기 떠오른 성폭행 기억으로 가족을 고발한 상황에 불려갔다. 그녀는 학자로서 기억이라는 것이 얼마나 쉽게 현재에 영향을 받고 용이하게 편집될 수 있는지 설명하면서 참고인으로서의 역할을 다했다. 그 때문에 로프터스는 같은 여성의 상처와 고통을 무시하는 나쁜 여자라는 욕설과 질타에 오랫동안 시달려야 했다.

그녀는 첫 장에서 지크문트 프로이트가 기정사실화한 '억압'의 문제에 의문을 제기했다. 근친 성폭행 고발이 현대에 갑자기 유행처럼 번지는 까닭은 성폭행 피해자들을 위해 쓰인 몇 권의 베스트셀러와, 여기에서 영향을 받아 특정한 심리 문제나 행동 양식을 성폭행 피해자의 징후나 특성으로 읽어내 그들에게 기억 조작을 유도해내는 관련 전문인들의 부주의한 질문과 부추김 때문이라는 것이었다.

이 문제를 심도 있게 다루기 위해 로프터스는 한 사람이 다른 사람에게 가짜 기억을 이식할 수 있는지 알아보는 실험을 했다. 형제나 부모같이 당신이 신뢰할 수 있는 사람이 어린 시절 당신이 가족과 같이 있다가 넓은 장소에서 혼자 길을 잃었던 것을 기억하는지 묻는다. 실제가 아니기에 당신은 당연히 그런 기억이 없다고 말할 것이다. 그러면 가족은 그와 관련된 약간의 상황을 언급해주면서 당신이 너무 놀라 기억을 하지 못하는 것 같다고 말해준다. 그러면 당신은 고개를 갸

우뚱하면서 의심스러워할 것이다. 그다음 절차는 당신에게 어린 시절에 관한 추억 4가지를 써내라고 하는 것이다. 당신은 3가지의 실제 기억 외에 반신반의했던 앞서의 사건을 적어낼지도 모른다. 실제로 실험에 참여한 사람 중 많은 수가 그때의 주변 상황과 자신이 느꼈던 여러 감정, 가족의 품으로 되돌아오게 도와준 고마운 사람들에 대해 놀랄 만큼 상세한 이야기를 적어냈다.

2013년 개봉한 영화 〈더 헌트〉는 어린 여자아이의 진술 하나로 현대판 마녀사냥의 희생자가 되어 하루아침에 인생이 뒤바뀐 남자 이야기를 보여준다. 실화를 바탕으로 한 것인데 그래도 영화에서는 "아저씨가 자신에게 성기를 보여주었다"라고 어른들에게 고자질한 아이의 진술이 가짜 기억에 의한 것이 아니라 당돌한 거짓말에 불과해서 그나마 덜 무섭다.

오래전 유아 성희롱으로 고발당한 미국의 한 유치원 원장과 형제들의 비극적인 실화를 영화화한 것이 있었다. 그 영화에서 놀라웠던 것은 기억이 애초에 어떻게 유도되고 날조되었든 긴 수사 과정에서 취조를 받으면서, 법정에서 수차례 어른들이 묻는 질문에 진술하면서 아이들이 자신의 기억을 생생하게 과장해가는 모습이었다.

부모들이 야단법석 하는 중에 주입된 기억을 더 굳게 믿게 된 아이들은 처음에는 끼어들지 않았던 다른 유치원생들에게까지 영향을 미쳐서 비슷한 기억을 찾게 만들었다. 불행한 피고인들은 마침내 원생 모두에게 고발을 당하게 되었다. 영화에는 아동들의 정황을 살피기 위해 인형으로 놀이 치료를 하면서 진실 여부를 탐색하는, 야심에 찬 젊은 아동 전문 심리학 박사가 등장한다. 아이들이 그녀와 미묘하게 상호작용하면서 기억을 정교하게 강화하는 과정이 지켜보기 끔찍했다.

고통과 맞바꾼 망각

이러한 기억의 모순으로 결국은 자신의 정체성을 죽이게 된 한 남자의 슬픈 이야기가 있다. 그는 알코올중독에 성격장애가 있는 아내와 20여 년 동안 함께 살면서 자신이 하지 않은 일을 했다고 끊임없이 세뇌당했다. 하루도 거르지 않고 술에 취해 있는 아내는 매사를 자신이 믿는 각본대로 해석해서 필요하면 억지를 쓰고 누구하고든 싸움을 벌였다. 그녀는 하루 중 잠깐 잠드는 오전만 빼고 낮에는 밖에서, 밤에는 집에서 술을 마셨다. 그런 자신을 정당화하기 위해서인지 그녀는 툭하면 주변에 싸움을 걸어 사람들과 마찰을 빚고 상황을 악화시켰다.

남자는 아이를 지키는 일을 최우선으로 생각해 절대로 가정을 깰 수 없는 책임감 강한 가장이었다. 그런 그에게 열등감을 느낀 아내는 어떻게든 그를 흠집 내고 싶었다. 술주정뱅이 아내에게 지치지 않는 남편이 없을 테니 불안했고, 상대적으로 엉망인 자신이 싫어 그와 같이 진흙탕에서 뒹굴고 싶었다. 그녀의 레퍼토리는 이런 것이었다. 남편에게 다른 여자가 있고, 남편이 돈을 다른 데로 빼돌리며, 시댁 식구들과 함께 자기 몰래 무언가를 하고 있고, 언제나 자신을 속이며 떠날 궁리를 한다.

남편은 언제 어떤 식으로 그녀의 추궁이 시작될지 알 수 없어 늘 좌불안석이었다. 그가 텔레비전에 나온 여행지를 보며 "저기에 뭐가 있다던데"라고 중얼거리면 아내는 곧장 말꼬리를 붙잡고 싸움을 걸었다. "어떻게 그렇게 잘 알지? 언제 어떤 여자하고 가본 거야?" 아이가 옷을 사달라고 해서 남편이 쇼핑 갔다 돌아오면 아내는 "저게 어디서 났지?"라고 촉을 세우며 물었다. 자신이 사주었다고 이야기하면 "어떻게 나만 빼놓고 가? 나를 무시하는 거야?"라고 울고불고, 그게 무서워 남편이 그냥 입을 다물고 있으면 "당신이 사주었어? 언제 어디서? 아이는 그날 곧장 돌아왔는데 당신은 어디서 무엇을 하다 집에 돌아온 거야?"라고 또다시 말도 안 되는 추리를 시작했다.

남편이 무슨 말을 하든 아내는 "당신이 그런 것을 한 적이 없다", "그렇게 말한 적이 없다", "그런 일이 없었다" 대신 "이러지 않았느냐?", "분명히 저랬다", "그런 것 아니냐!"라고 악을 썼다. 어차피 말도 통하지 않고 반복되는 술주정일 뿐이니 남편은 무조건 상황을 중도에 마무리 짓는 게 상책이라고 생각했다. 하지만 상황을 멈추는 것은 아내에게만 허용되는 일이었다. 실컷 고함을 질러댄 뒤에 '너나 나나 똑같다'는 느낌으로 속이 편해져야 아내는 드디어 코를 골며 잠에 빠졌다.

그런 아내를 도무지 감당할 길이 없는 남편은 무조건 분란을 사전에 막는 것에만 집중했다. 그에게는 고혈압과 당뇨가 스트레스로 모습을 드러낸 지 오래였다. 그는 새벽 일찍 일어나 회사에 나갔고, 아내가 술을 먹고 늦는 저녁이면 아이가 돌아올 때까지 빈집을 지키면서 조용히 책을 읽거나 영화를 보았다. 그러다가 아내가 들어올 시간이다 싶으면 바로 먼저 잠들어버렸고, 운 좋게 불러주는 친구라도 있으면 어디에 간다고 사실대로 말하고 서둘러 밖으로 도망쳤다. 하지만 아내를 완전히 피할 수는 없는 노릇이었다. 먼저 산다고, 회식에 간다고 꼬투리를 잡혀 뻔한 싸움에 걸려드는 일이 비일비재했다.

남편은 점점 더 아내가 끔찍했고 죽이고 싶을 만큼 미웠다. 하지만 자신이 그런 생각을 하고 있다는 것을 누가 쉽게 받아들일 수 있겠는가? 결국 남편은 대거리를 해보아야 결과는 늘 똑같고, 그 과정에서 행여 분노를 억제하지 못해 자신이 무슨 일을 벌일지도 모르니 차라리 자신 안에 아내와 충돌할 어떤 진실도 갖고 있지 않기로 했다. 그래서 그는 자신의 기억을 지워내기 시작했다. 리셋 버튼을 누르듯 매일의 기억을 깊은 잠과 함께 지워냈다

스스로 기억을 붙들지 않고 놓아버린 남편은 아내가 소리를 지를 때마다 그냥 귀를 막거나, 참거나, 오히려 '어떻게 된 일이지?'라고 앞뒤를 맞추어보면서 자기 생각에 집중했다. 그런다고 답이 나오는 것도 아니고 일이 달라질 것도 아니니 적당히 의아해하고 혼란스러워하다 말면 그만이었다. 매사를 '그렇다고 치자'로 마무리해 버릇하니 자포자기가 점점 더 쉬워져서 훨씬 살 만했다. 나이 들어감에 따라 기억력의 문제는 노화 증상이라고 자연스럽게 여겼고, 자신이 워낙 기

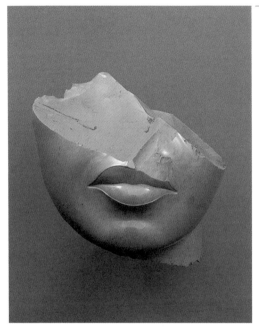

Egypt, <Fragment of a Queen's Face>, B. C. 1353~1336.

기억은 애초에 객관성이나 보편적 진실을 보장하지 않는다.

누구나 자기 식으로 주목해 의미를 파악하고 보유하기 때문이다.

억하는 데 머리가 나빴다는 생각도 들었다. 어차피 싸움을 피하기 위해 기억을 지운 것이니 자신의 모자란 기억을 위해 그가 메모를 하는 절충안을 낼 일은 없었다. 이제 그에게는 사실이나 진위 여부가 문제되지 않았다. 그런 것은 절대로 그에게 중요한 일이 아니었다.

그러던 어느 날 남편은 아내가 만든 시나리오가 정말일지도 모른다는 생각을 하기 시작했다. 여자가 있는지에 대해서는 떠오르는 얼굴이 없었지만, 최소한 오해받을 만한 어떤 일이 가까운 사람과 있었는지도 모르겠다는 의심이 들었다. 아내는 싸움을 하다 자신의 입지가 약해지면 "당신이 지난번에 나를 때렸잖아!"라며 울음을 터뜨리곤 했다.

그는 평생 한 번도 폭력을 쓴 적이 없고, 남자들끼리도 몸싸움을 해본 적이 없으며, 아이에게 아무리 화가 나도 손찌검을 한 적이 없었다. 하지만 자신의 기억에 문제가 있어 혹시 아내를 때리고도 모르는 것이 아닌가 의심이 들었다. 그래서 술 취해 잠든 아내의 옷을 조심스럽게 들어 아내가 주장한 상처가 있는지 숨죽이며 확인해보았다. 그렇지 않다는 것을 알고 안도의 한숨을 쉰 것도 잠깐, 다음 순간이면 자신이 잘못 본 것은 아닐까, 정말로 아내가 자신에게 맞은 것은 아닐까 또다시 불안했다.

어느 날 주변 사람이 하나둘 그에게 "참 특이하네"라며 혀를 차기 시작했다. 그가 모든 것을 마치 오늘이 처음인 것처럼 다시 하더라는 것이다. 이미 수차례 가본 곳도 처음 가보는 곳처럼 쳐다보며 감탄하고, 여러 차례 다른 사람에게 이야기한 것도 오늘 처음 말하는 것처럼 신 나게 전하며, 이미 본 영화도 처음 보는 영화라고 끝까지 재미있게 보다가 엔딩 자막이 올라갈 때쯤 어딘가 낯익다고 뒷머리를 긁더라는 것이다. 자신이 산 물건도 어디서 난 것인지 몰라 누가 선물을 주었나 하면서 고맙게 사용한단다. 하지만 그에게는 사람들 간에 어떤 사안을 분명히 하거나 서로 기억을 맞추어보는 것이 불필요하고 괴로운 일이었다. 그래서 그는 점점 더 매사에 대충대충 살기 시작했다.

뇌신경학자 올리버 색스의 명저 『아내를 모자로 착각한 남자』와 『화성에서 온 인류학자』에는 뇌신경상의 장애로 과거를 잃은 사람들의 이야기가 나온다. 무엇을 하든, 무엇을 느끼든 약간의 시간만 흐르면 그사이 경험한 것을 잊고 지금 여기에서 당면하고 있는 것만 주목하며 살아가는 남자가 있다. 저자는 지금 여기 현재만을 살고 있는 그가 어떤 의미에서는 가장 생생한 현존이 아닐까 감탄했다. 하지만 과거에 대한 기억도 없고, 사람들과의 네트워크도 남아 있지 않고, 자신에 대한 이미지와 개념도 새롭게 가질 수 없는 그를 과연 진정한 의미에서 영혼이 있는 사람이라고 보아야 하는지 모르겠다면서 탄식하기도 했다.

아내를 버릴 수 없어 자신의 기억을 지우기로 한 남편 역시 뇌 질환을 앓고 있는 것도 아닌데 이런 기이한 상태에 빠졌다. 도무지 어떻게 할 수 없는 상황에서 자신이 가진 강력한 정신력으로 자신에게 딱 필요한 만큼만 망각을 반복하고 있는 그는 어쩌면 RAM 기능만으로 그날그날 무작정 살아가다 생을 마감할지도 모른다. 가정과 자신을 지키기 위해 추억을 향유하는 풍요로운 역사를 지닌 인간으로서의 삶을 포기한 그를 보면, 고통과 맞바꿀 수 있는 망각이 존재한다는 것이 한 편에서는 다행이면서도 슬프다.

Chapter 2

똑똑,

세상의
마음을
두드리다

내 속엔
내가 너무 많아

정신의 일곱 가지
원형을 찾아서

준희 그러게 이런 일을 벌이는 게 아니었어. 네 일이나 잘하지, 웬일로 너답지 않은 욕심을 부려서 문제를 이렇게 크게 만들었니? 이게 너다운 일이니? 일에서도 지금 변화를 꾀해야 하는 중요한 시점에 와 있는데 이 복잡하고 지저분한 신축 때문에 정작 네게 제일 중요한 일에 쏟아 부을 에너지가 없잖아. 난 지금이라도 이 일을 과감히 멈추어야 하는 게 아닌가 싶어. 중요한 것만 생각해. 네게 일이 중요하니, 돈이 중요하니? 욕심도 별로 없으면서 도대체 뭐가 부족해서 그러는 거니?

지희 이 바보야. 너는 나이를 먹어가고 있다는 것을 생각하지 않는 게 문제야. 늘 지금처럼 건강하게 일만 하면서 살 수 있을 것 같아? 애초에 이 일을 벌인 이유는 노후를 준비하겠다는 거였잖아. 한편에서는 자금을 모아서 하려던 일을 확장할 용기를 내려고 그랬던 거고. 어차피 언젠

내 속엔 내가 너무 많아 103

가는 할 일이야. 이 정도 어려움은 아무것도 아니야. 그럼 집을 장난감 집처럼 뚝딱 지을 수 있을 것 같아? 어려움이 생기면 생길수록 잘 생각하고 전략을 짜야지. 건축비니 이런저런 돈 때문에 네가 전전긍긍하는 것도 이해가 안 돼. 내가 지난번에 지금부터 들어갈 모든 자본과 대출금을 건물 완공 후 몇 년 동안 어떻게 회수할 수 있을지 자료를 뽑아주었잖아. 그걸 생각하면 1년 2년 공사를 늦추는 것은 오히려 손해야. 이게 오히려 똑똑한 짓이라니까! 지금 스트레스 조금 받는다고 앞으로의 전망을 볼 때 훨씬 이로울 선택을 어떻게 그렇게 쉽게 뒤집니?

<u>초희</u> 난 아이의 미래를 생각해서 이 집에 더 높이 건물을 올려 임대 사업을 하겠다는 취지는 훌륭하다고 생각해. 아이의 장래가 불투명한데 지분을 증여해서 임대료를 수입으로 벌어주고 성인이 될 때까지 저축하게 하는 것은 사실 능력 있는 엄마라면 누구든 망설이지 않을 일이야. 네가 그럴 수 있는 엄마라는 것을 자랑스러워 해야지. 아이에게 대학생이 되면 독립하는 거라고 어려서부터 강조해왔지만 사실 말이 그렇지 네가 아이를 내보낼 수나 있겠니? 딱히 잘하는 것도 없고 목표 의식도 뚜렷하지 않은 아이를 아무 바탕도 마련해주지 않고 밖으로 내몰 수는 없어. 늘 단호한 듯 말해도 넌 그렇게 야박한 엄마가 못 돼. 이렇게 해두어야 네 마음이 편할 거야. 난 아이를 위해 꼭 해야 하는 일이라고 생각해.

<u>명희</u> 새로 결혼할 사람과 함께 살 집을 둘의 뜻대로 멋지게 마련한다는

의미도 있지. 왜 모든 것을 아이 중심으로만 생각하니? 사람이 언제 자기가 원하는 대로 집을 지을 수 있을까? 한평생 둘이 살 집인데 이렇게 저렇게 의논해가면서 꿈꾸던 이미지를 구현하는 것도 재미있는 일이야. 둘이 하고 싶은 것도 많은데 노년에 여행도 다니고 일도 즐거운 만큼만 해야지. 그러려면 건물을 하나쯤 갖고 있는 것은 중요해. 아이로 하여금 부모 말에 꼼짝 못하게 하려면 지속적인 수입이 있을 필요도 있어. 물론 네가 늙어서까지 계속 일을 할 거라는 건 알아. 그래도 네가 버는 것은 생활하고 약간의 저축을 하는 정도잖아. 그것보다는 돈이 더 있어야 노년이 대비되는 거야. 너와 사랑하는 사람의 긴 미래를 위한 보험인 셈이니 군소리 말고 새로 꾸릴 신혼집 멋지게 만들어. 그리고 초희야, 아이는 떠나면 그만이야. 남는 것은 죽을 때 손잡아줄 배우자라는 것 모르겠니? 이 정도 키워주었으면 됐지, 아이 뒷바라지를 언제까지 하려고 그러니? 증여는 적당히 해. 자꾸 그렇게 부모가 다 마련해주면 아이들 생활력 떨어진다.

지희 그런데 그 사람, 너무 돈을 조금 투자하는 것 아니니? 이 집 명의는 네 앞으로만 되는 거겠지? 그 사람에게 너무 신뢰하는 느낌을 주면 안 되니까 공동 명의를 하자느니 내 돈으로 다 해보겠다느니, 그런 말은 행여 꺼내지도 마. 건축비로 들어가는 것 다 꼼꼼히 장부에 기록해줄게. 나중에 필요하면 둘 사이에 정산할 수 있도록.

<u>명희</u> 너는 왜 사람부터 의심하고 그러니? 그럴 사람이었으면 네가 애초에 선택을 했겠니?

<u>지희</u> 그 사람을 의심하는 게 아니야. '사람의 일'이라는 게 어떻게 될지 아무도 장담할 수 없다는 거지. 내 말을 왜곡하지 마. 사람을 다룰 때는 순진한 마음만으로는 안 돼. 그 사람을 석합하게 다루는 기술이 필요하다고.

<u>명희</u> 그 사람은 너를 위해 너무 많은 것을 희생했어. 이제는 네가 그 사람을 뒷받침해줄 때야. 그 사람은 능력 있고 똑똑해. 단지 나이가 들어가고 있는 거라고. 건물이 완공되고 나면 진행하겠다는 작은 사업에서도 다시 자신의 진면목을 보여줄 거야. 얼마나 아이디어가 뛰어나니? 네가 모르는 사이 그 사람은 천천히 많은 것을 생각하며 준비하고 있어. 이번 일에서도 그 사람이 없었으면 네가 이런 일을 시작할 마음이나 생겼을까? 그를 믿어. 그리고 그 사람이 자신의 뜻과 생각을 펼치게 도와줘. 그게 너에게도 좋은 일이야. 이건 네 일이 아니야. 그 사람과 너, 둘의 일이지. 그 사람이 잠시 이 시간 중에 날개를 접고 있는 건 사실이야. 하지만 곧 다시 날개를 펼 거야. 그 사람의 날개가 부러졌다고는 생각하지 않았으면 좋겠다.

<u>지희</u> 그래, 그 사람이 똑똑하고 사업적 수완도 좋고 너보다 훨씬 경험이

많다는 것 인정해. 그래서 나도 그 사람을 믿고 있어. 하지만 그리고 완벽하지는 않아. 그 사람이 놓치는 것을 네가 메꾸어주어야 해. 꼼꼼하지 않은 것, 다소 행동과 반응이 느린 것, 사람을 대하는 데 너무 착하기만 한 것. 그 점을 명심하고 전략을 잘 구사해서 그와 손발을 맞추어야 해.

<u>준희</u> 난 그 사람이 현실을 파악하는 건 나보다 못하다는 생각이 들어. 지난번에 집 짓는 동안 이사 가 있던 전셋집 주인과 누수 문제로 싸움하는 것 봤지? 자기 말로는 차근차근 설명하고 설득하겠다고 했지만, 주인이 못되게 나오니까 속으로만 분통 터뜨리고 있다가 말까지 더듬었잖아. 남자라고 다 일을 잘 처리하는 건 아니야. 그나저나 정말 그 주인은 도리가 뭔지도 모르는 사람이야. 그동안 우리도 월세를 주는 주인으로 있었지만, 늘 새로 방 얻어 들어올 사람들 기분 생각해서 예쁘게 도배해주고, 청소 깨끗이 해주고, 완벽하게 공과금 정산해서 계산된 돈 내역과 함께 전달해주고, 하나에서부터 열까지 믿음이 가게 처리했잖니. 이렇게 심각한 하자가 있는데도 자기네 급한 돈 만드느라고 우리 전세금 날름 받아서 사람들 빼내고, 우리에겐 입 씻고 있다가 결국 발각되니까 자기네도 이제 알았다는 식으로 거짓말하는 사람들은 도대체 어떤 인물이지? 정말 열 받아! 보수할 때도 그래. 돈 아끼려고 눈 가리고 아웅 식으로만 수리하다가 우리 이사도 제때 못하게 만들었지. 벌써 전세금 넘긴 지 2주가 넘었잖아. 이제야 간신히 진짜 누수 원인을 찾은 주제에 어디다가 큰소리야. 하지만 전문가들이 그러는데 위층 보일러에서 물이

새서 그렇게 된 거라고 해도 벽에서 물 새는 문제는 쉽게 고쳐지는 게 아니래. 그 주인 부부는 도대체 어쩌려고 그러는 걸까? 게다가 다 뜯어 놓은 도배도 물 샌 면에만 종이를 붙여준다니 말이 돼? 어떻게 사람들이 그렇게 괘씸할 수 있지? 가만히 안 있겠어!

지희 걱정 마. 내용 증명 다 잘 만들어서 보내놓았고, 변호사도 알아봐서 의논 다 했어. 일단 들어가 살면서 누수가 계속되면 바로 집 다시 알아봐서 나오고 계약 해지 소송과 손해배상 청구 소송 걸면 돼. 수리가 완벽하게 되지 않았으면 봄비 올 때쯤 바로 결과를 알 수 있을 거야. 주인과 얼굴 부딪히며 한 건물에서 사는 건 피곤한 일이지만, 조용히 있다가 별 문제 없으면 계약 만료 때까지 살다 나오고 조금이라도 문제 있으면 전세금은 늦게 돌려받아도 그동안의 모든 손해는 법적으로 해결하면 되니까 흥분을 가라앉혀. 우리가 유리하다고 변호사가 그랬고, 내가 알아본 봐도 그래. 이사가 2주 늦어진 것에 대해서는 이자를 받을 수 있으니까 걱정 마. 계속 들들 볶고 살살 달래면서 우리가 원하는 대로 할 수 있어. 흥분하면 일을 다 그르쳐. 지금은 머리를 쓸 때야.

초희 하지만 아이가 시험 기간인데 이사가 늦어져서 안정감을 주지 못해 어떻게 해? 들어갔다가 또다시 나오면 한창 예민할 나이에 아이에게 너무 어수선한 환경이 되잖아. 그 방에 계속 머물러 있어도 문제고 말이야. 그렇게 습하고 눅눅한 데 있으면 아이 건강에 좋지 않을 거야. 게다가 누수 막는다고 시멘트 바르고 도배 다시 하고 그랬으니 유해 물질 냄새도 심할 텐데……. 언제 나올지 몰라서 짐도 최소화해서 이사 들어갔으니 당분간은 살면서 불편한 것도 많겠지? 그래도 주방은 평소처럼 다 갖추고 있자. 요새 집 짓는다고 아이에게 너무 소홀했어. 밥도 잘 먹이고, 비록 상황은 그래도 제 방만큼은 아늑하게 꾸며주어야지. 장판은 우리보고 깔라고 그랬는데, 지금이라도 아이 방만이라도 장판을 새로 깔면 안 될까?

준희 어린 것에게 미안하지만 아이도 이해할 거야. 내년이면 예쁜 제 방이 생길 테니 조금만 고생하라고 잘 말해보자.

지희 걔는 내가 볼 때 별 생각이 없어. 현실감각이 떨어지고, 자기만의 세계가 있어 그런지 변화에는 그다지 예민하지 않아. 불편한 것만 없으면 그러려니 하고 있을 거야. 용돈이나 올려주고 좋아하는 케이크로 보상해주면 잠잠할 거야.

애희 네가 그 아이의 빛나는 면을 잘 못 보는 것 같은데, 너같이 생각하면 안 돼. 그 아이는 현실감각이 떨어지는 게 아니야, 자기 내면의 주관적인 세계에 더 몰두하고 있는 거지. 일상을 살아가고 학업을 하는 데서 모자라 보인다고 그 아이가 가진 반짝이는 상상력과 스스로 즐거울 수 있는 힘을 얕잡아보지 마. 이번엔 그래도 시험 기간 중에 공부를 꾸준히

했잖니? 지난번처럼 짜증을 부리거나 스트레스를 못 이겨 잠에 빠지거나 하지 않았어. 공부하고, 그림 그리고, 공부하고, 또 그림 그리고. 할 것은 하면서도 즐겁고 유쾌하게 지내는 것 못 봤니? 엄마에게 이 모든 어수선함을 불평하지 않는 건 그 아이가 다른 사람의 마음을 헤아리는 심성을 갖고 있어서야. 요새 그 아이가 조금씩 자기가 좋아하는 것과 해야 할 것을 균형 잡고 있는 게 보여. 자기가 좋아하는 것을, 그게 남들에게 가치가 있든 없든 끝까지 포기하지 않고 고집스럽게 가져가는 면이 나는 참 사랑스럽다고 생각해. 그러니 그 아이를 모자란 아이처럼 말하지 않았으면 좋겠다.

준희 난 어쨌거나 새로 만든 회사 일에 최선을 다하고 싶어. 집 짓는 건 집 짓는 거고, 어서 빨리 하려던 사업이나 잘했으면 좋겠어. 거기가 내가 매진할 영역이야. 아무도 날 방해하지 않았으면 좋겠어. 너희가 이런저런 일을 처리해주고 집 짓는 데 필요한 여러 가지 계획도 잘 점검해주면, 난 내 일에만 매달릴게.

명희 난 그 사람이 일 처리를 더 잘할 수 있게 잘 북돋아주고 격려할게. 처음으로 둘이 함께 참여하는 큰일이니 우리 관계가 더 돈독해질 수 있도록 최선을 다해보겠어.

초희 그럼 난 아이가 눈 밖에 나지 않도록 너희들이 각자 일을 하는 동안 아이만 잘 챙길게.

__지희__ 그런데 순희랑 난희는 왜 아무 말도 없니? 너희들은 아무 생각이 없니?

__난희__ 미안. 난 새로 이사 가는 곳을 어떻게 정리할까 생각하고 있었어. 어떻게 하면 우리 집이 편안하고 깨끗할까, 어떻게 하면 더 우리 스타일대로 예쁘게 꾸밀 수 있을까, 지저분한 어디를 집중적으로 청소해야 할까, 가구들은 어디에 배치할까 궁리하고 있었지. 할 일이 많겠지만, 난 정리하는 것을 워낙 좋아하니까 그것도 기쁜 일이야. 새로 짓는 집에 넣을 자재와 인테리어 분위기도 즐겁게 공상하고 있었어. 아주 멋진 집으로 만들 거야. 늘 꿈꿔왔던 예쁘고 독특하고 단정한 집으로.

__준희__ 그래, 새로 들일 월세 세입자들이 감탄할 만한 따뜻하고 좋은 집으로! 우린 절대로 그 못돼 먹은 주인집 부부처럼 하지는 말자. 그러면 우리가 그 사람들 욕할 입장도 못 될 테니까.

__지희__ 순희는 이 회의에 가담하고 있는 거니? 우리가 이렇게 논의를 하는 것은 서로의 의견을 모아 더 나은 전략을 짜자는 취지야. 아무런 기여도 안 하면서 우유부단하게 앉아 있지 않으면 좋겠다.

<u>순희</u> 그렇게 말하지 마. 그런 말이 남에게 상처가 된다는 걸 모르니? 나보다는 너희들이 더 잘 생각하고 알아서 잘하니까 굳이 내 의견이라고 따로 보태지 않은 것뿐이야. 다 잘 듣고 있었어. 특별히 그것에 이견은 없어. 너희들 말이 다 맞아. 단지, 문득 얼마 전에 꾼 꿈이 생각나서 의미를 되새겨보고 있었어. 지난 3년 간 너무 많은 일이 있었잖아. 생각했던 것과 다르게 자꾸 새로운 일이 펼쳐지고 계획도 휙휙 바뀌고……. 그래서 따져보니 이런, 삼재였네. 올해 겨울이면 삼재도 다 지나간다. 태양력과 태음력, 인체력에 변화가 많아 천지인이 다 불안정하게 흔들리는 때라는 말이야. 태양의 흑점 변화에 영향을 받아 바이오리듬이 최고로 바닥을 치는 3년이었던 거야. 마음이 열띠고 들뜨는 것에 반응해서 판단도 잘 못하고 감정도 많이 타서 격변했던 것 같아. 하지만 그 덕에 크게 변화할 수도 있었네. 잃은 것도 많지만 생각지도 못하게 얻은 것도 많은 날들이었어. 이런 것을 말해주는 꿈을 얼마 전에 꾸었거든. 지금에 서야 그 꿈이 무엇을 의미하는 거였구나 싶어 가만히 음미하고 있었어.

<u>난희</u> 그래, 이 모든 시끄러운 날이 네 정신에 끼친 영향을 생각해봐. 그럼에도 너는 지극히 너다운 불씨를 잘 간직해왔어. 밖이 아무리 들썩거려도 마음의 평화를 빨리 되찾는 법을 익혔다고 할 수 있지. 사건 사고의 연속이었던 것에 비해 일에 있어서도 흐트러짐이 없었던 건 모두 그 덕분이야. 산책을 하고, 글을 쓰고, 책을 읽고, 집안일을 평화롭게 하면서 허둥대며 바빴던 날들에 그나마 고요한 시간을 주어서 참 다행이야.

앞으로도 그렇게 하면 스트레스에 휩싸이지 않고 네 자신을 잘 지켜갈 것 같아.

애희 격변했던 이 불안정한 시기에 그라는 귀한 사람을 만나 사랑에 빠지게 된 것도 우리가 얻은 큰 선물 중 하나야. 하지만 그 사람과 앞으로 백년해로할 걸 생각하면 사실 조금 답답한 마음이긴 해.

명희 쉽게 사랑에 빠지는 네 성향은 앞으로 일속에서 만나 사랑하게 될 많은 사람에게 펼쳐내도록 하고, 그 사람에게는 충실한 관계를 약속했으면 해. 이젠 너도 안정을 찾아야지. 그런 의미에서 모든 것의 시작인 이 신축 건은 두 사람과 네 일, 그리고 관련된 모두를 위해 아주 의미 있을 거라고 믿어.

애희 그래, 비록 대가가 크고 과정도 힘들 테지만 아름다운 경험으로 만들자. 둘의 만남이 새로운 창조를 하는 셈이지. 집을 짓는 것도 작품을 만드는 것이나 마찬가지야. 둘의 생각과 아이디어를 섞어 아이를 낳는 거라고 생각하면 집에도 더 애정이 생길 거야. 아름다운 작품이 되게 하겠어.

준희 그래, 그만 투덜거리자. 이미 엎질러진 물이고, 다 장단점이 있지. 잃는 것이 있으면 얻는 것도 있고 얻는 것이 있으면 잃는 것도 있으니 힘든 것은 감수할 만해. 그래도 나는 내 일만 할 거야. 일이 흐트러지면 난 용서 못할 거야.

<u>모두</u> 그래, 다 자기가 맡은 일에서 최선을 다해보자. 의견은 대충 모인 것 같으니까.

일곱 명의 여자 간에 오가는 대화를 보면 각자 논점이 다르고 중요하게 여기는 것도 다르다는 것을 알 수 있다. '희' 자 돌림인 것을 보면 자매 같기도 한데 누군가에게 벌어지는 큰 사건을 두고 서로 탓하기도 하고 무시하기도 하면서 자기가 옳다고 주장하고 있다. 그런데 잘 들어보면 누군가가 자기 자신인 것 같기도 하다.

이들은 한 여성의 마음속에 있는 일곱 가지 측면이다. 이 다양한 목소리는 그 사람이 어떤 결정과 행동을 앞두고 있을 때 서로 앞다투어 이야기하며, 싸우고 보완하고 협조하는 마음의 소리를 들려준다. 만화에서 한 사람의 오른편과 왼편 어깨에 각각 자리를 잡고 자신이 하는 말만 들으라고 속삭이는 천사와 악마를 본 적이 있을 것이다. 사람의 마음에 가장 흔한 것이 선과 악, 옳고 그름, 이타심과 이기심에 대한 이분된 대립의 목소리라면 이 일곱 측면은 여성의 마음에서 그것보다 훨씬 복잡한 의식의 갈래를 만든다.

물론 남자들에게도 이러한 마음속 싸움이 있다. 잠 못 이루는 밤 어떤 논리에 귀 기울이다보면 또 다른 마음이 그것에 반대하면서 감정을 들고 봉기하고, 그러는 와중에 새로운 관점을 들이대면서 잘 생각해보라고 주의를 주고 설득하는 소리가 잇따른다. 감정을 따를 것인가, 이상을 따를 것인가, 현실을 따를 것인가, 책임과 역할을 다할 것인가……. 남성도 여성과 똑같이 고민이 많다. 하지만 여기서는 여성의 마음속 갈래만 따져보도록 하자.

이 일곱 자매의 원형은 진 시노다 볼린의 『우리 속에 있는 여신들』에서 뽑아온 것이다. 한때 '네 안에 있는 여신들을 깨워라' 풍의 유행이 분 적이 있는데 당시 나는 여신이라는 비유가 너무 닭살 돋아서 제목만 보고도 많은 책을 멀리했다. 그럼에도 우연히 내 손에 잡혀 끝까지 재미있게 읽은 작품이 이 책이었다.

볼린은 정신분석가로서 카를 구스타프 융이 말한 정신의 원형 archetype을 그리스신화 속 인물과 에피소드에서 찾을 수 있다고 생각했다. 그리스 신화는 오랜 세월 많은 학자와 예술가에게 끊임없는 영감의 원천이 되었다. 현대의 신화학자와 심리학자는 그리스신화에 시대와 장소를 불문하고 반복해서 재현되는 인간의 보편적인 측면이 담겨 있다고 믿는다. 볼린은 그리스신화에 나오는 여신 중에서 여성 내부에 있는 강력한 양식을 찾아 일곱 가지 유형으로 분류했다. 내용이야 개인마다, 개인이 움직이는 특수한 상황마다 달라지기 마련이나 내용을 담는 기본적인 틀은 보편적이고 그녀는 '양식'이라는 용어를 사용했다.

볼린의 분류는 충분히 흥미롭고 설득력 있다. 하지만 여기서 그녀의 이론을 소개하는 것은 여성에게 일곱 측면이 있다 없다, 혹은 일곱이 아니라 다섯이다 등을 말하기 위해서가 아니다. 여성의 마음속에서 떠들어대는 목소리가 이렇게 다양하다는 것, 그리고 그 소리들이 서로 싸우기만 하면 갈피를 못 잡고 괴로워하지만 그 소리들이 적극적으로 의견을 내면서 서로 보완하고 조율해가면 우리가 새로운 국면에 처했을 때 더 지혜롭게 대응하고, 그것을 계기로 더 크게 변화하며 성장할 수 있다는 것을 말하기 위해서다.

다양한 목소리를 지녀야 건강하다

물론 이 일곱 명의 자매가 자기 안에 다 살고 있지 않은 사람도 있을 것이다. 어느 특정한 인물이 주된 모습일 수도 있고 다른 인물은 찾아볼 수 없는 사람도 있을 것이다. 하지만 자기 안에 다양한 모습이 있을수록 삶에 적응하고 현명하게 대응하며 살아가는 데 이롭다. 이제 희 자매가 얼마나 다른 목소리를 대변하는지 각각의 모습을 묘사해보도록 하자.

일단 그들 중에는 영원한 처녀가 있다. 어른들이 흔히 "결혼하고 애 낳아봐. 네가 그냥 너일 수 있을 것 같아? 신경 쓸 사람도 많고 맡은 역할과 책임도 있는데 오로지 네 중심으로만 지킬 것 지키고 너만 생각할 수 있을 것 같니?"라고 혀를 차면서 바라보는 '나' 중심의 여성이다. 그들은 누구를 즐겁게 하거나 남에게 사랑 혹은 인정을 받으려고 무슨 일을 하는 유형이 아니다. 자기만으로도 족하고 온전하게 느끼며, 나이를 먹어도 본래의 모습을 고스란히 유지한다. 열정과 성적 욕망, 낭만적인 감정에서 벗어나 있는 편이라 남자가 꼭 필요하지도 않고 결혼에 매달리지도 않으며, 아이를 간절히 원하지도 않는다. 이 처녀들은 주변 사람들을 두루두루 살피며 신경 쓰고 영향 받는 대신, 자신이 진정 누구이며 자신이 바라는 것이 무엇인지에만 의식을 집중하곤 한다. 그래서 관계로 인해 크게 상처 받지 않고 영향도 덜 받으며, 자기가 하고 있는 일에 완전히 몰두해 자기 내부의 진정한 욕구에 따라 무언가가 된다.

그중 하나가 준準희다. 준희는 자신이 선택한 영역에서 자신이 정한 목표를 향해 앞으로 나아가는 진취적이고 자주적인 힘을 지니고 있다. 그녀가 무언가를 하고 있다면 오로지 자신이 옳다고 여겨서 하고 있는 것이다. 그녀에게는 '내 일은 내가 알아서 할 수 있다'는 태도가 뚝뚝 묻어난다. 그러다보니 남성들에게 종종 지나치게 경쟁적으로 굴어서 공격적인 페미니스트라는 인상을 심어주기도 한다. 하지만 자매애는 무척 강하다. 약자나 어린 것에 동정심이 크고, 자신에게 도움을 청하는 사람이 있으면 재빨리 달려가 단호하게 행동해서 도움을 준다. 반면 자신을 배반하거나 기분을 상하게 하는 사람에게는 가차 없이 처벌을 내리는 잔인한 면도 있다.

또 다른 처녀는 지知희다. 지희는 남성들과 자신을 분리하려는 준희와 다르게 남성들과 동일화가 잘되어 있고 남성들의 세계에서 일하는 데 별 문제를 못 느낀다. 지희는 사람들 속에서 누가 승리자가 될 것인지 감 잡는 능력이 있고 늘 권력에 매력을 느끼며 스스로도 힘과 지력을 추구한다. 감정 조절을 잘해 웬만해서는 충동적으로 행동하지 않아 실수도 적다. 철학적이거나 근원적인 물음 따위에는 관심이 없고 매사에 효과와 효율을 생각해서 현실 지향적으로 움직인다. 머리를 잘 쓰고 계산적으로 움직이며 뭐든지 목적을 갖고 행동한다. 그러다 보니 사람들의 주관적인 경험을 이해하지 못하고 그 가치도 쉽게 무시한다. 자신의 내면에 대해서도 당연히 관심이 없고 타인에게 감정이입을 하거나 공감하는 능력도 부족해서 여자 친구들과 가까운 관계를 맺지 못한다. 하지만 남자를 정확히 평가하고 자신이 선택한 영웅에게는 효과적인 협력자이자 동료로서 오른팔이 되어줄 수 있기 때문에 능력 있는 남자들하고는 관계를 아주 잘 맺는다. 지희는 언제 어디서나 '어떤 방법을 취해야 하지? 성공할 수 있을까?'를 생각하는 모습으로 드러난다.

마지막 처녀로는 난熳희가 있다. 난희는 사람들 사이에서 드러나고 주목받는 것을 별로 좋아하지 않는다. 경쟁도 싫어해서 익명의 상태를 유지하면서 언제나 배경으로 머물러 있다. 표면적으로는 별 주장이 없어 보이고 순응적인 것 같아도 사실 자기만의 내적 확신을 지니고 있어 타인의 말에 쉽게 흔들리지 않는다. 난희는 외향적이고 업적 지향적인 준희나 지희와 달리 자기 내면의 주관적 경험에 몰두하는 것을 좋아한다. 명상을 잘하고 자기 내부를 들여다보면서 현재 일어나고 있는 일을 직감적으로 감지하는 데도 뛰어나다. 친구들 간의 반목이나 갈등에 관련되거나 진한 열정에 사로잡히는 일이 여간해서는 없고 혼자 있어도 외롭다고 느끼지 않는다. 난희는 따로 일이 없어도 집안 살림을 의미 있는 활동으로 생각해서 매일의 일상을 상세한 부분까지 질서 있게 마무리하면서 마음의 평온을 유지하며, 자기 공간이 없으면 많이 힘들어한다.

그런데 이렇듯 처녀적인 속성만 있으면 누군가의 아내와 엄마가 되고 딸 노릇을 하는 데 어려움이 클 수밖에 없다. 준희, 지희, 난희는 자신의 문제에 집중하면 할수록 다른 사람과의 연관성을 잃기 쉽다. 게다가 무언가에 몰두하는 힘이 강해서 스스로의 감정이나 본능에서도 격리될 때가 잦다. 그러다보니 누군가를 필요로 하고, 사랑하고, 수용하면서 돌보는 게 잘 안 되곤 한다. 이때 사람들과의 관계 속에서 자신의 정체성과 할 일을 찾으며 기쁨과 보람을 느끼는 여성이 등장한다.

명銘희는 남편이 있어야 비로소 자신이 완전해진다고 느끼는 여성이다. 결혼이 보장하는 특권과 누군가의 아내로서의 사회적 인정과 존경을 중요하게 여겨서 항상 부부 관계에 충실하고 언약을 지키려고 애쓰며, 남편과 함께 세상의 어떤 난관도 헤쳐 나갈 수 있다고 믿으며 산다. 한마디로 양처의 상징이라 하겠다. 결혼과 함께 그녀의 직장은 결혼 생활이 되고, 남편의 사회적 출세가 모든 것에 우선하기 때문에 자연스럽게 명희는 내조의 여왕이 된다. 그녀에게는 '남편이 가는 곳이라면 어디든지 따라가겠습니다'는 태도가 두드러진다. 그렇지만 이상적인 결혼 생활과 남편상을 따로 갖고 있어서 그에 못 미치는 배우자에게는 화를 내거나 비판하고 종종 의부증을 보이기도 한다.

반면 초草희는 자식을 통해 기쁨을 느끼는 어머니의 전형을 보여준다. 누군가를 보살펴주거나 지지해주는 걸 좋아하는 헌신적이며 너그러운 모성의 실체다. 그러나 초희는 자신이 완벽한 어머니가 되어야 한다는 비현실적인 기대를 지니고 있어 종종 지나친 책임감으로 과한 일을 해서 지칠 때가 많다. 자신이 모든 것을 알고 있다고 생각하는 데다 매번 베푸는 사람으로서 자신의 좋은 의도만을 생각해 다른 사람에게 좋지 않은 영향을 끼칠 수도 있다는 것을 자각하지 못하기도 한다. 항상 자신이 돌보아야 하는 사람을 실패나 고통에서 보호해야 한다고 생각해서 자주 그들을 통제하고 간섭하려고 든다. 한편으로는 헌신적으로 주고 또 주면서 '안 돼!'라고 한계를 짓지 못해 돌봄을 받는 사람들 마음속에 잠들어 있는 이기심을 부추기기도 한다. 그들이 독립성을 키워가는 것을 반가워하지 않는 편이며 자신에게 의존을 덜 하기 시작하면 자신의 필요를 의심해 분노하고 우울해진다.

그런 엄마 밑에서 순진무구하게 보호받으며 자라는 어린 딸의 성향을 순順희가 드러낸다. 그녀는 자기가 누구인지, 자기의 욕망이나 힘이 어디에 있는지 알 필요도 없고 알려고 하지도 않으며, 그저 자신을 사랑하고 보호해주는 사람의 뜻을 거스르지 않으려고 애쓴다. 순희는 여성이 지니고 있는 의존적인 성향을 잘 보여준다. 그녀는 직접적인 거절이나 조화를 깨는 일을 두려워하고 피하며, 타인을 기쁘게 하기 위해 그 사람의 무의식적인 기대에 자신을 쉽게 맞춘다. 그래서 자신이 어떤 사람이 되고 싶은지, 무엇이 되고 싶은지 마음을 정하지 못하고 누군가 또는 무엇이 나타나 자신의 인생을 바꾸어주기만을 기다린다. 자신의 성적 매력이나 아름다움에 대해서도 잘 알지 못해 그런 면에서도 능동적이지 않고 유아적인 편이다. 매사에 자기주장이 없고, 불확실해서 우유부단해 보이고, 매사에 깊은 고민이 없으니 그저 발랄하기만 하다. 순희는 항상 '내가 어떻게 보일까? 내가 이렇게 말하면 상대가 화를 낼까? 내가 말하는 것이 지적으로 들릴까?' 등을 고민한다. 하지만 희 자매 중에서 변화에 가장 민감하고 이해심과 수용성이 강하다. 그 누구보다 개방적이고 융통성도 있다. 순희는 유독 무의식에 대한 감수성이 예민해 그것에 사로잡히면 일상적인 현실감각을 잃어 정신병에 걸릴 수도 있다. 하지만 무의식과 어둠을 극복하는 경우에는 전과 완전히 다른 성숙한 여성으로 거듭난다. 그 과정에서 자아가 튼튼해지면 현실 세계의 실재와 심리 세계의 원형적인 무의식 사이를 오가는 능력을 갖추게 되어 무의식과 어둠의 세계를 방문하는 사람들의 안내자와 조력자가 되기도 한다.

마지막으로 소개할 여성은 애愛희다. 그녀는 준희, 지희, 난희처럼 자기에게 집중하는 성향이 강한 반면 명희, 초희, 순희처럼 관계에 집중하고 사람들에게 영향도 많이 받기 때문에 어느 쪽으로도 묶기가 애매하다. 애희는 남들 눈에 잘 띄지 않는 아름다운 면이나 빛나는 면을 가장 먼저 발견할 수 있는 눈을 지니고 있다. 외향적이고 화끈한 면이 있는 애희는 자신이 발견한 것에 금방 매료되고 열렬히 반응한다. 그러면서 애희의 마음은 굉장히 활발히 작용하며, 그런 그녀 때문에 상대도 자극을 받아 정신이 극적으로 움직인다. 둘은 서로 오감이 열리는 중에 엄청난 교류를 하게 되고 많은 것을 생산해내게 된다. 마치 연금술이 벌어지듯 서로 자석처럼 이끌려 화학반응을 활발히 일으킨 뒤 둘 다 새로운 특성을 지니게 되는 것이다. 하지만 집중적인 창작 활동이 끝나면 또 다른 가능성이 나타나서 그녀를 사로잡기 때문에 애희는 그 자리에 머무르지 않고 관계에서 떠난다. 애희의 인생은 매혹되고, 결합되고, 새로운 것을 잉태하고, 탄생하는 것을 중심으로 돌아간다. 애희가 일을 한다면 그 일이 그녀를 얼마나 매혹하는지에 성공 여부가 달려 있다. 그녀는 결코 성공하려고 일을 시작하는 사람은 아니다.

경험을 무서워하지 마라

이렇게 다른 희 자매가 대변하는 내면의 목소리들은 인생에서 어떤 결정 사항이 있을 때마다 와글와글 시끄럽게 울린다. 각각의 목소리는 자신의 관점과 가치관이 중요하다고 주장하면서 자신의 방식대로 문제를 풀어가기를 바란다. 마음이 한쪽으로 굳혀져 편해졌다가도 바로 다음 순간 생각이 바뀌어 갈팡질팡할 때가 있다. 일곱 자매가 모두 동등한 힘으로 의견을 내면 결정이 더 어려워진다. 하지만 일곱 측면 중 어느 하나만 두드러져서 혼자 큰 소리를 내버리면 그 측면이 지닌 단점과 맹점이 보완되지 못해 삶에서 낭패를 겪을 수도 있다. 삶의 새로운 국면마다 늘 똑같은 방식으로 대응하면 성장할 기회가 없어지고 반복되는 어려움만 겪고 말 것이다.

물론 어느 한쪽을 타고났을 수도 있고 최초의 환경 안에서 어느 특정 부분이 강화되어 굳혀졌을 수도 있다. 하지만 살다보면 이런저런 일을 겪기 마련이고 다양한 것을 요구받게 된다. 결혼한 여성은 남편과 살고 시댁을 접하면서 자기중심적으로만 일을 처리할 수 없다는 것을 알게 된다. 아이를 키울 때는 모성이 부족하면 서로 간에 갈등이 생기고 괴롭다는 것을 깨닫는다. 남편이나 아이들이 내 마음대로 안 되고 나를 떠나는 때가 있다는 것을 보면서 그녀는 다시 자기 자신에게 집중하기 시작한다. 사랑의 작용만으로 관계를 이어가면 삶에 안정적인 축적이 없기 때문에 어느 날 큰 결심을 해 자신을 붙들어 매줄 무언가를 선택하기도 한다. 그럴 때 다른 자매가 요청되고 다른 측면이 활성화된다. 다양한 삶을 경험하다보면 희 자매가 하나둘씩 등장해 연륜을 쌓아주고 내공도 길러준다. 그 결과 다양한 관점으로 세상을 보고, 다양한 측면을 검토해 현명하게 선택하고, 새롭게 실천할 수 있게 된다.

처음에는 시끄럽고 우왕좌왕하는 것 같더라도 내면의 모든 의견에 귀 기울여서 차근차근 지혜롭게 수렴하는 몫은 자아에 있다. 자기 안의 다양한 측면을 골고루 불러내 회의하듯 마음속으로 논의하고 의견을 모아 최고의 지혜를 뽑아내는 것, 그것이 바로 당신의 정신이 하는 일이다. 일단 회의가 소집되면 당신이 겪는 모든 것은 당신의 원탁회의를 더 효과적으로 운영하는 기회이자 자극이 되고, 그 결과 당신은 더 많은 것을 감당하고 더 많은 성장을 이루며 더 많은 성과를 얻을 것이다. 마음은 다양한 목소리로 채워져야 건강하다. 마음속 원탁회의를 위한 자리를 많이 확보하기 위해서라도 우리는 경험을 무서워할 필요가 없다.

자라지 않은
어른들을 위해

+

21세기 피터 팬과
신데렐라를 위한 충고

오랜 세월 땅속에서 굼벵이로 살고 있던 매미는 성충이 되기 위해 꽃대 위로 기어간다. 10여 분간 안정을 취한 애벌레는 등 쪽 껍질이 갈라지는 것으로 벗기를 시작한다. 껍질이 점점 벌어지며 연두색 몸집이 드러나더니 마침내 밖으로 빠져나간다. 드디어 매미가 된 것이다.

우리도 애벌레처럼 확실하게 껍질을 벗어 성인이 될 수 있으면 좋겠지만 인간은 문화가 만들어놓은 상징적 의식에 의존해야 하는 형편이다. 우리가 일생 동안 겪는 변화, 즉 탄생, 성장, 결혼, 출산, 죽음에는 새로 배우고 준비해서 통과해야 하는 관문이 있다. 어느 집단이든 각 지점마다 '통과의례'라고 불리는 의식을 마련하고 있는데, 집단이 고안해놓은 이러한 의식을 치르는 동안 개인은 지금까지와는 다른 삶을 살아야 할 전환점에 와 있음을 자각하고, 앞으로 겪게 될 육체적이고 심리적인 변화를 받아들이게 된다. 물론 주변 사람들도 그 사람의 변화와 달라진 신분을 확인하고 그에 맞는 대우를 해준다.

우리나라에는 이 같은 통과의례로 관혼상제가 있었다. 그중 껍질 벗기에 해당되는 것이 '관冠'이다. 요샛말로 하면 성인식인데, 결혼식, 장례식, 제사 등은 아직도 잘 치러지고 있는 반면 관례는 이상하게 모두에게서 잊혀졌다. 교육 기간이 연장되다보니 사회에 나올 준비를 끝내는 데 개인마다 편차가 심해서, 성인의 시작을 언제로 잡아야 할지 모호해서일 것이다. 10대에 이미 부모를 벗어나 사회로 나와 생산력을 보태는 사람이 있는가 하면, 30대에 접어들었는데도 부모 슬하에서 고등교육이라는 명목 하에 유예기간을 보내는 사람도 있으니 관례를 언제로 잡으면 좋을지 알 수가 없다.

우리나라에서는 1973년부터 성년의 날을 정해놓고 기념해왔는데, 나를 포함한 대부분의 사람들이 그런 날이 있는지조차 모른다. 현재는 매년 5월 셋째 월요일에 각 기관 단위별로 성년의 날 기념행사를 거행하고 있다지만 당사자인 개인들에게 미치는 영향력은 거의 없다고 보아야 할 것이다. 통용되는 것은 10대의 딱지를 떼는 스무 번째 생일날에 애인이나 친구들이 개별적으로 파티를 열어서 축하해주는 것이다.

진정한 성인식은 당사자에게 어른들의 보호를 받는 시기가 끝났음을 알리고, 성인으로서 가질 수 있는 권리와 책임이 무엇인지 들려주며, 진정 성인이 될 준비를 했는지 스스로 확인하거나 각오하는 기회여야 한다. 그래서 아프리카 문화권에서는 성인의 문턱에 당도한 사람들이 자신의 몸에 상처를 내거나, 맹수를 사냥하거나, 부모에게서 떨어져 긴 시간을 보냄으로써 어른이 될 힘과 용기와 독립심이 있음을 증명하게 했다. 시대와 문화에 따라 의식의 구체적인 내용과 형식은 달라지기 마련이고 그래야 마땅하지만, 우리는 아직 우리 시대에 맞는 성인식을 제대로 마련해놓지 못한 형편이다. 그런데 더 큰 문제는 우리가 애초에 어른이 된다는 것의 의미를 분명히 이해하지 못하고 있다는 것이다.

어른이 되었다는 것은 사회에서 정해놓은 일정한 나이에 단순히 도달했다는 의미만은 아니다. 그보다는 조금 더 심리적이고 사회적인 의미를 내포하고 있다. 자신이 성인이라고 말할 수 있으려면 사회의 보호를 받는 시절이 끝났음을 스스로 알고 받아들여야 한다. 자신의 모든 행동과 결정에 책임지겠다는 태도를 지니면, 그 순간부터 자신의 삶을 스스로 선택할 권리를 갖게 된다. 한마디로 자신이 운전대를 잡은 것이다.

그런데 운전자도 아니면서 자꾸 운전대나 사이드브레이크에 손을 대려는 사람이 있다. 혹은 뒷자리에 가만히 앉아 이리 가라 저리 가라 참견하는 사람도 있다. 그들의 간섭이 싫으면 이제는 그만 내리라고 하면 그만이다. 자신의 차는 ─ 그것이 인생일 때는 ─ 엄격히 말해 자기만 운전할 수 있기 때문에 전혀 문제 되지 않는다.

하지만 이 당연한 자유에는 그 뒤의 모든 책임을 혼자서 진다는 조건이 뒤따른다. 길을 잃어 엉뚱한 데 도착해도, 실수해서 이상한 일을 겪어도, 사고가 나서 누군가를 다치게 하거나 자신이 다쳐도 자기 몫인 것이다. 매 순간 스스로 판단하고 선택해서 상황을 바꾸든지, 그다음 절차를 밟든지 해야 한다.

그런데 많은 사람이 멋들어진 광고 카피마냥 "내가 내 삶의 주인이다!"라고 떠들 줄만 알지, 그 말의 진정한 무게는 잘 느끼려고 하지 않는다. 권리를 주장하는 것은 누구에게나 쉬운 일이다. 하지만 그에 따른 대가나 의무를 제대로 숙지해서 권리를 행사하고, 그다음 뒤따르는 결과를 감당하는 것은 아무나 못하는 일이다. 그래서 성인으로 거듭나지 못하고 어른이 되기를 원하지 않는 사람이 자꾸 늘어나는 추세다.

자라기를 거부하는 어른들은 '내가 원하는 것이 무엇일까?'의 답을 찾아다니면서 메뚜기처럼 옮겨 다니기만 하지 자신의 한계와 책임에 따른 선택을 할 줄 모른다. 자신이 가능성을 안고 있는 존재라 착각해서 자신도 남처럼 한계를 안고 있는 모습임을 받아들이지 못한다. 그래서 조금만 힘들면 일터에서 자리를 박차고 나오고, 연애를 하다가 관계가 깊어지면 더 나은 누군가가 나타날 것 같은 생각에 답답해한다. 불만을 토로하며 비판하는 것은 잘해도 사회를 변화시키는 것은 남의 일이라고 생각하고, 자신은 나름의 이유가 있으니 어쩔 수 없다고 하면서 남들이 바뀌기만을 바란다. 한마디로 그들은 자기가 원하는 것만 골라 가질 수 있는 '네버랜드'를 꿈꾼다.

현실에 존재하지 않는 땅을 찾아 허공을 날아다니는 사람들이 늘

Odilon Redon, <The Child>, 1894.

삶에서 반드시 해야 하는 것들을 어떻게 창조적인 의지로

자신의 선택이 되게끔 바꿀 것인가?

그것이 어른이 되는 가장 어려운 관문이자 숙제다.

어나는 까닭은, 개인에게 강력한 효과를 발휘하는 의식으로서의 성인식이 이 사회에 제대로 마련되지 못해서일 것이다. 하지만 우리는 문화 집단의 도움 없이 어른이 된다는 것이 무엇을 의미하는지 스스로 깨달아야 하고, 어른이 될 것을 어렵게 선택해야 하며, 어른으로서 변화하는 과정도 홀로 겪어야 한다.

이는 힘들고 하기 싫은 일이기 때문에 그 과정을 함께 지나갈 사람을 찾아 상담실이나 심리 치료실을 찾아오는 어른이 늘어난다. 어른이 되어야 할 때 자연스럽게 어른이 되지 못한 사람들이 정체된 상태에서 어려움과 괴로움을 겪고 나서, 이제는 자기도 껍질을 벗고 성장해야겠다는 결심을 어렴풋이 하는 것이다.

현실 밖으로 도망 다니는 피터 팬과 신데렐라

1970년대 후반 미국에서는 '피터 팬 콤플렉스'라는 말이 유행했다. 현실을 부정하면서 나이에 맞는 역할을 하지 않고, 새로운 책임을 요구하는 상황을 피해 익숙한 상태에만 안주하려는 남성들의 경향을 가리키는 신조어였다. 반면 여성에게는 '신데렐라 콤플렉스'라는 말이 사용되었는데, 혼자 힘으로는 자립할 수 없다고 믿는 여성들이 자신의 인생에 뛰어 들어와 현실을 변화시켜줄 누군가를 기다리며 스스로를 미성숙한 상태에 남겨두는 성향을 꼬집는 말이었다.

피터 팬과 신데렐라는 자신의 선택에 따른 변화를 두려워한다. 선택하면 변화가 생기고 변화는 어떤 식으로든 결과를 가져오며, 그걸 받아들인다는 것은 자신의 선택에 책임을 진다는 의미다. 결과를 번복할 수 없는 것으로 받아들이고, 이에 따르는 자신의 감정과 타인의 감정을 똑바로 마주하고 감당하며, 이로 인한 의무와 부담을 감수하고, 앞으로 어떤 제재나 한계를 경험해도 괜찮다는 자세를 취하는 것이 '책임을 진다'는 의미다.

그러나 피터 팬과 신데렐라는 자기가 원하는 것만 취하려 할 뿐, 원하지 않는 것은 받아들이려 하지 않는다. 그렇기 때문에 그들은 변화를 가져올 것을 선택하지 않는다. 그리고 변화를 피할 수 없을 때는 상황에 의해 어쩔 수 없이 끌려가는 것처럼 타인에게 책임을 묻거나, 타인을 비난할 수 있는 여지를 남겨놓는다.

모든 선택에는 애초에 선택한 사항 외에도 이차적 혹은 부가적으로 파생되어 따라오는 것들이 생기게 마련이다. 그때 자기가 생각했던 것만 쏙 빼서 가지려고 하면 선택 이후의 현실을 그대로 받아들일 수 없게 된다. 그러다보니 벌어지는 모든 일에 자꾸 불만이 생긴다. 그때 내 선택이 아닌 남의 선택이어야 더 마음껏 불만을 표출할 수 있지 않겠는가. 나로 인한 결과가 아니니 있는 그대로 받아들일 이유가 없다고 주장할 수도 있다. 그런 이유로 피터 팬과 신데렐라는 외부 상황 때문에, 혹은 타인의 의지 때문에 어쩔 수 없이 자신이 비극의 주인공이 되었다고 믿으려 한다.

그래서 그들의 선택은 늘 '어쩔 수 없다' 혹은 '그게 다 ~때문이다'

가 된다. 하지만 그들은 자신들이 그런 식으로 선택하고 있음을 잘 모른다. 상황 혹은 누군가가 언제나 자신보다 영향력이 있고, 무언가를 강제할 수 있는 입장이라고 여길 뿐이다. 그러면서 자신은 피해자이거나 어쩔 수 없이 순응할 수밖에 없는 천진한 약자라고 생각한다.

신데렐라가 뒤로는 자신의 신세를 한탄하며 궁전의 파티에 가고 싶다는 욕심을 품으면서도, 계모와 두 언니에게 반항 한번 안 하고 일만 하는 식이다. 물론 피터 팬처럼 끊임없이 후크 선장에 맞서 싸울 수도 있다. 하지만 그것은 어디까지나 네버랜드에서 벌어지는 일일 뿐, 현실에서는 이유도 없이 자신을 괴롭히는 사람은 존재하지 않는다. 설사 그런 사람이 있다고 해도 그에게 맞서는 건 자신의 선택과 결과에 책임을 지겠다는 의지에 따른 행위여야 한다.

피터 팬과 신데렐라는 어쩔 수 없이 선택해야 하는 일이 생기면 결과가 만족스러울지 아닐지 의심하고 재기만 하다 결국 행동에 옮기지 못한다. 한계를 인정하고 책임질 마음이 없으니 이상적인 바람을 실천에 옮길 용기가 없어 자꾸만 마음 따로 현실 따로가 되는 것이다. 피터 팬과 신데렐라는 원하는 것에 매달리지만 그것을 이루는 데 필요한 시행착오는 건너뛰고 싶어 한다. 원하는 것을 위해 노력하고, 아파하고, 재평가하고, 다시 선택하는 과정은 생략하고 싶어 하는 것이다. 누구나 배우면서 인생을 살고, 처음부터 완벽하게 준비할 수 없다는 사실을 머리로는 알아도, 자신은 그러지 않았으면 하고 바라는 것이다. 다음 고백을 들어보자.

하고 싶은 것이 있어도 귀찮아서, 게을러서, 아님 노력을 안 해서 안 하고 있는 것이 많아요. 늘 여건이 안 되어서 못 한다고만 생각하고 있었죠. 그러다가 어느 날 '내가 하려는 노력 자체도 안 했구나. 완전 게으른 탓에 그냥 포기하고 살아온 거구나' 싶더군요. 그래서 지금이 좋은 기회라고 생각해 늘 하고 싶었던 만화를 그려보기로 했어요. 우선 콘티를 짜보자고 마음먹고, 주제를 생각하고, 이야기 틀을 만들고, 기승전결을 생각하고, 캐릭터를 5명 정도 생각해봤어요. 머릿속에 단편적인 것이 굉장히 많이 들어 있었어요. 그런데 막상 줄거리를 5~6줄 정도 쓰니까 딱 막히는 거예요.

쉬운 일이 아니란 걸 느끼니까 갑자기 의욕이 떨어졌어요. '정말로 하고 싶은 거면 어떤 어려움이 와도 해내야 하는 것이 아닌가?' 그런 생각이 드니, 문득 이게 내가 정말 원하던 게 아닌지도 모르겠다는 생각이 들더군요. 정말로 원하는 것이라면 돈이 들어도 필요한 모든 재료는 갖추어놓아야 하는 거잖아요. 그런데 작업에 필요한 물건을 다 골라놓고 결제하려는 순간, '내가 이걸 사가지고 며칠이나 하겠어?' 하는 의문이 고개를 드는 거예요. '과연 내가 이걸 끝까지 할까?' '이것들이 작업에 정말 필요하긴 한가?' 그런 식으로 계속 망설이면서 이익 손실을 따지다가 결국 결제를 취소했어요. 뭐든 과하다 싶은 거는 망설이는 편이거든요.

사실 무서워요. 그림이란 게 그려놓으면, 일단 누군가가 본다면 바꿀 수 없는 거잖아요. 예를 들어 내가 10분 전에 그려놓은 걸 보면 나 스스로도 어색하단 말이에요. 그 그림을 다른 사람들이 보고 가면…… 그게 싫은 거예요. 난 다른 그림을 그릴 수 있는데 뭔가가 완전히 결정 난 것 같잖아요. 사람들은 "고친 것을 또 보여주면 되지 뭘 그러느냐?"고 하지만, 미완인 내 작품을 남들이 본다는 게 그냥 싫어요. 난 아직 개선의 여지가 많은데 뭐가 결정이 나버린 것 같으니까요. 그래서 시작도 못하고 있는 게 많아요. 그림을 한 장이라도 끝까지 그려본 적이 없는 것도 그래서죠. 내가 정말 하고 싶은 것은 무엇일까요?

어른이 되었다는 것은 결과를 받아들이고 그다음 행동을 할 수 있다는 의미다. 어른은 스스로 생각하는 자기와 달라질까봐 오늘의 행동과 결정을 미루는 어리석은 짓을 하지 않는다. 진정한 어른은 지금 누군가를 사랑하고 있을 때 언젠가 나타날지도 모르는 더 멋진 사람을 위해 이 사람과의 결혼을 미루려고 하지 않는다. 더 높은 연봉을 주고 자신을 데려갈 회사가 나타날 수도 있으니 자유롭게 있어야 한다면서 현재의 취업 기회를 박차고 백수로 지내지도 않는다.

선택과 행동은 수많은 가능성 속에서 하나를 골라 현실로 옮기는 것이기 때문에 일종의 결정이고 제한이다. 그리고 마음에 들든 들지 않든 이미 내 삶이기 때문에 살아야 한다. 물론 싫으면 또 다른 선택을 하면 된다. 하지만 이번의 선택은 이전의 선택으로 가능성의 범위가 좁혀져 있고 처음보다 실행에 옮기기도 어렵다. 결혼해 살다가 상대를 잘못 골랐다는 생각에 괴롭다고 하자. 아이까지 있는데 이혼을 결심한다는 건 쉬운 일이 아니다. 그래도 다시 선택할 기회는 있다.

이혼을 선택했더니 불행한 결혼 생활에서는 놓여났지만 이혼한 부부 사이에서 갈등하는 아이를 보아야 하는 문제나 생활의 반려자 없이 외롭고 불편한 점에서는 책임져야 할 것이 많다. 그러는 중에 누가 또 마음에 다가왔다고 하자. 하지만 어렵게 이혼해서 이런저런 불편을 겪으며 살아가는 사람이라면, 다시 실패할까봐 두렵고 아이에게 걱정과 혼란을 끼치기 싫어서 그 사람을 선뜻 선택할 수 없을 것이다. 두 번째 선택은 이전 선택들로 인해 제한을 받는다.

반면 가능성 속에서만 사는 사람들은 아무런 책임도 질 것이 없다. 하지만 결정된 것도 없으니 삶에서 뭔가를 추진해나갈 힘이나 자신을 뒷받침해줄 토대도 생겨나지 않는다. 그들은 그냥 부유하면서 산다. 현실의 중력을 받아야 두 발을 땅에 대고 걸을 수 있는데, 시간도 공간도 없는 네버랜드에서 어디로 갈지 모르고 그저 유영만 한다.

어릴 때는 원하는 것이 아무리 많아도 능력과 경험이 부족해 할 수 있는 것이 별로 없었다. 우리는 원하는 것을 하지 못하는 이유는 사회와 부모가 해야 한다고 하는 것이 많아서라고 이해하면서 커왔다. 하지만 그러면서도 성장 과정에서 원하는 것을 할 수 있도록 능력을 배양했고, 해야 하는 것들을 잘 가려내 본질을 최대한 이해해왔기 때문에 어른이 되면 '하고 싶은 것'과 '해야 하는 것'과 '할 수 있는 것'이 최대한 조화를 이룰 수 있다.

그래서 어른은 한계를 몰라 날뛰는 일도 없고, 현실의 제약을 생각하지 않고 꿈만 꾸지도 않으며, 주어진 책무와 의무는 아랑곳하지 않고 누릴 권리만을 주장하지도 않는다. 어른은 자신의 욕구와, 권리와, 의무가 한데 어우러지는 삶을 산다. 그리고 그 셋이 삼위일체가 되는 생활에서 행복을 느낀다. 남이나 상황 탓을 하지 않고 선택의 주체가 자신임을 알고 있기 때문에 또 다른 선택을 하는 데도 어려움이 적고, 상황을 바꾸는 데도 적극적이다. 그런 태도를 가지려면 '의지'가 필요하다.

의지는 엔진과 같다

인간은 누구나 자신이 갖고 있는 가능성의 최대치를 실현하기 원한다. 그런데 바라던 바를 목전에 두고 있으면 마치 최선의 자기가 되는 게 두려운 듯 엉뚱한 대목에서 의지를 꺾을 때가 있다. 인간이 자신의 능력을 스스로 제한하는 성향이 있다는 것은 참으로 역설적이다.

어쨌든 그럴 때 사람들은 외부의 압력이나 강제를 적극적으로 차용해 자기에게 브레이크를 걸기도 한다. 마치 스스로를 타이르기 위해 주변에서 얻을 수 있는 모든 이유를 끌어오는 것처럼 보일 정도다. 도대체 우리는 무엇이 두려운 것일까?

의지의 바탕이 되는 것은 원초적이고 궁극적인 본능 에너지다. 그것이 한 사람의 인격 안에 통합되어 삶을 움직이는 추진력으로 작동하는 것이다. 그래서 의지가 강한 사람들에게는 강한 생명력과 충동이 발견된다. 스콧 펙은 이를 말과 당나귀로 비유했다.

약한 의지를 가지고 있다는 것은 뒷마당에 어린 당나귀를 기르는 것과 같다. 녀석은 당신에게 큰 피해를 주지 않는다. 기껏해야 튤립을 씹어대는 정도일 뿐이다. 하지만 당나귀는 큰 도움이 되지 못한다.

반면에 강한 의지를 가졌다는 것은 뒤뜰에 여러 마리의 클라이즈데일(스코틀랜드가 원산지인 말)이 있는 것과 같다. 이 녀석들은 체격이 육중하고 힘이 매우 세다. 그래서 제대로 길들여지거나 훈련받지 못하고 마구도 제대로 갖추어지지 않으면 당신 집을 무너뜨릴 수도 있다. 하지만 제대로 길들여지고 훈련받고 마구를 잘 갖추면, 그야말로 녀석들은 산도 옮겨놓을 수 있을 것이다.

― 모건 스콧 펙, 『끝나지 않은 여행』 중에서

의지는 자신의 본능적인 욕구를 창의적으로 사용하게 이끌며, 그것을 억제하고 조절하는 자아의 긍정적인 측면이다. 자기 안의 힘센 말을 길들여서 자아와 삶에 효과적으로 봉사하게 하려면, 어렸을 때부터 고유의 이상형을 형성해서 나름의 방식으로 훈련해야 한다. 본능이 의지의 에너지요 재료라고 하면 자발적으로 자기 원칙과 윤리를 만들어가는 이상형의 형성은 한 단계 높은 의지의 작용이라고 볼 수 있다.

한마디로 의지는 생물학적인 본능과 인간적인 억제 사이에서 조화와 균형을 꾀하는 자율적인 구성력이다. 그런데 의지는 그러한 이중적 기능 때문에 때로는 창의적으로, 때로는 파괴적으로 발현된다. 그 에너지를 어떻게 길들여나갈 것이냐에 따라 자신의 길을 깨닫고 득도하기도 하고 도리어 자신을 망치기도 한다. 이 내용이 선종화禪宗書의 하나인 〈십우도〉에 소와 동자로 비유되어 있다. 그래서 오쇼 라즈니쉬도 "나는 누구인가? 이 물음은 소를 찾아나서는 것과 같다. 소는 그대의 에너지를 뜻한다. 이 에너지는 과연 무엇인가? 이것이 소의 의미다"라고 말한 것이다.

'나는 누구인가?'와 관련된 의지는 삶에서 두 가지 형태로 작용한다. 적극적으로 의지를 확인하고 실천하는 순의지가 있는가 하면 원하는 것을 부정하는 역의지도 있다. 인간은 의지를 통해 비로소 독자적인 개체가 되기 때문에 의지가 남다르게 강한 사람들은 자기가 속한 사회에 죄의식을 느끼곤 한다. 의지를 실행에 옮긴다는 것은 엄청난 책임을 요구하면서 동시에 혼자라는 의미이기도 하다. 그래서 사회가 요구하는 것이 개인성을 추구하는 길에 어긋날 때는 집단 의지에 굴복할지, 자신의 토대를 잃더라도 개인 의지를 밀고 나갈지 고민하지 않을 수 없다. 스스로 의지를 부리는 바가 크면 클수록 내부에서는 말리고 싶어 하는 역의지도 강해진다.

종교에서는 개인의 의지를 부정적인 시각으로 바라보았으며, 신의 절대 의지와 개인 의지가 충돌할 때는 시련을 거치면서 절대 의지에 순응하는 법을 배워야 한다고 가르쳐왔다. 개인이 아무리 날뛰어봐야

손오공이 그랬듯 신의 손바닥 안에 있다는 것이다.

하지만 인생은 개인들의 의지가 서로 부딪치는 역동의 장이다. 그런데도 많은 사람이 의지는 이기적인 힘의 행사며 다른 사람에게 피해를 주거나 폭력을 조장할 수 있다고 생각한다. 물론 의지를 확언하고 행사하는 데는 책임이 따르며, 의지가 실천되고 실현되는 데도 어려움이 따른다. 그러한 책임과 실현을 감수하려 하지 않는 사람들은 타인의 의지에 자신을 내맡기려 하고, 그 뒤에는 자신을 강제하고 자신의 운명을 좌우했다며 그 사람을 평생 원망하게 된다.

우리가 보통 '뜻을 둔다' 혹은 '뜻을 품는다'고 하는 말은 자신의 의지를 어떤 방향으로 향하게 하는 것을 가리킨다. 이렇게 행동으로 옮기지 않고 마음속에 품고만 있는 의지는 한낱 공상으로 끝나기 쉽다. 윤리학에서는 의지를 '도덕적 행위의 근원이 되는 내적인 욕구'로 설명하고 있지만, 심리학에서는 '깊이 생각하고 선택해 실행하는 능력'으로 정의한다. 의지는 정신적으로 유지되는 것이 아니라 행동력이라는 말이다. 즉 자기의 바람을 구체화해 실현함으로써 자신의 개인성을 확인하게 하고 견고하게 해주는 실제적인 힘인 것이다.

자동차로 비유하면 의지는 엔진과 같다. 본능과 충동이라는 연료를 에너지 삼고 있는 자아라는 자동차를 어떤 방향으로든 달릴 수 있게 가동하는 것이다. 그렇기 때문에 자아가 훌륭하다고 반드시 의지가 강한 것은 아니다. 자동차의 외장과 내장의 기능만 좋다고 무엇을 할 수 있겠는가?

본능적인 에너지가 강한 사람은 의지의 원초적 재료를 많이 가지고 있는 셈이지만, 이를 길들이고 제대로 활용하기 위해서는 운전법을 완숙하게 터득하고 있어야 한다. 지도와 표지판을 읽을 줄 알아야 하고, 방향감각도 터득해야 하며, 안전한 운행을 위해 나름의 원칙을 만들어 지킬 수도 있어야 한다. 다른 차들과 약속한 규범을 따라야 할 때도 있다. 하지만 에너지를 효율적으로 활용해 자신의 몸체에 맞는 운행을 하려면 무엇보다 자기 나름의 규범과 질서가 필요하다.

당신은 지금 모든 것이 갖추어져 있는데도 의지를 심지 못해, 혹은 의지를 행사하지 않아 공회전만 하고 있는 자동차는 아닌가? 에너지가 넘쳐나는데도 창의적으로 활용하지 못해 엉뚱한 데로 기름이 새고 있는 것은 아닌가? 자신이 지금 스스로 운전대를 잡고 있는 것은 맞는가?

간혹 사람들은 '책임'이라는 말을 '탓'으로 잘못 받아들여 '내 삶의 책임은 내게 있다'는 말을 무섭게 듣곤 한다. 그렇다면 '책임'을 '힘'이나 '열쇠'라는 말로 바꾸어보라. '내 삶을 움직일 수 있는 힘이 내게 있고, 내 삶을 변화시킬 수 있는 열쇠를 내가 쥐고 있다'고 말이다. 그렇게 이해하면 책임이라는 말을 더 이상 두려워하지 않게 된다. 도리어 가슴 한편에서 무언가가 느껴질 것인데, 독립된 주체로서 어른이 느끼는 힘이다.

삶에서 가장 무서운 적은 무기력이다. 선택권이 자기에게 없다는 생각은 사람을 재빨리 시들게 한다. 자신이 할 수 있는 게 없다는 생각이 들면 삶과 세상에 질질 끌려가는 것 같은 무력한 느낌이 든다. 그런 식으로 노예처럼 부려지는 삶이라면 차라리 자의식이 없는 편이 낫다. 그래서인지 삶의 책임을 지지 않는 사람은 자기애도 약하고 자기 인식도 희미하다.

삶은 언제나 벗어날 수 없는 한계 속에 선택을 늘어놓고 우리를 기다린다. 선택은 죽는 날까지 계속되고, 신택에는 책임이 뒤따른다. 선택할 때 힘을 느끼는 사람만이 기꺼이 선택의 책임도 진다. 선택의 결과가 어떻든 "나는 후회가 없다"라고 말할 수 있는 사람은 '타인의 의지에 밀려서도 아니고, 어쩔 수 없는 상황 때문에도 아니고, 내가 선택해 최선을 다해서 여기 도달한 것이다'라고 생각하는 사람이다. 그런 사람에게는 선택 과정 내내 주인 의식이 강화된다. 그리고 그런 의식으로 시행착오를 거치더라도 자신의 의지로 경험 속에서 모든 것을 확인해나가는 게 어른의 자세다.

삶의 영웅이 되는 법

신들에게 벌로 영원히 끝나지 않는 노동을 선고받은 그리스신화의 주인공 시시포스를 떠올려 보자. 치러야 하는 고통스런 죗값만이 있을 뿐인 그 삶에 무슨 의지가 있을까? 하지만 알베르 카뮈는 시시포스가 창조적으로 자신의 의지를 행사하는 모습을 이렇게 포착했다.

신들은 시시포스에게 끊임없이 바위를 산꼭대기까지 굴려 올리는 형벌을 과했다. 그러나 바위는 그 자체의 무게로 말미암아 다시 산꼭대기에서 굴러떨어졌다. 신들이 무익하고 희망 없는 일보다 더 무서운 형벌은 없다고 생각한 것은 일리 있었다. 시시포스 신화에서는 다만 거대한 돌을 들어 올리지만 다시 굴러떨어지는, 그리해 수백 번 되풀이해 올리려는 긴장된 육체의 노력이 보일 뿐이다. 경련하는 얼굴, 바위에 비벼대는 뺨, 진흙으로 덮인 돌덩어리를 떠받드는 어깨, 그 돌덩어리를 멈추게 하기 위해 버티는 다리, 그 돌을 꽉 쥐고 있는 팔 끝으로 흙투성이가 된 인간의 믿음직한 손이 보인다. 하늘이 없는 공간과 깊이 없는 시간으로 측정되는 이 긴 노력 끝에 목표는 달성된다. 그때 시시포스는 돌이 순식간에 하계下界로 또다시 굴러떨어지는 것을 보며, 다시 돌을 산꼭대기로 끌어올려야만 한다. 그는 다시 돌로 내려간다.

시시포스가 나의 관심을 끄는 것은 이 되돌아옴, 이 정지다. 바위 곁에서 괴로워하고 있는 모습은 이미 바위 그 자체다. 나는 이 인간이 무거운, 그러나 종말을 모르는 고통을 향해 똑같은 걸음으로 다시 내려가는 것을 본다. 호흡과도 같은 이 시간, 그의 불행처럼 어김없이 되찾아오는 이 시간은 의식의 시간이다. 그가 산꼭대기를 떠나 조금씩 신들의 은신처로 내려가는 순간순간에 시시포스는 그의 운명이라는 면에서 볼 때보다 우세해진다. 그는 바위보다 굳세다.

시시포스는 지금 여기를 사는 인간이다. 그의 바위는 이미 그다. 그는 존재 그대로이고, 의지와 의식이 하나 된 그의 행위는 곧 그 자신이다. 그런 그에게는 운명도, 신들의 벌도 의미가 없다. 그는 매 순간 자신의 의지를 행사하면서 그것을 의식하는, 그것으로 충분한 실존이다. 그 이상 우리에게 무엇이 필요한가? 시시포스는 자기 삶의 영웅이 분명하다.

— 알베르 카뮈, 『시시포스의 신화』 중에서

현대의 어른에게 필요한 것도 삶의 무게를 자신의 두 어깨로 고스란히 짊어지겠다는 분명한 의식이 아닐까. 삶의 무게란 결코 유쾌한 것이 아니다. 그리고 우리는 우리 삶이 무겁기를 바라지 않는다. 하지만 삶에서는 피할 수도 없고, 피해서도 안 되는 것들이 있기 마련이다. 먹고사는 문제 해결하기, 낳은 이상 끝까지 자식 뒷바라지하기, 한 사람과 결혼 생활 영위하기, 사회의 구성원으로서 지킬 것 지키기, 능력껏 베풀고 기여하기, 죽음을 피할 수 없지만 그래도 열심히 살기……

이렇듯 삶에서 반드시 해야 하는 것들을 어떻게 창조적인 의지로 자신의 선택이 되게끔 바꿀 것인가? 그것이 어른이 되는 가장 어려운 관문이자 숙제다. 다행히 어른이 되면 하고 싶은 것과 할 수 있는 것, 해야 하는 것이 서서히 격차를 줄이며 좁혀져 간다. 그 셋이 삼위일체가 되어 의식과 의지 속에 녹아들 때 우리는 삶의 영웅이 될 것이다. 당신도 그 점을 깨닫고 준비한 사람인가?

너는 내
그림자

+
판 단 과 투 사 라 는
이 분 법

2000년에 나왔으니 꽤 오래된 작품이지만 〈초콜릿〉은 내게 잊히지 않는 영화로 지금까지 남아 있다. 심리 치료에서 중요하게 다루는 '투사'를 등장인물 중 한 사람이 슬플 만큼 코믹하게 그려내 한참동안 배꼽을 잡게 만들어서 그렇다.

오랜 세월 아무런 변화도 없이 평화롭기만 한 프랑스의 작은 시골 마을이 배경이다. 교회가 한복판에 위치해 있으며 주민이 한 사람도 빠짐없이 매주 미사에 나오는 전통적인 가톨릭 마을이다. 이곳의 시장은 마을의 문화적 중심인 교회와 긴밀한 협력 관계를 유지하면서 교리와 윤리의 틀 속에서 주민이 안전하게 살 수 있도록 최선을 다해 봉사하고 있다.

그런데 어느 날 마을에 달갑지 않은 이방인이 찾아온다. 개인적인 상처에 역마살까지 껴서 해마다 북풍이 불면 새로운 지역으로 쫓겨

가듯 터전을 옮기는 아낙네가 어린 딸을 데리고 불쑥 마을로 들어온 것이다. 여인은 곧장 교회 맞은편에 초콜릿 가게를 연다. 가게 이름은 '마야'. 초콜릿을 신의 선물이라고 부르면서 종교의식에 쓰거나 성직자들의 치료제로 사용했다는 고대 마야인을 생각나게 하는 이름이다.

시장은 처음부터 그녀가 마음에 들지 않는다. 달콤한 것으로 사람들의 욕망을 자극해 그동안 자신이 지켜온 마을의 질서를 어지럽히는 것은 아닐까 걱정이 된다. 하지만 마을 사람들이 아직은 그녀를 경계하고 있으니 당장은 안심이다. 그녀도 교회에 나와야 할 텐데, 코앞에 가게를 차려놓고도 그녀는 교회에 발걸음을 옮길 생각조차 하지 않는다.

시장의 눈총을 받든 말든, 여인은 자기 방식대로 마을 사람들의 생활에 조금씩 개입하기 시작한다. 사람들을 조용히 관찰하면서 그들의 욕구와 필요를 읽는 데 기민한 그녀는 가게에 오는 손님에게 특별한 초콜릿을 하나씩 제안하면서 슬며시 그들 삶을 바꿀 조언을 그 위에 얹어준다.

조금씩 마을에는 변화의 움직임이 인다. 남편의 폭력 앞에 무기력했던 아내는 용기를 되찾고, 노인들은 활기를 되찾아 서로를 원하고, 불화가 끊이지 않던 가족과 이웃은 자연스럽게 화해한다. 모두들 초콜릿의 이상한 마력에 빠져들어 조금씩 자신들이 바라던 것을 찾아가는 것이다. 하지만 이 모든 변화에 시장은 위기를 느낀다.

지적이고 고상한 이 지도자에게는 사실 말 못할 비밀이 하나 있다.

내 안의 경계를 없애 나를 전체로 돌려놓으면

내 안에 나눔이 없어 나로 하나가 되면

세상도 온전한 전체로 눈앞에 나타나게 된다.

그가 허락해서 아직도 세계 여행 중이라는 아내는 사실 바람이 나서 도망을 간 것이다. 마을 사람들 모두 시장의 까맣게 타는 속을 훤히 알고 있지만 그 혼자 체면을 지키려고 거짓말을 하고 있다.

시장이 두려워하는 것은 아내처럼 어디로 튈지 모르는 인간의 욕망이다. 그래서 윤리와 교리로 마을 사람들과 자신을 묶어놓으려고 애쓰고 있는 것이다. 그런 그에게 초콜릿은 시험에 들게 하는 악마의 유혹이자 질서를 교란하는 악의 웃음이다.

마침내 사순절이 왔는데 아직도 여인은 초콜릿 가게 문을 닫지 않고 있다. 분노한 시장은 마을 사람들을 모아놓고 일장연설을 한 뒤 보라는 듯이 금식에 들어간다. 물과 소금만으로 버텨야 하는, 평소에 하던 것보다 훨씬 더 철저한 금식을 선택하고는 유혹에 지지 않겠다는 마음으로 이를 악물고 자신과 싸우는 것이다.

마침내 시장은 초콜릿 가게 주인과 담판을 지으려고 가게에 쳐들어간다. 가게가 비어 있었지만 그는 고집스럽게 혼자 남아 주인을 기다린다. 그런데 문득 지루한 그의 눈에 아름답고 먹음직스러운 초콜릿이 들어온다. 한순간 욕망에 굴복한 시장은 쇼윈도에 전시된 초콜릿 무더기에 뛰어든다.

다음 날 아침, 여인은 가게 앞을 지나다가 초콜릿 범벅이 된 채 코를 골고 있는 한 사내를 발견한다. 미친 듯 울고 웃으며 달콤한 초콜릿으로 굶주린 배를 채운 시장이 긴장이 풀리자 그대로 곯아떨어져 세상모르고 잠들어 있는 것이다.

투사와 판단의 관계

'투사投射, projection'는 심리학 용어로서 자신의 개인적인 흥미나 욕구, 기대 등의 영향을 받아 대상을 지각하는 것을 가리킨다. 사람들은 자신이 대상을 그렇게 지각하게 만든다는 것을 모른 채 대상에 대해 느끼고 생각하는 것을 고스란히 그것의 특성이라고 여겨버린다. 그래서 어떨 때는 자신이 납득하기 어려운 사고, 감정, 만족할 수 없는 욕구 등을 타인에게 돌리기도 한다.

투사의 전형적인 예를 보여주는 영화 속 주인공을 보자. 시장은 욕망을 통제하는 것이야말로 인간의 미덕이라면서 영적이며 정신적인 존재가 되려면 모든 욕망을 걷어내야 한다고 설파하고 있다. 그는 자신에게는 그런 욕망 따위는 없다고 믿고 있다. 사실은 그렇게 믿고 싶은 것뿐인데도 말이다. 자신이 깨끗하다고 믿으니 남의 자리에서는 그만큼 더 쉽게 티끌을 발견한다. 그리고 자기가 두려워하는 욕망은 제 것이 아닌 타인의 특성이니 그들의 무지와 악을 큰소리로 미워하고 혐오할 수 있다.

시장은 바람난 아내 때문에 마음 깊이 상처를 받은 사람이다. 하지만 상처를 돌볼 생각은 하지 않고 버림받은 초라한 자신을 숨기는 데 급급하며, 반듯하고 지적인 시장의 이미지를 유지하는 데 총력을 기울이고 있다. 그는 아내를 용서할 수 없다. 그래서 사랑스러운 여비서에게 기울어가는 자신의 마음도 허락할 수가 없다. 그런 마음의 변화를 허락하면 자기를 버린 아내도 결국은 용서해야 하기 때문이다.

하지만 자꾸 따뜻하게 자기를 바라봐주는 여비서에게 눈길이 간다. 시장은 행여 자신이 하지 말아야 할 것들을 할까봐 자기 마음을 흔드는, 아니 흔들 수 있는 모든 것을 아예 선제공격해 막아버린다. 자유로운 사고방식이나 즐거움의 추구 따위는 자신의 삶에 침투할 수 없다. 그는 온 힘으로 저항한다.

그의 두려움과 자기방어는 온통 초콜릿 가게로 투사되는데, 시장은 그런 줄도 모르고 초콜릿 가게의 주인은 사회적 지탄을 받아 마땅한 사람이라고 공격한다. 마을의 질서를 유지하고 전통적인 가치를 지켜내는 것이 자신의 임무이자 사명이라고 믿고 있으니 그는 자신의 판단과 행동에 떳떳하다.

그런데 초콜릿 가게에 한술 더 떠 집시 악단까지 강을 타고 흘러들어와 춤과 음악과 술로 마을 사람들을 방탕하게 만들고 있다. 그들을 거들어 파티를 벌이고 있는 초콜릿 가게의 여인을 이제는 벌해야 할 때다. 시장은 파티가 벌어진 선상에 불을 지른다. 자신이 투사한 악을 막으려다 스스로 더 악해져버린 꼴이다.

권력을 쥐고 있으면서 논리적인 사고와 표현으로 자신의 판단에 설득력 있게 근거를 댈 수 있는 사람은 오히려 자신의 함정을 깨닫기 어렵다. 그 사람이 지닌 능력과 권력이 다른 사람들로 하여금 그의 판단에 의구심을 표명하지 못하게 하기 때문이다. 결과적으로 그에게는 자신을 돌아볼 기회가 잘 생기지 않는다. 그 탓에 많은 이에게 영향을 끼칠 무언가를 결정하는 위치에 있는 그는, 자신의 잣대가 자기 투사인 줄도 모르고 모두를 위해 옳은 것을 결정하고 있다고 착각하면서 위험한 짓을 하는 것이다.

심리 기제로서 투사가 작동되면 사람들은 대부분 판단적으로 행동한다. '판단적'이라는 말은 판단이 필요하지 않은 상황에서도 자기를 투사해서 '옳고 그름' 혹은 '좋고 나쁨'이란 좁고 촘촘한 체로 세상을 걸러 보는 경향을 가리킨다. 그렇다면 '판단'은 무엇인가?

'판判'은 칼刂을 써서 덩어리를 둘半로 가르는 이미지를 품고 있다. 그래서 판단하고, 판결하고, 구별하는 것을 의미하는 단어에 쓰인다. 반면 '단斷'은 실을 이은 계繼를 도끼斤로 끊는 이미지를 내포하고 있다. 그래서 끊고, 결단하고, 나눈다는 의미로 사용된다. 두 의미가 합쳐진 '판단判斷'은 사물을 인식해 어떤 논리나 기준에 따라 판정을 내리는 행위를 가리킨다. 그 자체로는 완전히 알 수 없는 것을 전체로서 다루기 힘드니 편의상 편으로 갈라 각각의 조각에 이름을 짓고 구분해서 다루는 것이다.

어떤 식으로든 결정해서 행동할 것이 요구되는 순간에 작동하는 사고가 판단이다. 판단해야 할 순간에 판단하지 못하면 아무것도 선택할 수 없고 무언가를 결정해서 행동에 옮길 수도 없다. 예를 들어, 만나온 수많은 사람 중에서 결혼할 사람을 골라 평생의 인연을 맺고, 수많은 가능성 중에서 자신에게 가장 맞다고 생각되는 학과를 골라 대학을 가는 것 등이 판단에 의한 행위다. 병든 사람이 자기 몸에 좋은 것과 좋지 않은 것을 판단해서 가려서 먹는 것이나, 어떤 문제가 생겼을 때 해결할 수 있는 요소를 가려내 적합한 방법을 때에 맞게 적용하는 것 역시 생활에서 요구되는 판단이다.

하지만 판단은 자신의 생각과 마음을 어느 쪽으로든 기울여서 행동하려는 목적으로, 복잡한 문제를 간단명료하게 만드는 인위적 방편일 뿐이다. 따라서 세상을 있는 그대로 바라보고 다루는 것과는 거리가 멀다. 생각해보면 들판의 식물에는 좋고 나쁜 것도 없고, 아름답고 추한 것도 없으며, 이롭고 해로운 것도 없다. 하지만 사람들은 자기 기준에 따라 어떤 것은 알레르기를 일으키니 멀리하고, 어떤 것은 식용과 약용으로 쓰이니 돈을 주고 사며, 어떤 것은 화초라서 살리고, 어떤 것은 잡초니까 뽑아도 된다고 판단한다. 애초에 자연에는 이렇고 저런 구분이 없는데 인간의 기준에 따라 세상을 가르고, 이름 짓고, 구분하고, 평하며 선택하는 것이다. 판단은 이처럼 어리석은 짓이지만 어쩔 수 없이 삶에서 끊임없이 요구되는 필요악이다.

영화에서처럼 자신이 살고 있는 마을에 그동안 없던 초콜릿 가게가 하나 들어선다고 상상해보자. 주민 모두 평소의 식생활을 벗어난 새로운 먹을거리에 대해 각자 무언가를 판단해서 자신의 행동을 결정할 것이다. 어떤 사람은 '초콜릿 당분은 몸에 좋지 않을 테니 먹지 않겠다'고 판단해 흥미를 보이지 않을 것이고, 어떤 사람은 '스트레스 해소에는 당분이 최고이고, 카카오 성분은 인체에 좋은 영향을 끼친다'고 판단해 기꺼이 단골손님이 되려 할 것이다.

그런데 늘 살이 찔 것을 걱정하는 한 사람이 초콜릿을 자신이 피해야 하는 과잉 양분의 상징으로 여겨 초콜릿을 즐겨 먹는 사람들을 대놓고 혐오하며 가게 주인을 '나쁜 사람'이라고 비판한다고 해보자. 이는 필요한 순간에 자신의 행동을 선택하기 위해 하는 판단이 아니라, 불안한 자기를 투사해서 세상을 가르고 판단해 자기 기준에서 못마땅한 쪽을 제거하려는 마음의 움직임이다. 매사에 편을 가르고, 규정하고, 고르고, 배척하는 전반적인 경향이 자기 투사와 묶이는 부분이지 판단 자체가 다 자기 투사는 아닌 것이다.

세상을 쪼개고 나누지 마라

우리의 판단에는 개인감정이 뒤섞이기 쉽다. 싫다, 좋다, 역겹다, 부럽다, 두렵다, 하찮다, 익숙하다, 낯설다 등 자기와 관련 있는 감정이 판단을 좌우하곤 한다. 달리 어쩔 수 없는 자연스러운 일이다. 그리고 대부분의 경우 그리 큰 문제가 되지도 않는다. 진짜 문제는 그렇게 내린 판단을 '내 감정에 충실한, 나만을 위한 판단'이라고 생각하지 않는 사람들이다. 즉, 자기감정에서 나온 개인적인 판단에 '마땅히', '당연히', '인간의 예의나 도리', '선과 악' 등의 이름을 붙여 보편적인 옳고 그름에 대한 판단인 것처럼 타인에게 강조하고 강요하는 경우가 문제인 것이다.

자신의 판단이 개인적인 성향이나 무의식적인 필요 혹은 심리적인 문제 등에서 나온 것임을 모르거나 스스로 감추려고 할 때 우리는 어떻게 행동하는가? 다른 사람을 끌어들이거나, 상식을 강조하거나, 정해진 윤리나 법이나 특정한 이론을 강조해 자신의 판단에 논리의 힘이나 보편성을 부여하려고 들지 않는가? "다들 그렇지 않나요?", "그래도 사람의 도리가 그런 게 아니죠", "이성적인 사람이라면", "법이 정하는 바에 따르면", "통계상 볼 때", "유명한 누가 그러던데"를 유독 많이 이야기하는 사람들이 있다. 판단의 출발점이 되는 자신을 이야기하지 않고 밖에서만 자료를 끌고 들어와 옳고 그름을 이야기하려고 하는 사람들은 자신의 판단이 자기 투사임을 모르는, 혹은 모르고 싶은 이들이다.

우리는 판단에 확신을 더하기 위해 기준을 제공하는 자신의 틀을 다시 살펴보고 다질 때가 있다. 그런데 그에 전념하다보면 순전히 자신의 틀을 지키기 위해 판단하고 행동할 때가 있다. 그리고 누가 자신의 틀에 문제를 제기하기라도 하면 당혹스럽고 혼란스러워서 더 무섭게 투쟁하기도 한다. 생각의 틀이 우리의 판단을 돕기커녕 우리를 구속하고 장애가 되는 순간이다.

틀에 따라 반복적으로 판단을 내리면 축적된 이전의 판단 때문에 자신의 틀을 깨거나 수정, 보완하는 일이 점점 더 어렵다. 그래서 판단의 틀이 강한 사람들은 보통 혼란에 약하다. 자신의 틀을 건드리고 들어오는 외부의 자극이 있으면 그때마다 불안해하면서 스트레스를 받곤 하는 것이다. 틀을 고집하지 않는 사람들은 경험이 잡아당기는 대로 유연하게 휘었다가 영향력에서 놓이면 다시 흔들거리며 제자리를 찾는다. 그리고 그러다보니 어느새 틀이 바뀌어 있다는 것을 알게 된다. 하지만 판단에 유난히 의존하고 자신의 틀에 집착하는 사람들은 변화를 타지 않으려고 제자리에서만 버티다가 심한 경우에는 뚝 하고 부러지기도 한다. 그렇게 겪는 혼란은 거의 자기 붕괴 수준이다.

틀에 집착하는 사람들은 세상과 삶을 있는 그대로 타고 가거나 흘러가지 못한다. 세상엔 정답도 없고 '이렇다, 저렇다'고 고정할 수 있는 것도 없는데 자꾸만 서둘러 무언가를 결정해서 정답을 찾으려고 하기 때문이다. 그러면서 그들은 자기 틀이 안전하기를 기대한다. 안정적인 세계관을 요구하고, 그 속에 변함없이 자리 잡을 자기 모습을 상상하며 그 모습만 고집하는 것이다. 그런 노력이 이미 많은 것을 왜곡하고 있는데도 인정하지 않은 채로 말이다.

매사에 판단적인 사람들은 어떻게 하다 그런 성향을 갖게 된 것일까? 필요한 순간에만 판단하면 그만인데 왜 타인에게까지 강요하고, 자신의 판단에 동의를 얻으려고 애를 쓰고, 자신의 틀이 깨질까봐 전전긍긍 방어하는 것일까?

불안정하기만 한 삶과 세상에 압도되어 불안해서 그렇다. 삶과 세상이 자기의 통제권 밖에 있으니 무엇이 어떻게 벌어질지 모르는 데다 자신마저도 끊임없이 변화되고 바뀌니 붙잡을 게 아무것도 없어 그러는 것이다. 유일하게 변함없는 것은 세상 모든 것이 끊임없이 움직이고 변한다는 사실뿐이다. 이게 불안한 그들은 자기도 모르게 불안과 두려움을 투사해서 세상을 바라본다. 감당할 수 있는 만큼만 보려 하고, 믿고 싶은 면만 보려 하는 것이다. 나머지는 의식적이든 무의식적이든 삭제하거나, 무시하거나, 감추려고 한다. 그러다보니 자꾸만 세상을 자기 기준에 따라서 쪼개 보고, 각각을 평가하고, 비판하고, 결정하게 된다. 그들이 보는 세상은 작고, 평평하고, 조각 나 있다.

세상을 담을 만큼의 그릇이 아니면 세상을 쪼개 담거나 일부만 담을 수밖에 없다. 유아들을 보면 이 말의 의미를 실감할 수 있다. 정신적으로 미성숙해 세상의 복잡함을 다 담아낼 수 없는 아이는 세상을 두 개의 범주로 나누어서 처리한다. 아이는 모든 것을 '착하다 / 나쁘다', '강하다 / 약하다' 같이 극단적으로 생각한다. 그래서 자기에게 무언가 불쾌한 행동을 한 사람, 예를 들어 먹고 싶은 것을 바로 내주지 않는 사람은 바로 '나쁜 사람'이라고 판단해버린다. 아이는 그 사람이 자기 마음에 들지 않는 어떤 행동을 한 것뿐이라고는 생각하지 못한다. 자기를 만족시키는 행동을 다시 하면 아이는 그 사람을 다시 '착한 사람'이라고 지각할 것이다.

이러한 이유 때문에 유아들이 보는 동화책 주인공은 하나같이 착한 사람이거나 영웅이다. 물론 대립하는 이분법적 구조를 뒷받침하기 위해 그들을 괴롭히는 나쁜 사람이나 악당도 반드시 등장해야 한다. 동화 속 주인공은 철저한 인과응보의 원칙을 따르는데, 착한 자는 복을 받고 악한 자는 벌을 받는다는 것이다. 두 가지의 분명한 범주, 각각의 범주에 연결된 분명한 원인과 결과, 어떤 것은 하고 어떤 것은 하지 말아야 하는지 분명하게 알려주는 지침이 어린아이들에게 필요하다.

아이들은 이분된 구조와 원인 결과가 분명한 단순 논리를 통해 자신들의 틀을 만들어간다. 심리학 용어로는 이를 '분열splitting'이라고 부르는데, 어른의 경우에는 심각한 문제이자 장애이지만 아이의 경우에는 자연스러운 발달상의 모습이자 자라는 중에 꼭 필요한 자기방어다. 그래서 유아기에는 부모들이 보통 지나친 현실은 가지를 쳐주고 복잡한 것은 단순하게 미화해서 아이의 정신을 보호해준다.

그러나 어른인데도 세상을 둘로 분열해 판단하는 습성이 강한 사람들이 있어 문제다. 그들은 자신의 그릇 크기 이상으로 넘쳐 들어오는 세상을 어떻게든 통제해서 자기를 방어해보려고 한다. 한계가 있는 자신의 틀을 넓혀 더 많은 것을 수용할 수 있도록 정신을 성숙시키는 게 아니라, 자신의 틀 안에 그대로 남아 세상을 쳐내고 나누려고만 하는 것이다.

자신의 그림자를 인식하면

더 많은 것을 담지 못하게 정신을 방해하는 것은 보통 우리의 믿음, 습관, 기억, 바람, 욕심, 기대 등이다. 자기도 모르는 사이 우리는 이에 집착하면서 맞는 것들만을 받아들이려고 애쓴다. 그러면서 '이건 나고, 이건 내가 아니야', '이건 좋지만 저건 안 돼'라고 자신이나 세상에 있지도 않은 경계를 긋는다. 그러다보면 제 안에 심판관의 손가락질에 의해 제대로 표현되거나 개발되지 못한 부분들이 생기게 된다. 물론 세상에는 그렇게 거두어들인 시선으로 인해 무시되거나 보이지 않는 면들이 남는다.

그러니 행동을 취해야 해서 판단이 필요한 순간이 아니면 세상 모든 일과 자기 자신에 일반적인 판단은 중지하고 있는 게 좋다. 무엇이 존재하든, 무엇이 관찰되든, 무엇을 하게 되든 의식하고 알아차리는 것이 판단보다 중요하다. 알아차리면 우리는 감정적인 반응을 하지 않게 된다. 설사 감정적으로 반응한다 해도 상황을 지켜보고 허용하는 여유를 갖게 될 것이다.

판단을 내려놓는다는 것은 내가 보고 있는 문제점과 무지를 인정하지 않는다는 의미가 아니다. 행동이 필요한 곳에서는 여전히 판단하고 결정하고 움직이면 된다. 단지, 그냥 그대로 있는 것에 경계를 그어 '너와 나', '이런 것과 저런 것'으로 구분 지어 싸움을 거는 짓만 하지 말라는 말이다. 분열이 없으면 싸움도, 갈등도 없는 법이다.

내 안의 경계를 없애 나를 전체로 돌려놓으면, 즉 내 안에 나눔이 없어 나로 하나가 되면 세상도 나로 인해 투사된 분열이 없어 온전한 전체로 다시 눈앞에 나타나게 된다. 세상이 내 안으로 내면화되는 것도 있지만 내 내면이 세상 밖으로 투사되는 것이 훨씬 많다. 그러니 타인들에게 투사되는 것을 안으로 거두어들여 일단 자신의 것으로 깊이 성찰해보는 습관을 들이는 게 좋다.

지금 자신이 타인에게 투사하고 있는지 아닌지 알려면 다른 사람들의 일반적인 반응을 살펴보는 게 도움이 된다. 유독 자기만 흥분하고, 싫어하고, 혐오하고, 못 견뎌 한다면 그들에게서 발견한 것을 자기에게 있는 모습 혹은 자기와 상관있는 것이라고 이해하고 뒤돌아보자. 그런 과정을 통해 자기에게서 어둠에 가린 부분을 인식하면 그것도 '나'임을 받아들여 삶에 적극적으로 끌고 들어가보자. 자신의 본모습을 그만큼 회복할 것이고, 그만큼 세상도 담아낼 수 있을 것이다.

심리학자 융은 우리의 정신이 서로 반대되는 특성을 가진 쌍으로 대극 구조를 이루고 있다고 주장하면서 의식과 무의식, 자아와 그림자, 페르소나와 아니마·아니무스 등의 쌍을 자세하게 분석한 바 있다. 세상 만물이 음과 양으로 구성되어 있다는 것을 이해하면 그리 어렵지 않게 받아들일 수 있는 이야기다.

이 세상 모든 것에는 드러난 부분과 드러나지 않은 부분이 있다. 앞에서 걸어오는 사람을 예로 들면 실루엣이 드러난 부분이고, 양감과 형태를 뒷받침하고 있는 신체 속-혈관, 근육, 뼈, 장기, 혈액 등-이 드러나지 않은 부분이다. 조금 더 단순히 보면, 앞면이 눈에 보이는 부분일 때 뒷면이 어둠에 가려진 부분이다. 상대에게 보이는 현상을 말하지 않고 그 사람 자체에 대해서 말할 때도 마찬가지다. 기분과 생각 등 마음의 움직임이 양이라면, 뒤에서 마음에 영향을 끼치며 조건을 마련해놓고 있는 몸의 변화가 음이다.

양과 음은 정해진 구분이 아니라 어디에 초점을 맞추는가에 따라 상대적으로 범위가 잡히고 파악되는 것이다. 어느 상황에서든 불변인 것은 양이 있으면 음이 있다는 사실뿐이다. 하지만 이러거나 저러거나 본래는 전체 그대로다. 그렇기 때문에 양이든 음이든 한쪽을 보지 않으면 나머지 반쪽도 생겨나지 않는다. 앞면을 향하면 내 시각에서는 볼 수 없는 뒷면이 어둠이다. 하지만 반대편에서 등을 바라보는 사람이 내가 양이라고 부르는 앞면을 자기 입장에서 음이라고 말한들 아무 문제가 되지 않는다. 우리가 어느 시각에서 어디에 초점을 두어서 음과 양이라고 골라 보든, 걸어가는 사람은 그냥 그 사람이기 때문이다.

우리는 의식적으로 살아가는 존재다. 하지만 우리에게 의식되는 측면이 자신이나 세상의 전부는 아니다. 언제나 거기에는 스스로 의식하지 않는, 혹은 자연적으로 의식되지 못하는 면이 훨씬 많다. 우리에게는 자신에게 익숙한 평상시의 모습이라는 게 있다. 또한 그만큼 익숙하거나 혹은 어색하더라도 사회적 활동을 하는 데 꼭 필요해서 갖추고 있는 대외적인 모습도 있다. 전자는 '자아'로서 의식되는 성격이고, 후자는 융의 용어를 빌리면 '페르소나'라고 불리는 사회적 역할에 따른 얼굴이다.

자아와 페르소나는 대낮의 삶을 주관하며, 활동하는 내내 스스로에게 의식된다. 드러난 측면을 양이라고 보면 이면에는 반드시 음이 있다. 그러니 의식적으로 유지되는 성격 뒤에 보이지 않게 감추어진 측면이 융이 말한 '그림자'다. 음과 양은 단순히 상대성을 보여주는 것일 뿐 어떤 평가적인 요소도 내포하고 있지 않다. 그렇기 때문에 자아와 그림자도 '좋다 / 나쁘다', '우월하다 / 열등하다', '긍정적이다 / 부정적이다' 같은 평가와는 거리가 멀다.

그럼에도 그림자는 보통 우리 인격 안에 있는 부정적이며 열등한 측면들을 가리킨다. 그리고 자아가 받아들일 수 없다고 판단한 부도덕한 요소들을 포함한다. 이유는 당사자가 자기 성격을 형성해온 과정에서 삶에 보탬이 되지 않는다고 여겼거나, 환경에서 요구하는 기준에 맞지 않는다고 판단했거나, 자신에게 편리나 이득을 가져주지 않아서 선택하지 않은 측면들을 무시했기 때문이다.

살면서 한 성향이 지배적으로 작용되면 이와 많이 다르거나 반대라서 부딪치는 측면들은 보통 무시되거나 잊혀진다. 그런 측면들은 더 이상 의식되지 않아 밖으로 잘 표출되지 않고, 그러다보면 개발될 기회도 잃게 된다. 잘 발달되어 있는 요소를 사용하는 것이 상황 적응에 효과적이기 때문에 살다보면 누구나 자기에게 있는 일부 측면만 일방적으로 발달하게 된다. 그 결과 균형이 깨져 점점 더 그 사람의 내면에는 심각한 분열이 초래된다.

그러나 인간의 정신은 어떻게든 스스로를 다시 전체로 돌리려는 성향을 갖고 있다. 그래서 자신의 가려진 그림자를 외부에 투사해서 스스로 잃어버렸거나 잊고 있었던 측면들을 재발견하려고 애쓴다. 정신이 의식적으로 노력하는 것처럼 표현되었지만, 원래 실체는 음이랄 것도 양이랄 것도 없는 전체이니 사실은 저절로 그렇게 되는 것이다.

그림자의 존재를 알게 되는 경로는 보통 우리가 이웃에게 투사해놓은 악을 통해서다. 앞에서 살펴보았듯이 우리는 우리 안의 그림자를 타인에게 투사해 거꾸로 그 사람에게 격분하며 반응한다. 하지만 그러는 자신을 재인식해서 그림자를 의식이라는 빛 아래 가져와 본인의 자아에 통합할 수 있다면, 그 사람은 자신의 전체에 조금 더 접근하는 셈이 된다.

그런데 자기 안의 그림자를 똑바로 인식하기는 참 힘들다. 그림자가 될 수밖에 없었던 지난 세월과 이유 때문에 현재 그 측면들은 열등하고, 촌스럽고, 유치하고, 원시적이며, 종종 음산하고 무섭기까지 한 성향으로 남아 있기 때문이다. 하지만 어렵게라도 자기 안의 그림자를 본다면, 모든 것을 지적이며 도덕적으로 판단하려는 태도에서 벗어나 자신은 물론 다른 사람들의 잘못이나 악에 조금 더 너그러운 태도를 보일 수 있다. 자신의 그림자를 알고 있는 사람은 자신이 부도덕하고 파렴치하며 해로울 수 있다는 것도 알고 있다. 그렇기 때문에 자신의 그림자를 이해하면 자기 본성의 바닥 모를 심연 앞에서도 두려움을 덜 느껴 전보다 더 온전히 삶에 참여할 수 있게 된다. 물론 자신의 일부로 새로 동화시킨 그림자는 색다른 면모와 에너지를 끌어오게 되어 있으므로 새로운 몸을 얻은 듯 그 사람에게 생생한 활력을 안겨줄 것이다.

이제 우리는 미처 나오지 않았던 〈초콜릿〉의 결말을 상상해볼 수 있겠다.

만인 앞에 망신스러운 모습을 보이면서 그동안 절제하고 금욕해온 원칙주의자의 껍질을 한순간에 깨게 된 시장은 자신의 본모습을 더 이상 부정하려고 애쓰지 않는다. 그동안의 모든 행위 뒤에 자신의 깊은 두려움이 숨겨져 있었음을 이해한 그는 자신도 사실은 즐거움과 기쁨을 누리고 싶었다는 것을 인정하게 된다. 이제 그는 돌아오지 않는 아내를 용서한다. 그리고 자신에게 따뜻한 관심을 보여온 여비서와도 다시 사랑을 나눈다. 초콜릿 가게 주인은 마을 사람들 모두에게 그랬듯 시장에게도 사랑을 도와줄 초콜릿을 골라준다. 그리고 다시 돌아온 집시 악사가 마을 사람들을 위한 성대한 파티를 연다. 오랜 세월 변함없던 마을은 이제 떠들썩한 모습이다. 판에 박힌 편견과 숨 막히는 규율이 사라진 자유로운 동네로 거듭난 덕분이다.

상처
중독

+
연민과 환각이 빚어낸
일그러진 자아상

술이나 마약 같은 물질을 지속적으로 흡수한 결과 그것 없이는 견디지 못하는 병적 상태를 '중독'이라고 부른다. 그런데 요새는 인터넷 중독, 게임 중독, 쇼핑 중독 등 물질이 아닌 것에 대해서도 그 말을 붙이는 경향이 있다. 중독을 무언가에 심리적으로 깊이 빠져 정상적으로 사물을 판단할 수 없는 상태라고 광범위하게 정의한다면 우리 주변에는 중독거리가 차고 넘쳤다.

그렇다고 중독을 일으키는 위험한 것들이 따로 있다는 말은 아니다. 중독을 일으키는 진짜 요인은 다른 데 정신을 팔아야 하는 사람의 심리적인 이유다. 그렇기 때문에 좋은 의미로 시작했어도 어느새 그것 없이는 생활이 안 될 것 같은 불안감에 자꾸 의존하며 집착한다면 사랑, 일, 공부 같은 것에도 중독될 수 있다.

그렇다면 마음의 상처는 어떨까? 없으면 살 수 없을 것 같은 기분에 자꾸만 옛 상처를 부여잡고 의존하는 것도 가능할까?

"절벽의 집으로 나는 간다"

그는 가진 게 참 많은 사람이었다. 뛰어난 글재주에 예민하고 섬세한 시인의 감수성, 누구에게도 지지 않을 명석한 두뇌에 철학적 깊이까지 갖추었는데 거기에 한술 더 떠 잘생기기까지 했다. 길에서 연예인으로 스카우트될 법한 늘씬한 체격은 무엇을 입든 귀티를 냈고, 어두운 과거 때문에 늘 굳은 표정이었지만 그래도 간혹 긴장이 풀리면 커다랗고 예쁜 입으로 어린애같이 환하게 웃곤 했다. 하지만 남들만 그를 부러워할 뿐 그 자신은 자신에게 전혀 고마워하지 않았다. 사람들로 하여금 자신의 처지보다 더 많은 것을 기대하게 하는 외모라고 제 모습을 저주했고, 어차피 꽃피우지 못한 재능이니 짐짝만도 못한 것이라고 제 능력을 미워했다.

그는 시골에서 형제 많은 집의 막내로 태어나 식구들의 기대 속에 도시에서 대학을 다녔다. 남부럽지 않은 외모와 재능으로 자신만큼은 가족들과 다른 삶을 펼칠 수 있었지만 사람들과 어울리는 데 서툴러서 집단생활에서 어려움을 겪었고, 대학을 졸업할 즈음에는 녹록지 않은 현실에 부딪혀 좌절감도 맛보았다.

꿈과 현실의 격차에 우울했던 그는 한 번 더 자신에게 기회를 주자며 무리해서 외국으로 떠났다. 하지만 우물 안 개구리인 그에게 바다

건너 낯선 세계는 엄청난 문화적 충격을 안겨주었다. 오그라든 자신의 위상을 견디지 못한 그는 마침내 팽팽하게 긴장해 있던 정신의 끈을 놓아버렸다.

병들어 귀국한 그를 보고 가족들은 모두 한숨을 쉬었다. 자신들은 받아보지도 못한 교육 기회를 독차지하더니 이렇게 되려고 그랬느냐고 안타까움에 혀를 찼다. 자기 방에 틀어박혀 속 끓는 가족들의 한탄을 들으면서 그는 세상과 교류를 거의 끊고 지냈다.

그러는 중에도 세월은 흘러 그가 20대에서 벗어나자 주변에서 들리는 말은 하나같이 새 가정을 꾸리고 직장에서 승진한 친구들의 소식뿐이었다. 그는 점점 더 자신을 실패자로 느꼈고, 입맛 쓴 느낌에 몸서리가 쳐질수록 어떻게든 자신의 실패를 스스로에게 납득시키고 다른 사람들에게도 이해받아야겠다는 생각이 들었다.

마침내 그의 인생은 한 편의 드라마로 정리되어 주인공의 비극을 설득력 있게 설파하기 시작했다. 물론 이야기 속에 스스로 빠져드는 만큼 그의 피해 의식도 그만큼 커졌다. 그의 지적 능력과 재능은 헤어나올 수 없는 영원한 고통이라는 자기 무덤을 파는 데만 열심히 쓰였다. 그 드라마의 결말이자 교훈은 '이 세계의 악덕함에 지독한 상처를 입은 나는 아무리 애를 써도 고통에서 헤어 나올 수 없으니, 세상이 내게 책임을 느끼고 내 아픔을 잘 감싸주어야 한다'는 것이었다.

그는 그 효과를 위해 무엇이든 재료로 썼다. 신문 기사나 인터넷에 떠도는 단편 이야기도 금방 자신의 것으로 각색해서 좌절과, 분노와,

우울을 담았다. 그는 동남아시아를 휩쓴 쓰나미에 실종된 한국인 신혼부부의 명단에서 첫사랑의 이름을 보았다고 주장하면서 오랫동안 죽은 애인의 이름을 부르며 상실감에 치를 떨었다. 그녀가 기사 속 인물과 동일인인지 아닌지 알아볼 길이 있는데도 확인하지 않은 상태로 말이다. 그와 아무 상관이 없을지도 모르는 기사 속 여인의 이름은 상처로 점철된 그의 비극적인 인생의 소도구였다.

그는 "한국 사회의 부조리와 불합리성이 죄다 모여 있는 역사의 폐허로, 이 땅에서 가장 가난한 지역"에 살았다. 그곳에서 행복하게 살고 있는 사람들이 들으면 눈이 동그래질 묘사였지만 그는 자신의 마을에 그렇게 낙인을 찍었고 거기서 인생의 쓴맛을 모두 맛보고 있는 듯 말했다. 그의 눈에는 그곳에서 상처와 실패를 안고 사는 비렁뱅이들만 보였다.

또 다른 앵글에서는 그런 사람들을 멸시하고 이용하는 잔인한 악의 무리를 발견했다. 그는 가엾은 사람들을 위해 이렇게 외치곤 했다. "세상에 대한 연민이 없다면, 나를 확인할 수 있는 것이 어디에 있겠는가? 세계에 상처 입은 모든 이들의 질질 끄는 통증의 다리가 곧 나의 아픔이다. 그러므로 그대들은 곧 나다!" 그러나 그의 세상에 대한 연민은 지독한 자기 연민의 또 다른 얼굴에 불과했다.

그는 상처를 힘으로 해 처연하게 아름다운 시를 썼는데, 낭만주의 예술가처럼 자신이 노래하는 것과 자신의 삶을 동일한 것으로 착각하곤 했다. 그가 제비집 요리를 소개하는 인터넷 기사를 보고 시상詩想

을 얻어 쓴 시다.

바다제비

딱 세 번 집 짓고 스러지는,

인간이 집을 훼손하면 두 번째까지 집 짓고
마지막 세 번째는 피를 토해 짓는다는
그 바다제비가 보고 싶어,
내 마음속 깊은 해안 절벽으로 간다

울분이었을까,
마지막 집 지을 때 나오는 피 토하는 마음은
슬픔이었을까

정신이 아플 때,
피 토했던 기억을 안고
인간이 훼손시킨 해안 절벽의 집으로 나는 간다

언어의 유희로 부풀려진 거품을 벗기고 나면 실재란 참 단순한 것
이다. 바다제비는 체액을 뿜어내서 해초를 단단하게 뭉쳐 바닷가에

집을 짓는다고 알려져 있다. 어떤 이유에서든 집이 망가져 다시 지어야 할 때는 체액이 부족하니 뒤에 뱉는 것에 다소 피가 섞여 나올 수 있다. 그런데 사람들은 그것을 과장해서 진귀한 요리의 상품 가치를 높인다. 사실은 흔한 해초 성분인데도 제비집이 몸에 좋다며 100그램에 400만 원이나 주고 사 먹는 사람들이 있다고 하니, 요식업계에서는 이에 곁들일 수 있는 양념 같은 동화가 필요했을 것이다.

그런데 그는 그 이야기에서 '자기 집을 훔쳐가는 인간에 분노해 피를 토해 집을 짓는 가련한 바다제비'라는 시적인 이미지를 뽑아냈다. 인간은 어느 것에든 신화적 환상을 부여할 수 있고, 예술의 영역에서는 그 능력이 적극 권장된다. 하지만 현실로 돌아오면 시와 삶은 구분되어야 마땅하다. 현실에 시적인 채색을 하면 삶은 완전히 다르게 재탄생된다. 세상을 그런 식으로 바라보면 자기가 만들어놓은 것인데도 지독한 감정을 느끼게 되고, 그 감정을 당연한 것으로 여기게 되며, 그 감정을 불러일으킨 세상을 욕하며 괴로워할 수밖에 없다. 결국 자기가 자기를 속이는 것이다.

나는 그에게 언어의 산물과 자신의 삶을 구분할 필요가 있다고 말했다. 그러면서 그가 그토록 힘들어하고 아파하는 고통의 원인을 스스로 만들어내고 있는 건 아닌지 보자고 했다. 그가 고통으로 채색하고, 일그러뜨리고, 조각내서 확대해 바라보는 세상을 더 큰 눈으로 다시 바라보게 도와야 한다고 생각했다. 소수의 이야기를 인간 전체의 특성인 것처럼 과대평가하는 것은 무서운 오류이며, 옳고 그름이 없는 자연현상에 자신의 감정을 투영해 의인화하고 그것을 다시 자신이 빠져 있는 세상의 부당함을 보여주는 증거라고 끌어들이는 것은 위험한 논리다.

하지만 한편으로는 그가 괴로워 꿈틀대는 중에 하나씩 튀어나오는 시와 글이 아름다우니 상처 속에 그를 그냥 머물게 두는 것도 후세를 위해 나쁘지 않을 것이라는 생각도 했다. 하지만 그는 예술가가 되기를 바라지 않았고, 자신의 글을 발표하기 원하지 않았다. 그의 글은 그저 혼자 끼적이는 낙서 같은 것이었다. 그가 시인의 상상력으로 자신이 만들어놓은 이미지와 언어에 취해 있는 곳은 예술 세계가 아니라 현실이었다. 그러니 그의 상처를 혼자만의 시를 위해 후벼 파라고 부추길 수는 없는 노릇이었다.

그는 삶을 살아내고 있지 않았다. 한구석에서 자신의 상처를 핥으면서 쓰린 피 맛을 음미하는 데 온 신경을 뺏기고 있을 뿐이었다. 그래서 그런지 그의 생활은 텅 빈 냉장고처럼 공허했다. 사랑하는 사람도, 보람된 일도, 직장 동료나 친구들 사이에서 벌어지는 이런저런 갈등도 없었다. 취미도, 앞으로의 비전이나 계획이랄 것도, 먹고사는 문제에 따른 스트레스나 미래를 위한 저축도 없었다. 대신에 그는 세상의 모든 아픈 것, 피해자, 거지, 실패자에 대한 연민의 노래로 아무 일도 실제로는 벌어지지 않아서 솜처럼 가벼운 자신의 삶을 흠뻑 적셨다. 그래서 푹 젖은 솜처럼 아픔을 뚝뚝 흘리며 어쩔 줄 몰라 하는 무거운 존재가 되었다. 그는 그 아픔의 물을 "영혼의 핏물"이라고 불렀다. 정신적으로, 아니 오로지 정신적으로만 그는 고통 받는 존재였다.

그는 세상이 바뀌어야 자신의 상처가 나을 수 있다고 믿었지만 세상은 지금이나 예전이나 앞으로나 있는 그대로 있을 것이었다. 옳기도 하고 틀리기도 하고, 아름답기도 하고 추하기도 하며, 선하기도 하고 악하기도 한 채로 말이다. 세상과 인간을 고통스럽게 바라보고 그로 인해 더 고통스러워하는 마음의 연쇄 고리를 깨려면, 우선 세상을 특정한 방식으로 바라보고 있는 자신부터 바꾸어야 할 터였다. 하지만 그는 '고통으로 점철된 나'라는 정체성을 유지하기 위해 자신의 시각을 계속해서 고집했다.

그는 스스로를 『성경』의 욥에 동일시했다. 모든 것을 빼앗긴 시험에 든 젊은 욥이 자신이었다. 그는 욥처럼 신에게 울부짖고, 구원을 요청하고, 모든 것을 받아들이다가도 문득 또 신을 이해할 수도, 용서할 수도 없다고 원망을 표현하곤 했다. 그는 한 편의 영화 속에 영원히 고정된 캐릭터로 갇혀 지내는 것 같았다. 그가 움직이고 아파하는 세계는 내가 숨 쉬며 살고 있는 현실이 아니었다. 그의 세계는 마음속에서 영화처럼 시작되고 끝나는 그만의 주관적인 세계였다.

그는 아무 상관없는 행인이 가래를 뱉어도 자기에게 뱉은 것이라고 분노했고, 무심히 지나가는 사람이 헛기침을 해도 자기에게 들으라는 것이라고 화를 냈다. 그가 보는 세상은 자기 밖의 세상이 아니라 자기 안의 세상이었다. 그와 그의 세상은 하루하루 살수록 확장되는 게 아니라 제자리에서 맴돌면서 자꾸만 벽에 부딪혀 욕설이 나오는 중에 점점 더 좁혀졌다.

그의 모놀로그에 나는 그저 관객이 아니라 그와 피부가 닿을 정도로 바싹 앉은, 살아 숨 쉬는 사람이라는 것을 알려주고 싶었다. 눈을 들어 사람들을 보라고, 여기 이 사람들을 관객으로 삼아 혼자 드라마 속에 살지 말고 지금 여기에서 우리와 함께 살자고 몇 번이나 그를 불렀다.

그럴 때마다 그는 분노로 자신을 방어했다. 작은 일에도 감정을 터뜨려 아무도 끼어들 수 없는 말을 뱉어내며 기운을 활활 불태웠고, 맨 끝에는 테이블을 주먹으로 쾅 내려치고는 벌떡 일어나 나가버렸다. 아무도 그를 말릴 수 없었다. 그에게 분노는 어떤 것에도 흔들리지 않게 그를 막아주는 방패였다. 그는 분노할 때마다 힘을 얻었다. 그리고 그 힘으로 '상처학'을 강연했다. 듣는 사람이 공감하고 지지하면 계속 자신의 상처를 파헤쳐 연민을 자아냈고, 그의 논리에 행여 반문하면 자신을 공격해서 상처를 덧나게 한다고 분노와 슬픔을 뒤섞어 또다시 부르르 떨었다. 실제 삶이 침투하면 그의 스토리를 깨고 말 것이니 그럴 수밖에 없었을 것이다.

하지만 계속되는 반문과 직면에의 요구에 더 이상 버틸 재간이 없었는지, 아주 서서히 그는 자신의 삶이 잘못된 것인지도 모른다면서 진지하게 고민하기 시작했다. 조금씩 그의 거짓된 틀이 깨져가니 그를 지탱해주던 오기와 독기의 분노도 설 땅이 없어 힘이 약해졌다. 그러고 나자 오히려 그는 무력해졌고 심하게 우울해졌다. 그러나 긴장이 풀리자 오히려 미소는 더 자주 띠었다. 비극적 인물에게 어울리지 않는다고 늘 억제하던 웃음, 실수로 흘리게 되면 제 입을 덮으면서 자기는 웃을 수 없는 사람이라고 바로 감추었던 웃음까지 보였다. 그는 조금씩 상호작용하면서 말을 섞고 부딪는 중에 세상 사람들에게 관심을 보이는 것 같았다.

그러나 정작 중요한 문제에 당면하자 그는 다시 고통이라는 오랜 친구를 급히 불러냈다. 지극히 현실적인 문제, 즉 제대로 된 직장을 구하고, 이사하고, 돈을 모으고, 자신이 무엇을 하기 원하는지 찾아 능력을 펼치는 문제에 맞닥뜨리자 그렇게 한 것이다. 그는 아프고 고통스러우니 잠시 쉬어야겠다면서 다니던 가게를 그만두었다. 그러더니 괴롭다면서 술을 마셨다. 술을 마시니 자신이 한심하고 비참하게 느껴진다면서 다시 사람들을 피하기 시작했다. 아무도 자기처럼 돈이 떨어져 삶이 불안한 것을 이해할 수는 없을 거라면서 세상과 자기 사이에 금을 그었다. 최종적으로는, 그런 식으로 다시 원점으로 돌아오는 자기는 병마가 낫지 않았으니 이제 일을 하고 싶어도 할 수 없는 신세라고 한탄을 했다. 그러고는 연락이 두절되었다.

그를 보면서 마음의 상처와 슬픔을 하나씩 핥아가는 과정은 오히려 자신의 고통을 미화하고 합리화해서 그 속으로 더 깊이 빠지는 계기임을 알게 되었다. 어떤 면에서는 이야기를 열심히 들어주면서 연민으로 안아주는 존재가 모든 것을 더 지연해도 된다고 허용하기도 하는 것 같았다. 결국 상처에서 스스로 손 놓기를 선택하지 않는 한

남이 도와줄 수 있는 것은 아무것도 없다. '하늘은 스스로 돕는 자를 돕는다'는 속담이 괜히 있는 것은 아니다.

기억된 상처, 기억된 아픔

심리적으로 소화가 안 된 옛 상처는 당시의 혼란을 상기시키는 일이 있을 때마다 그 사람의 신경을 뺏어가 다른 것에 제대로 집중하지 못하게 만든다. 기억을 떠올리는 순간 우리는 그 당시를 다시 살아내듯 몸의 반응까지 기억해서 마음이 아프다고 느끼는데, 몸의 통증처럼 마음의 상처도 사람을 질겁하게 만들어 무조건 회피하거나 도망치게 자극할 수 있다. 그래서 심리학자들은 후유증을 깊이 남기는 감정적 충격을 '외상外傷'에 비유한다.

상처에는 두 가지가 있다. 어떤 사건에 대한 즉각적인 신체적·감정적 반응으로서의 상처와 그러한 사건 및 자신의 반응에 대한 기억으로서의 상처인데, 상처 중독은 그중 후자에 의존한다.

신체의 경우 통증은 피부의 통각 세포로 입력되는 압력과 자극을 뇌가 쓰리고 아프다고 해석하는 것이다. 외부 자극에 대한 몸의 반응은 분명 있지만 그것을 '아픔'이라고 체감하는 것은 대뇌피질이 하는 일이다. 뇌는 자기가 만들어낸 감각을 '거기'에 있다고 착각하면서 통증이라고 부르고 말로는 아프다고 표현한다.

그런데 마음의 상처는 창상創傷도 없고 통각점도 따로 없다. 엄청난 스트레스로 다가오는 사건과 상황을 감정으로 지각하는 즉각적인 신체 반응만이 있을 뿐이다. 그런데 상황이 종결되고 시간이 한참 흐른 뒤인데도 무언가가 남아 지속적인 아픔과 통증을 가져온다면 무얼 말하는 걸까? 그때의 아픔은 자신에게 과하게 다가온 스트레스와 몸의 반응을 기억하는 것이지 실제의 통증은 아니다. 오히려 아프다는 믿음이 만들어낸 환각이라고 할 수 있다.

원래 기억은 희미한 네거티브 필름과 같아서 기억을 떠올리는 그날의 상황과 분위기에 맞게 색감과 초점, 사이즈를 조정해서 사진을 인화해내는 작업이다. 기억은 과거의 정확한 상이 아니라 오늘의 필요를 반영해 해석되고 만들어지는 像이라고 할 수 있다. 그렇기 때문에 과거를 기억하다보면 자꾸만 마음이 또 다른 감정과 생각을 불러일으키게 된다. 상처를 떠올릴 때의 감정이 기억된 감정과 뒤섞이면서 현재의 마음 상태에 연계된 또 다른 이미지와 관념을 줄줄이 끌어들이는 것이다. 그런 식으로 파생된 새로운 감정과 생각을 처리하기 위해서는 몇 번이고 다시 상처로 돌아가 인과관계를 따져야 하는데, 그러는 중에 강화된 기억은 점점 자신의 일부처럼 익숙해져서 마침내 아픔이 없으면 자기가 아닌 것같이 느껴진다.

이쯤 되면 상처에서 벗어나기를 아무리 원해도 쉽게 벗어날 수 없다. 자아가 이미 과거사와 아픔에 동일화되어 자신의 정체를 만들어버리기 때문이다. 이제 상처에서 벗어나려면 '이게 나'라는 틀도 같이 벗어야 하는 상황이다. 하지만 정체감을 벗어버린다는 것은 쉽지 않은 일이다. '나'라고 믿어온 것이 없어지면 자기라는 사람이 아무것도 아닌 것같이 생각되어 순식간에 공포가 밀려오기 때문이다. 결국 자기라는 과거의 옷을 입기 위해 그 사람은 스스로 상처를 놓지 못하며 자꾸 의존하고 집착하게 된다. 그럼에도 자신이 그러고 있다는 사실을 모르니 상처를 주었다고 믿는 환경적 요인을 탓하고, 상처 받은 자신을 과장하며 슬퍼하는 데 시간을 다 보내게 된다.

자기를 설명해주는 이야기 구조를 필요로 하는 한 누구라도 상처 중독에서 빠져나올 길은 없다. 버둥거릴수록 더 깊이 빠지는 연민의 늪에 이미 두 발을 담그고 있기 때문이다. 그리고 이 모든 과정을 촉진하고 드라마틱 하게 만드는 데는 우리의 개념, 사고, 이미지, 언어가 한몫한다.

'나'라는 관념적인 허구

우리는 자라면서 개인적이고 문화적인 조건에 기초해서 자신이 누구인가에 대한 이미지를 만들어낸다. 우리가 보통 '나'라고 기억하고, 설명하고, 표현하고 있는 것은 지난 경험을 벽돌로 삼아 차곡차곡 해석을 쌓아간 결과물이라고 할 수 있다. 간단히 말해 '나는 이런 사람이다', '나는 이럴 때 보통 이렇게 한다'로 체계적으로 조직되어 유지되어온 자기개념이라는 말이다. 예를 들어보자.

사람들이 나를 별로 좋아하지 않는구나, 사람들이 나를 보면 인상을 찌푸리는구나, 나는 사람들을 웃길 수가 없구나, 내가 좋아하는 사람은 내게 관심도 없구나, 내가 있는지 없는지 사람들이 알지도 못하는구나, 아무도 나를 알아주지 않는구나, 아무도 나를 인정하지 않는구나…….

그렇게 하나둘 발견하는 게 생길 때마다 자기라는 집에 바닥이 깔린다. 발견에서 논리가 세워지면 기둥과 벽이 세워지고, 다시 논리를 세분화하고 구분하다보면 몇 개의 방이 만들어진다.

사람들이 다 나 같지 않구나, 내가 만만하니까 사람들이 자꾸 무시하고 얕보는구나, 준 만큼 돌아오지 않는구나, 사람들을 가까이하면 상처만 받는구나, 나를 너무 보여주면 안 되는 거구나, 나 자신밖에는 믿을 사람이 없구나, 약한 자는 당하기만 하는 거구나, 약육강식 사회에서는 강해져야 하는 거구나, 지식이나 돈이 힘인 거구나, 사람들은 서로를 이용 가치로만 볼 뿐이구나, 쓸모없고 무능하면 버림을 받는구나, 세상은 선하지 않구나, 사는 것은 별 의미가 없구나…….

그 위에 조금 더 추상적인 '가치관'이 2층으로 얹히면 또 다른 방구조가 생기고, 그 위로 비바람을 막아줄 지붕이 최종적으로 얹히면 하나의 인격 혹은 성격이 완성된다. '성격'은 세상을 바라보는 그 사람의 시각이며 삶을 대하는 태도다. 동시에 외부에 반응하고 행동하는 그 사람만의 일정한 양식이다. 우리는 모두 자기라는 성격 구조 속에 들어가 살면서 세상을 바라보고, 세상에서 자신을 방어하고 유지하며, 세상에 존재하고 보이게 된다.

이 같은 벽돌을 쌓은 사람은 어떤 자기 이미지 속에 살고 있을까? 궁극적으로는 '나는 환영받지 못해'라는 집일 것이다. 그의 인식 범주, 즉 1~2층의 방 구조에는 '버려진 사람 / 사랑받는 사람', '착한 사람 / 나쁜 사람', '약자 / 강자', '실패한 사람 / 성공한 사람', '피해자 / 가해자' 등이 있을 것이다.

이런 구성개념과 자기 구조를 가지고 있는 사람이 그래도 이를 악물고 공부해 사람들이 알아주는 전문 분야의 강사가 되었다고 상상해보자. 그리고 그에게 200명의 청중을 놓고 특강을 할 기회가 생겼다고 가정해보자.

잔뜩 긴장했지만 시작이 좋아서 편안한 마음으로 준비한 내용을 막힘없이 전달할 수 있게 되었다. 그런데 문득 청중석에서 졸고 있는 몇 사람이 눈에 띄었다. 순간 그는 '내 강의가 지루한가? 내가 말하고 있는 것을 저 사람들은 이미 알고 있나? 내가 뭔가 제대로 전달을 하지 못하고 있는 건가?' 신경쓰기 시작했다. 그러다보니 다시 긴장해서 결국 강의 방향을 놓치게 되었다. 200명 중 10명도 안 되는 사람의 반응이 그의 임무 수행에 극심한 영향을 미친 것이다.

만약 그가 열등감과 피해 의식에 따른 구성개념을 갖고 있다면 사람들이 졸고 있다는 것을 자신에 대한 평가로 받아들이지는 않았을 것이다. 전날 술을 많이 먹고 피곤해서 몸을 비트는 것일 수도 있고, 개인 사정 때문에 잠을 못 자 조는 것일 수도 있고, 혹시라도 몸이 아파 의자에 앉아 있기조차 힘든 것일 수도 있으니 오히려 그들을 걱정하는 마음이 들었을 것이다. 물론 모두를 만족시킬 수는 없는 노릇이니 실제로 그중 일부는 강의가 지루하다고 생각할 수도 있다. 만약 그들이 청중의 반이라면 자신의 강의를 심각하게 돌아보아야 했을 것이다. 하지만 대부분의 사람은 강의를 열심히 듣고 있었다.

그런데도 그는 몇 명의 행동을 보고 사람들이 자기를 무시하는 것이 아닐까 의심했고, 마음 기저에 깔린 '나는 못났고, 쓸모없고, 그래서 실패할 것이다'라는 기존의 가설이 작동해 불안감에 동요하기 시작했다. 결국 그는 상황을 판단하는 객관성을 잃고 주변에 선별적으로 반응하면서, 외부에서 일어나는 것에 지나치게 과대한 의미를 부여하게 되었다. 결국 그는 강의를 망쳤고, 결과적으로 200명 중 대부분이 강의가 별로였다고 생각하게 만들어버렸다. 자신의 마음이 어떻게 습관적으로 작동하는지 모른 채 그는 자기는 역시 실패한 사람이라는 기존의 개념만 강화했다. 그가 세상과 자신에게 만들어놓은 이론이 올바른 것이었음을 다시 한 번 입증해버린 셈이다.

'나'라는 구조는 삶을 다루고 세상사에 대응하는 자신의 모습에 변함없는 일관성과 안정성을 준다. 하지만 다른 한편으로는 기존의 자기 이미지에 적합하거나 포섭 가능한 경험만을 당겨와 자기에 대한 결론을 굳히기 때문에 일종의 콤플렉스라고도 볼 수 있다. 예로 든 강

Balthasar Permoser, <Bust of Marsyas>, 1680~1685.

심리적으로 소화가 안 된 옛 상처는

당시의 혼란을 상기시키는 일이 있을 때마다 그 사람의 신경을 뺏어가

다른 것에 제대로 집중하지 못하게 만든다.

사처럼, 자신의 방식이 틀린 것일 수 있음을 새로 배우기도 전에 이미 자기라는 콤플렉스가 마음속에서 작동해서 패턴화 된 행동을 유발하고, 늘 경험하는 것과 똑같은 상호작용을 주변에서 이끌어내며, 결과적으로 자신의 가설이 정확한 것임을 재확인하게 만든다. 자기개념과 그에 따른 삶의 가설들은 이렇게 자기 예언적으로 작용해서 새로운 경험을 해볼 수 있는 기회를 앗아가버린다.

자기개념은 한마디로 관념적인 복합체이기 때문에 실재를 고스란히 반영하지 못하고 생각 속에 고정되어 유지되고 관리되는 경향이 있다. 하지만 인간은 생각의 덩어리가 아니라 유기적으로 이루어진 생활기능을 가진 생명체다. 삶을 경험하는 주체는 살아서 행동하고 느끼며 반응하는 신체로서의 우리인 것이다. 그런데 그렇게 생활하며 움직이는 자신을 지각하는 우리가 또 있다. 삶을 경험하는 중에 '이게 나구나', '그렇지, 이런 모습이 나지', '어? 내가 왜 이러지?'라면서 끊임없이 자신을 돌아보고, 해석하고, 합리화하고, 자신에게 부여된 기존의 특성에 위배되는 것과 그렇지 않은 것이 무엇인지 가려내서 판단하는 자기가 따로 있는 것이다.

이 '행동하고 경험하는 자기'와 '의식하고 판단하는 자기'라는 이중 정체가 생의 주체인 신체로서의 자신과, 생각으로서 기억되고 유지되는 개념적인 자기 사이를 벌려놓는다. 그리고 그 간격으로 인해 자기를 잘 아는 것처럼 생각해도 사실 우리는 자신을 잘 모르고 산다. 우리가 기껏 인식하는 부분은 실제로 경험하며 살아 있는 자신의 극히 일부에 지나지 않거나, 심하게는 왜곡된 부분이기 때문이다.

우리의 지각과 인지는 언제나 선택적이라서 우리는 자기개념과 일치하는 경험만을 지각하려고 하고, 그에 위배되는 경험은 위협적인 것으로 자기도 모르게 배척해버린다. 거의 전자동으로 그러한 선택과 삭제가 이루어지는데, 그럼에도 자기개념에 잘 포섭되지 않는 경험이 자꾸 이어지면 어쩔 수 없이 그것들을 의식하지 않을 수 없게 된다. 그러다보면 그 사람은 혼란을 느끼면서 불안해진다. 그때가 사실은 자신을 확장하고 개념과 실제 자기 간의 간격을 줄일 수 있는 절호의 기회인데, 사람들은 보통 자기 구조를 안정되게 다시 정비하는 것으로 해결하고 만다. 그 결과 더 단단해진 틀로 인해 낯설고 새로운 것에 전보다 더 경직하고 방어하게 된다. 그러면서 그 사람의 '자기'는 살아 있는 생명체로서의 실제 경험과 접촉을 상실하면서 점점 개념적으로 고립되고 굳어버린다. 그리고 삶에서 실재성을 잃으니 이상한 긴장과 활력 없는 무기력 속에 지쳐가게 된다.

상처 중독자의 텅 빈 냉장고 같은 삶도 결국 이런 식으로 만들어진 것이다. '잘나고 멋진 나'라는 환각 속에서 자신의 가치 조건을 어기는 경험을 자각하지 못하고 부인하거나 왜곡하려고 애써온 것이다. 그러나 자기개념과 실제 경험 간에 불일치가 심해지면 더 이상 방어는 성공하지 못하고 어떤 식으로든 몸과 마음에 비상 신호가 울린다.

삶에 잘 적응해서 충분한 행복감을 느끼는가 아닌가는 그 사람이 갖고 있는 자기개념과 실제 삶의 경험이 얼마나 조화롭게 일치하느냐에 달려 있다. 자기와 온전하고 만족스럽게 접촉해 스스로 진실하다는 느낌을 가질 수 있어야 인간관계의 친밀함, 기쁨, 사랑, 소속감, 다양한 감정 및 욕구가 중요해지면서 행복이라는 것도 알게 되기 때문이다.

자기다움을 찾아가는 법

자아는 항상 과거에 집착해서 과거를 살아 있게 하려고 애쓴다. 과거가 없으면 자신이 누구인지 알 수 없기 때문이다. 하지만 자아는 원래 허깨비 같은 것이다. 실체가 아닌 개념이기 때문에 아무리 단단한 척해도 사실은 연약하고 불안하다. 허구의 존재인 자아는 정체성을 상실할지도 모른다는 위기의식으로 삶에서 위협을 받을 때마다 자기를 반복해서 다지고 굳힌다. 그러면서 미래에 벌어질 상황, 상상해본 여러 가지 일에 불안, 근심, 초조, 긴장, 공포, 증오 등의 감정을 자아낸다.

하지만 과거 자체에는 진실이 없다. 지난 것들에 대한 기억은 현재의 조명을 받아 몇 번이고 다시 새로운 그림으로 그려질 수 있기에, 지금 자신의 현재를 위해 과거를 그렇게 해석한다면 과거 그 자체를 말하는 게 아니라 지금 자기의 필요와 시각을 말해주는 것일 뿐이다. 그러니 상처에서 벗어나려고 과거를 탐색하는 일은 소용이 없다. 과거를 깊이 파고드는 것은 아무리 파도 끝이 없는, 아니 끝이 있다 해도 옆으로 또다시 새로운 구덩이를 팔 수 있게 허락하는 미로 같은 기억의 장난이다.

그럼에도 과거를 돌아볼 기회가 있어 그동안 자기라고 믿어온 것이 지난 경험 속에서 이러저러한 이유로 만들어져온 결과물이라는 것을 인식했다면 당신은 운이 좋다. 지금의 당신은 당신이 될 수 있었던 수많은 가능성 중에서 특별한 환경과 조건을 경험한 일부 모습에 지나지 않음을 깨달았을 테니까 말이다. 그렇다면 이제 당신이 갖고 있는 자신에 대한 이미지와 믿음, 개념을 깨보도록 하자. 오늘까지 거기에 매달려 있을 필요는 없지 않은가. 더 이상 편협하게 조건화된 모습을 부여잡고 자기라고 우길 이유는 없지 않은가.

이를 위해 우선 자기답지 않은 일을 하나씩 해보자. 가까운 사람들이야 처음엔 "어, 너 왜 이래?" 하고 당황하겠지만, 차츰 그들도 당신에게 적응해나갈 것이다. 사람들이 변했다고 호들갑을 떠는 게 싫으면, 아무도 모르는 곳으로 여행을 가서 낯선 사람들 틈에서 시도해보라. 그들은 당신이 어떤 사람이었는지 모르니 당신이 시도하는 모든 것이 원래의 당신인 줄 알 것이다.

완벽한 사람은 허술해져보고, 성실한 사람은 빈둥거려보고, 늘 남만 도와준 사람은 남의 도움을 제대로 한번 받아보도록 하자. '나는 그렇게 치사한 말은 못하는데……'라고 막아서는 자신이 느껴지면 일부러 더 치사하고 옹졸한 말부터 해보자. '점잖은 내 체면에……' 그러면 경솔하고 경박한 행동을 꼭 해보자. '그런 낯간지러운 짓은 절대 못해.' 아니, 그렇지 않다. 세상에 마음먹고 못할 짓은 없다. '난 착하게 살아왔는데……' 그렇다면 우선 못되게 굴어보고, 남들 배려할 생각 따위는 하지 말고, 너무 심해서 당신 가슴이 벌렁거릴 소리도 남에게 질러보자. 그다음에 이 모든 뒤집어엎기의 결과를 보자. 대부분 큰일이 벌어질 줄 알지만 막상 해보면 별일 안 생긴다. 약간의 어긋남과 문제 정도? 그건 해결하고 수습하면 된다.

이 모든 시도는 '나'라는 편협한 틀을 깨기 위한 것이다. 여기서 잊지 말아야 할 것은 오늘의 나는 과거 이상이며, 현재는 과거가 찍어낸 자아의 틀에 쑤셔 박아도 되는 내용이 아니라는 것이다. 현재는 흘러가는 그대로이고, 오늘의 나는 계속적인 변화 속에 움직이는 존재이지 개념적으로 묶여 있는 자아의 相像이 아니다. 이 점을 잘 기억해두고, 자기답지 않은 일을 통해 자기다움을 다시 찾아가도록 하자.

두루두루 여자,
두루두루 남자

내게는 동성애자인 친구들이 있다. 그리고 내 치료실에는 성 정체성의 혼란을 안고 찾아오거나 이미 커밍아웃해 삶에 적응하면서 다른 문제를 안고 찾아오는 내담자들이 있다. 나는 1990년대에 미국에 건너가 공부를 한 덕에 이 문제에 다른 사람보다 일찍 마음이 열렸고, 그 덕에 우정이 위태로워지거나 치료실에서 특별히 고민하는 상황에 빠진 적이 없다.

유학을 떠나기 직전인 1993년 가을, 영문 주간지 『타임』을 통해 나는 아주 흥미롭고 충격적인 뉴스를 접했다. 동성애에 관련된 유전자 코드가 발견되어 더 이상 동성애가 심리적 문제만은 아닐 수 있다는 과학계 소식이었다. 그때 처음으로 세상이 뒤죽박죽되는 것 같은 느낌을 받았다. 유전공학의 발전에 대해서는 아는 바가 없던 터라 그 이야기는 내게 완전히 새로웠다.

이후 몇 달 있다가 나는 미국으로 넘어가 캘리포니아에서 심리학 학부 과정을 듣고 다시 시카고로 이동해 미술 치료 석사 과정에 입학했다. 소수자들의 사회운동이 한창이었던 미국 문화에서 나는 여러 가지로 긴급히 태도를 바꿀 것을 요구받았다. 동성애는 더 이상 심리적 장애나 변태적인 행위가 아니며 존중하고 지켜주어야 할 '다름'의 하나일 뿐이므로, 차별해서도 안 되고 무시해서도 안 되며 나와 다르다는 것 때문에 겁내거나 피해서도 안 된다.

그래서 누구에게든 여자에게는 "남자 친구 있어요?", "남편은 어때요?"라고 물으면 안 되고, 남자에게는 "여자 친구 있나봐요?", "부인은 뭐하세요?"라고 물으면 안 된다. 그 대신 "애인 있어요? 남자예요, 여자예요?" 혹은 "함께 살고 있는 사람이 있어요? 그 혹은 그녀는 무슨 일을 하세요?"라고 물어야만 했다. 사회 문화의 패러다임이 바뀌는 중에 모든 것이 정치적으로 교정political correction되고 있는 상황이었다. 대학원에서 정신장애 진단 체계DSM-IV를 배우면서 동성애가 일찍이 진단명에서 사라진 것을 알게 되었고, 그 대신 동성애자를 기피하는 사람들이 동성애 공포증homophobia이라는 이름으로 불안 장애의 범주 속에 새롭게 이름을 올리고 있다는 것도 알게 되었다.

지금은 에이즈에 충격이 많이 가라앉아 있지만 그때는 에이즈의 위협이 모든 사람에게 공포심을 불러일으킬 만큼 심각한 문제였기 때문에, 심리학과 수업을 듣던 대학에서는 틈만 나면 에이즈에 걸린 강사가 와서 자신의 상태를 몸소 보여주며 다 큰 대학생들에게 성교육을 다시 시켰다. 많은 미국인 친구가 성관계를 두려워했고, 낯선 이는 피했으며, 아는 사람끼리 신중하게 파트너를 정해 사전에 에이즈 검사를 해서 결과를 나눈 뒤 애인 관계에 들어서기도 했다. 에이즈는 반드시 피해야 하지만 그렇다고 에이즈 환자를 대할 때 동성애자를 대할 때처럼 차별을 해서는 안 된다는 사고도 주입되었다. 동성연애자이자 에이즈 환자인 변호사가 부당 해고되자 법적으로 투쟁하는 이야기를 담은 영화 〈필라델피아〉가 1993년 제작되었으니 당시의 분위기가 어땠는지 알 수 있을 것이다.

내게는 이 모든 것이 문화적 충격이자 정신없이 적응을 요구하는 급물살 같았다. 한편에서는 동성애자를 위한 정치적 목소리를 내면서도 한편에서는 에이즈의 주범인 것처럼 동성애자를 두려워하는 분위기 속에서 나는 재빨리 생각의 중심을 잡아야 했다. 동성애를 받아들이는 과정에서 깊은 성찰과 깨침이 온 것이 아니라 이를 어떻게 볼 것인가, 어떻게 대할 것인가 서둘러 훈련을 받은 것이다.

남녀를 생각할 때 나는 더 이상 M인가 F인가로 단순한 구분을 하지 않게 되었다. Sex만이 아니라 Gender까지 고려했고, 성적 취향이나 지향성도 생각하기 시작했다. 성의 복잡함을 표면적으로 정리해서 받아들이는 동안 정치적인 측면에서는 성차를 확실히 구분하라고 해서 그것도 열심히 배웠다. 페미니스트 운동 정신을 깔고 여성주의적 입장에서 문법을 고치는 일이 한창이었다. 이미 일반적으로 사람들이 기대하던 교정 사항, 즉 사람 일반을 지칭할 때는 man 대신 persons

혹은 people이라고 쓰거나, 귀찮아도 일일이 he or she로 표기하는 것을 잊으면 안 되었다.

처음에는 남녀가 동등하다는 것을 전투적으로 주장하며 여성의 권리를 세우던 페미니즘이 이제는 남녀가 원래부터 차이 있었다는 측면으로 방향을 바꾼 뒤였다. 기존의 남성주의적 시각에서 만들어진 정신장애 진단 체계의 기준을 바꾸려는 여성주의 심리학에도 같은 여자라면 열심히 귀를 기울여야 했다. 성차에 대한 증거는 사회·문화적 환경의 영향뿐 아니라 뇌신경학적 차이에서도 드러난다고 했다. 본질적으로 남녀는 다르지 않은 게 아니라 이미 속속들이 다르다는 것을 받아들이고 인정해야 하는 분위기였다. 다름은 귀한 것이며 그래서 존중받아야 하는 것이다.

한편에서는 남자인가 여자인가가 극명하게 대립하는 중에 다른 편에서는 남자이지만 여자일 수도 있고 여자이지만 남자일 수도 있는 복잡한 일이 문화에서, 내 머릿속에서 진행되었다. 낯선 땅에서 나는 허겁지겁 지식을 흡수했고, 관점을 받아들였으며, 요구에 응했다. 덕분에 틀이 뻣뻣하고 편협한 사람이 되지는 않았다. 하지만 적응력이 뛰어난 만큼 다 잘 소화했다고 스스로를 속이고 있었던 것 같다. 십수 년이 지난 이제야 체기로 남아 있던 덩어리를 되새김하려고 역류하고 있는 느낌이 드니 말이다.

"자연은 엉망진창이고 무궁무진하다"

얼마 전 발생진화론의 입장에서 기형과 괴물에 대한 역사적 고찰을 담은 마크 S. 블럼버그의 『자연의 농담』을 읽었다. 그 책을 통해 나는 남녀라는 이분의 경계가 그다지 분명하지 않고, 서로 넘나들 수 있으며, 결정되기까지 아주 복잡한 발생학적 현상이 줄 맞추어 이루어진다는 것을 처음 알았다. 내가 눈뜨고 본 첫 세상에는 어머니와 아버지가 있었고, 자연을 둘러보아도 어디에나 암수가 존재했다. 따라서 나는 남자와 여자는 개체가 잉태되는 순간 결정되어 변하지 않고 지속되는 본질적인 자연의 속성인 줄 알았다. 생식을 위해 그렇게 생겼고, 생식이 가능할 때까지 특정한 방식을 따르며, 생식 이후에 자손을 기르는 과정에서도 남자와 여자의 몫이 있기에 끝까지 유지되는 본성이라고 생각했던 것이다.

물론 신체적, 생리적인 명확한 차이로 운명이 정해져 있긴 하지만, 자신이 스스로를 한 성으로 인식하고 일체감을 느끼며 상대를 고를 때는 일반적이지 않은 변형이 있을 수도 있다는 정도만 예외를 두었다. 세상에 암수가 없다는 이야기도 아니고, 길을 지나가는 대부분의 남녀가 남녀가 아니라는 말도 아니다. 단지 남자와 여자를 너무 간단하게, 결정론적으로 구분 지었던 내 이분법이 너무 딱딱했다는 것을 알게 되었다는 뜻이다.

저자는 '들어가는 말'에서 "사람들은 세계를 깔끔하고 모호함이 없는 범주로 나누어줄 이분법으로 돌아가려고 하지만 실상 세계는 엉망진창이고 자연은 다루기 어려우며 예측 불가능한 데다 우리가 흠 없이 완벽한 전형archetype을 통해 진정으로 포착할 수 있는 모습보다 훨씬 더 무궁무진하다"라고 했다. 기형이나 괴물이라고 부르는, '자연의 농담'과도 같은 예외적인 존재를 통해 오히려 우리가 생명의 발생과 진화에 대해 모르고 있던 진실을 다시 깨닫게 된다는 것이 집필 이유인 듯했다. 그중 5장에서 "성에는 언제나 모호함이 존재한다"라는 대목이 나를 심히 흔들었다. 저자는 여성도 남성도 아닌 간성intersex의 수많은 사례를 들었고 명료하고 싶어하는 우리의 이분법 때문에 피해를 입은 간성 인간의 비극도 들려주었다.

읽어보니 저자의 말처럼 "구분을 모호하게 하지 않으려고 무엇에든 선을 긋는 것은 법률가들의 본성일 뿐 자연의 본성은 아닌" 게 분명했다. 그렇다면 '성sex'은 무엇이지? 당연한 것인데도 내가 깊이 생각해보지 않은 것이 있었다. 일단 성을 결정하는 요소와 단계가 너무 복잡하다. XX인가 XY인가로 나뉘는 성염색체가 있고, 정소를 만들 것인가 난소를 만들 것인가를 결정하는 내부 생식기가 있으며, 생식 단계에서 남자 역할을 할 수 있느냐 여자 역할을 할 수 있느냐를 결정하는 외부 생식기가 있다. 그리고 그 사람이 여성적인 행동을 할 것인가, 남성적인 행동을 할 것인가와 관련해 대뇌에 영향을 끼치는 호르몬과 내분비선도 있다. 1990년대 『타임』을 장식한 성적 지향과 관련된 유전자적 코드도 여전히 존재할지 모른다. 그런데 그 요소와 단계가 서로 복잡하게 얽혀 있는 중에 일관되지 않은 상태로 뒤죽박죽인 개체가 발생할 수 있다. 이쪽도 저쪽도 아닌 채로 양성이 공존할 수도 있고 말이다.

그 대단한 X, Y 성염색체라고 한들 고작 발생학적인 공을 굴릴 수 있을 뿐 결과를 결정하지는 못한다. 성의 모호함은 난소 혹은 정소 양쪽으로 발달할 가능성이 보이는 난정소라는 형태로 생식선 발생 단계에서 지속된다. 생식선과 다른 기관에서 분비되는 호르몬은 복잡한 과정 속에서 손쉽게 다른 호르몬으로 바뀌기도 해서 모호함은 한층 가중된다(호르몬이 효과를 발휘하기 위해서는 수용기가 필요한데 여기서 어긋남이 생길 수도 있다). 내부 생식기도 처음에는 여성형(뮐러관)과 남성형(볼프관)을 모두 보이다가 어느 하나는 유지되고 어느 하나는 사라진다. 외부 생식기 역시 마찬가지여서 음핵을 연장하면 페니스가 될 가능성이 있고 음순은 융합되어 음낭이 될 수도 있다. 두뇌 역시 모호한데, 발생 과정에서 테스토스테론과 에스트로겐 및 기타 호르몬이 여성적 행동과 남성적 행동을 모두 지원할 수 있기 때문에 이중의 가능성을 지니기 때문이다.

생물학적인 현실을 반영하는 성에 대한 최종 견해는 "성 정체성이 물 흐르듯 유연하며 배아胚芽 초기에 발달하기 시작해서 출생 이후와 생애 초기까지 계속 이어진다"라는 관점이다. 태아와 아기는 이런 식의 경로를 따른 끝에 여성 혹은 남성으로 구분되는 성적 특징을 얻는다. 그런데 발달 과정에서 예상 밖의 엉뚱한 일이 생겨 제3의 경로나

지름길을 택하게 되면 상식적인 여성과 남성의 기준을 허무는 결과가 나온다. 염색체가 XY이고 정소가 있는 남성이지만 테스토스테론 수용기가 없다면 외모가 남성보다 여성에 가까워진다. 안드로젠의 농도가 짙은 XX 여성은 남성화된 외부 생식기를 갖게 된다. 테스토스테론을 디하이드로테스토스테론으로 전환하지 못하는 XY 남성은 성별이 모호한 생식기를 달고 태어난다. 저자는 이런 증상의 목록이 무척 길다며 그 예로 인간과 동물에게서 나타나는 여러 '기형' 이야기를 전한다.

내 얄팍한 생각과 달리 신생아들의 1~2퍼센트가 간성으로 분류된다고 한다. 미국의 성 의학 전문가인 존 머니는 태어났을 당시 인간의 성적 정체성은 중성이며 그렇기 때문에 48시간 안에 성을 재지정할 수 있다고 보아 한때 많은 아기에게 그의 일터인 존스홉킨스대학에서 부모의 동의 아래 성별을 바꾸는 수술을 해주었다. 물론 앞서 말한 복잡한 요소를 모두 고려하지 못해 수술이 비극으로 끝난 경우가 많았지만 말이다.

어쨌든 태어날 당시에는 여성과 남성이 되는 경로가 어느 정도 구별되지만 목적지는 여전히 확정되지 않은 상태다. 성적 지향성이 유전적으로 결정된 형질이라는 관점도 이제는 전적으로 받아들여지고 있지 않다. 유전자와 호르몬, 기타 생물학적 요소가 아이의 활동성이나 놀이 유형을 결정해 그 아이가 다른 아이와 상호작용하는 방식을 특정하게 형성한다. 그리고 보통은 자신과 다르다고 느낀 대상의 집단에게 성적으로 끌리므로 성적 지향성은 심리·문화적인 영향도 크게 받는다. 어린 시절 성별에 맞는 장난감을 주고, 외모를 꾸며주고, 행동 양식을 가르치는 주변 어른과의 상호작용이 아이에게 성적 각인이 일어나는 발생적 경험을 제공하는 것이다.

남자, 여자라는 딱딱한 틀 벗어나기

그렇다면 보자. 나는 유전적 여성, 생식선적 여성, 성기적 여성, 호르몬적 여성, 대뇌적 여성이다. 외부에 드러난 내 성기를 확인한 후 출생신고를 한 부모덕에 나는 법적으로 성별이 F다. 내가 스스로 정체화하는 것sexual identity도 여성이며, 성적 지향성sexual orientation도 이성인 남성에게 독점적으로 끌리고 있고, 아기를 낳아 기르는 데도 문제가 없었으므로 생식선적으로도 여성이다. 갱년기로 인한 호르몬의 변동이 커지지 않은 덕에 아직까지는 내분비상의 출렁임 상태도 여성임이 분명하다.

변동 많은 환경에서 수억 마리의 정자 중에 내가 선택되어 지금의 내가 된 경이로움 못지않게, 이러한 미묘한 차이에 영향을 받으며 절묘한 타이밍의 연속을 거쳐 긴 시간 동안 내가 '가까스로' 여성이 되었다니! 다행히 나는 이것 아니면 저것을 강요하는 이 세상에서 복잡하고 애매하게 살지 않아도 되게끔 '두루두루' 여성이지만, 다른 사람도 다 나 같을까? 무엇으로 내 앞의 사람을 여성이라고 혹은 남성이라고 판단해야 할까? 흔히 말하듯 주민등록증을 확인해서? 옷차림으로? 행동거지로? 스스로 말하는 바를 믿고? 침대 생활로? 병원에 가서 성염색체를 판별받고, 생식선을 확인받고, 호르몬 정도를 측정해오라고 해야 하나?

저자는 성을 이렇게 보라고 말한다. '여성이다, 남성이다'라고 최종적인 진단을 내리기 위해 증상들의 모음 혹은 증후군으로서 이해하는 것이 진실에 가장 가까운 태도라는 것이다. 남자 혹은 여자라는 것만큼은 명확한 근본적인 구분이요 진리인 줄 알았는데, 낮과 밤의 구분만큼이나 현상에 불과한 것일 뿐 실체가 정확히 있는 것이 아니라는 게 충격이었다. 호두 껍데기 같은 생각의 틀이 그날 망치를 맞고 쩍 갈라졌다.

더 이상 인간은 아이를 낳기 위해서만 섹스를 하지 않는다. 생존을 위해 필요하면 한순간 성을 바꾸는 물고기도 있다고 하지만, 우리는 본능적으로 충동질해오는 긴장된 에너지를 풀기 위해, 관계를 맺기 위해, 삶의 쾌락을 향유하기 위해 성관계를 하고 있는 중이다. 이제 우리는 평생 아이를 한 명도 안 낳는 것도 선택할 수 있다. 이런 상황에서 남자, 여자라는 딱딱한 경계가 예전처럼 중요할까? 생식 가능의 의미로 그러는 게 아니라면 남자, 여자라는 특성이 그 사람의 개성이나, 라이프스타일이나, 가치관만큼 중요한 것일까?

이제야 처음으로 미국에서 정신없이 흡수했던 것들을 마음으로 받아들일 수 있게 되었다. 나는 여전히 여자이고, 내가 사랑하는 사람은 남자이며, 사회에서 말하는 여성, 남성의 모든 문제에 적응하며 살아갈 수 있지만, 여자와 남자라는 구분 자체는 모호한 상태로 그대로 둘 수 있을 것 같다. 그렇기 때문에 너무 당연해서 배제해놓고 있던 것에도 더 민감해지고 더 많이 열려 있을 수 있다. 나는 가까스로 두루두루 여성이지만, 거기에 미묘한 차이가 존재하며 다른 현상을 보이는 사람이 있다는 것도 이제는 마음 편히 더 잘 들여다볼 수 있겠다.

우리는 사물을 절대적으로 구분 지으려는 우리의 경향이 그 구분 안으로 들어오지 않는 대상에 대한 자연의 수용력과 어떻게 충돌하는지 알 수 있다. 하지만 이 특별한 '존재들'이 제공하는 교훈을 우리가 진정으로 받아들였는지에 대한 시험은 우리가 그 모호함을 관대히 참아낼 수 있는지가 아니라 우리가 그것을 끌어안을 수 있는지에 달려 있다.

— 마크 S. 블럼버그, 『자연의 농담』 중에서

나만 사랑하는 병

+
지나친 자기애는
인격 장애를 부른다

1990년대 중반이었다고 기억되는데 '공주병'과 '왕자병'이라는 말이 사람들의 입에 오르내리더니 금세 빠르게 퍼져 전국적으로 유행했다. 자신에게 도취되어 제정신이 아니라는 말인 '자뻑'도 함께 나돌았다. 이후 파생어들이 속속 잇따랐는데 '손오공(손대지 못할 오리지널 공주)', '미나공(미안해 나 공주야)', '하녀병(공주병 친구와 같이 다니느라 자기도 공주인 줄 아는 하녀)', '도끼병(사람들이 다 자기를 찍었다고 착각하는 것)' 등 꽤 많았다.

재미있는 현상은 공주병과 왕자병이 애초의 은어로서의 성격을 떼고 백과사전에 올라올 정도로 사회성 짙은 단어로 정착했다는 것이다. 장난스럽게 쓰던 말이 어떻게 한 시기를 풍미하다 하나의 인간 유형을 묘사하는 말로 인정받게 된 것일까?

공주병과 왕자병은 실제 자신의 용모와 처지는 생각하지 않고 자기가 잘나고 귀한 존재라고 착각하는 사람들을 놀릴 때 쓰는 말이다. 한마디로 '내가 보는 나'와 '남들이 보는 나' 간에 격차가 큰 사람들을 가리킨다.

이는 다양한 매체를 통해 마구잡이로 이미지가 쏟아져나오고 활용되는 이 시대의 문제를 드러내는 말일지도 모르겠다. 텔레비전이나 광고, 잡지 등에 나오는 허구의 이미지들을 실체인 것처럼 받아들여 이상화하고 따라하는 젊은이들이 비단 우리 시대의 특징만은 아니다. 하지만 현재는 인터넷이나 스마트폰의 발달과 함께 모든 것을 이미지로 말하고 승부하는 시대이다 보니 일상적인 수준에서까지 속과 실체보다는 겉과 인상만으로 자신을 보여주고 인정받으려고 하는 경향이 강하다.

'셀카'나 직접 찍은 동영상을 아무나 볼 수 있게 온라인에 띄워놓고 사람들의 반응을 보는 것이 현대의 신종 놀이 아닌가. 자신의 사생활이 그대로 드러나도 '리얼 TV', '몰래 카메라' 류의 프로그램에 나갈 수만 있다면 요새 젊은이들은 오래 고민하지 않는 것 같다. '튀면 성공한다'는 이 시대의 신화가 부추긴 엄청난 세대 차이가 아닌가 싶다. 요새는 공중파에 얼굴을 내밀거나 인터넷에서 주목받으면 순식간에 유명해질 수 있다. 케이블 TV로 여러 차례 재방송을 볼 수 있는 데다, 인터넷 방송으로 원하는 장면을 찾아볼 수 있고, 신문 기사도 전부 인터넷에서 스크랩할 수 있으니 사람들 입에 오르내리기가 훨씬 쉬워진 탓이다. 게다가 인터넷 게시판에 동영상이나 사진 등 화젯거리를 쉽게 퍼 나를 수 있으니 금방 유명 얼굴이나 유명 이미지라는 것이 생겨 버린다.

이런 흐름 속에서 요새의 젊은이들은 타인의 시선을 무조건 자기에 대한 관심이라고 여겨 기회만 있으면 조금이라도 더 주목받기를 원한다. 내용의 질에 상관없이 얼마나 자주 문자 메시지가 오는지, 채팅 창에서 자기 말 한마디에 얼마나 많은 사람이 반응을 보이는지, 게시판 글에 얼마만큼 댓글이 달리고 조회 수가 많은지로 사람들의 관심도를 체크하는 그들은 타인의 응시가 자신의 가치를 말해주는 것이라고 여기는 듯하다. 아무 반응도 없는 것보다는 '악플'이 낫고 그 역시 관심의 또 다른 얼굴이라고 주장하는 시대다. 이제는 어떻게 쳐다보고 있느냐가 아니라 '나를 쳐다보고 있느냐, 아니냐'가 더 중요해진 것이다.

그렇다면 공주병과 왕자병의 참모습은 노출과 PR이 중요한 이 시대에 긍정적인 자기암시로 당당하게 본인을 드러내는 적극성이라고 볼 수 있지 않을까? 실제로 제 모습이 꼭 그렇지는 않아도, 남들이 콧방귀를 뀌면서 믿어주지 않더라도, 자신이 가진 무한한 능력을 믿어 스스로를 최고라고 생각하면 진취적인 패기와 자신감이 생겨 일에서도 오히려 만족스러운 성취를 기대할 수 있는 게 아닐까? 만약 그렇다면 공주병과 왕자병은 오히려 이 사회에 널리 퍼뜨려야 하는 긍정적인 자세일 수도 있겠다.

하지만 그저 가볍게 넘어갈 수 없는 문제가 당당함 속에 도사리고 있다. 공주와 왕자들은 차이가 큰 현실과 이상의 간격 때문에 자신이 원하는 대로 되지 않으면 결과를 받아들이지 못하고 곧장 좌절과 우울의 나락으로 떨어지곤 한다. 그래서 자신들의 꿈과 이상을 해칠 현실에는 잘 부딪히지 않으려고 한다. 게다가 자신의 현실을 일깨워주려는 사람들과는 관계를 맺는 것도 힘들다. 타인과 세계에 관심이 없고 오로지 자기만을 세상의 중심으로 보아줄 사람들을 필요로 하는 그들과 제대로 관계를 맺기란 하늘의 별 따기처럼 어렵다.

물론 공주와 왕자라 해도 인간관계에서 반복적으로 빚어지는 마찰에 상처를 받지 않을 수는 없다. 어떻게든 왜곡해서라도 제 편할 대로 세상을 조망하는 그들이니 상처를 아픈 만큼 성숙해질 기회로 역전하지 못할 뿐이다. 그들은 주변 사람들과 갈등이 생기면 왜 나를 이렇게 몰라주느냐고, 어떻게 내게 이럴 수 있느냐고 상대에게 화를 내고 욕하는 데 온 힘을 쏟는다. 그래서 그들 주변에 남아 있는 사람은 무조건 그들의 비위를 맞추어줄 수 있는 사람이거나 그들에게 뭔가 얻을 게 있는 사람, 혹은 그들과 비슷한 문제를 갖고 있는 닮은꼴뿐이다. 문제의 심각함을 모르고 초반에 호감을 보이며 다가오는 사람은 그들의 매력에 빠져 잠시 피상적인 관계를 맺을 수는 있으나 오래 남아 있지 못한다.

그러니 공주병과 왕자병은 자신감을 키우기 위해 적극 권장할 만한 태도는 아닌 것이다. 현실 적응력이 떨어지는 데다 친밀하고 깊은 관계를 맺을 수 없게 만드는 장애이니 세간의 관심과 주의가 필요하다. 그런데 이렇게 상호작용에 서툰 미성숙한 그들이 과연 유행어만 큼이나 많을까? 그렇다면 공주병과 왕자병을 배태하는 우리 사회의 특성은 무엇일까?

일에 따른 기능적인 인간상이 중심이 되어온 탓에 사람들이 서로의 내면을 보여줄 기회가 잘 없어 이런 현상이 벌어진 것인지도 모른다. 이제는 사람들이 서로를 힘들게 알아내려고 하지 않는다. 서로 제 기능만 잘하면 되고 그만큼의 책임만 지면 되니 매사에 '쿨 하다' 는 가치관이 유행처럼 퍼진다.

그래서인지 요새 사람들은 주로 활동을 중심으로 관계를 맺는다. 일터에서는 기능적으로, 일터를 벗어나면 취미를 중심으로 동호회에서 사람들을 사귄다. 그리고 자신의 속마음은 소셜 네트워크 안에 올려놓는다. 누구에게 적극적으로 자신의 마음을 표현하고 전달하는 게 아니라 관심이 있는 사람은 읽고 아닌 사람은 말라는 태도로 일종의 독백처럼 자신을 전시하는 것이다.

서로에게 깊이 영향을 끼치며 침투하는 관계가 드무니 오히려 자기 혼자만의 기분에 빠져 착각에 매달리는 사람들이 늘어난다. 깊은 애정과 책임으로 서로의 모습을 똑바로 비추어줄 수 있는 가까운 관계가 많아야 자신의 생각과 느낌을 점검할 기회가 늘어나는데, 사람들 간의 교류는 적어지고 개인주의와 핵가족화에 따른 자기중심적 사고가 팽배하니 현실을 무시하고 착각과 망상에 빠지는 것이다.

허공에 떠 있는 사람들

김수현 작가는 드라마에서 '공주병 환자'들의 성격과 심리를 실감나게 묘사하곤 한다. 2008년 안방을 달구었던 드라마 〈엄마가 뿔났다〉에도 대표적인 공주가 하나 등장하는데, 배우 장미희가 연기한 '고은아'다.

부잣집에서 태어나 아무런 어려움 없이 자란 은아는 잘나가는 회사의 사장 부인이다. 곧 60대가 되지만 철저하게 자기 관리를 해서 여전히 젊고 아름다운 그녀는 항상 왕비처럼 걷고, 품위 있는 말씨를 쓰며, 언제 어느 때나 지적이고 세련된 모습을 흐트러뜨리지 않는다. 그런 자기를 모든 사람이 특별하게 우러러볼 것이라고 믿는 그녀는 자신의 우월감을 뒷받침하기 위한 하찮고, 미련하고, 어리석은 사람만 세상에 있는 줄 안다.

그녀의 태도는 완전한 안하무인이다. 자기에게 굽실거리지 않는 사람에게는 "어떻게 감히 내게!"라며 엄청나게 분노하고, 남편이든 아들이든 자기 뜻대로 움직이지 않는 사람은 이해도 용서도 할 수 없다.

그런 그녀에게 그동안 내내 착하기만 했던 외아들이 결혼 문제로 심한 반기를 든다. 단식 투쟁까지 하면서 어떻게든 제 의지를 관철해 보려는 아들 때문에 그녀는 처음으로 삶에서 위기를 맞는다. 남편의 위협으로 하는 수 없이 아들이 좋다는 서민 가정의 며느리를 들였으나, 사사건건 자기 집안과 부딪치는 통에 속상한 일이 많다.

지극히 자기중심적으로만 관계를 맺는 그녀에게는 사실 남편과 아들도 자기만족을 채우는 대상일 뿐이다. 세상의 모든 것은 그녀 자신과의 관계 속에서만 의미가 있는데, 그녀 집에 있는 구관조가 이를 상징적으로 보여준다.

말을 따라하는 게 특징이고 그게 좋아서 애완용으로 기르면서도 그녀는 구관조를 어떤 때는 시끄럽다며 구박하고, 어떤 때는 사랑스럽게 쳐다보고, 어떤 때는 자기에게 대든다고 당장 내쫓을 것처럼 위협한다. 주인을 의식해서 의도적으로 행동한 것도 아닌데 단순히 제 활동을 하고 있을 뿐인 새에게 자신의 감정 기복에 따라 이런저런 의미를 일관성 없게 갖다 붙이는 것이다. 그녀는 자신의 필요에 따라 새를 제멋대로 다루면서도 양심의 가책이 없다.

그뿐 아니다. 며느리가 웨딩드레스를 입은 채 결혼식장에서 위병으로 쓰러져도 자기 얼굴에 먹칠을 했다고 분에 겨워 씩씩거릴 뿐 며느리가 느꼈을 긴장이나 스트레스는 상상도 못한다. 하물며 며느리가 괜찮은지, 곧 낫긴 하는지 걱정조차 하지 않는다. 도리어 그 애가 일부러 그런 것은 아닌가 의심까지 한다.

정신과에서는 은아와 같은 공주병을 '자기애적 인격 장애'라고 부른다. 이런 장애를 안고 있는 사람들은 스스로를 대단하게 생각해서 자기만 특별한 사람으로 취급받으려는 경향이 강하다. 그렇기 때문에 약간의 비난만 받아도 심한 창피와 모욕을 느끼고, 자존심에 타격을 받아 격심하게 분노한다. 자기애적 인격 장애자들은 최고의 성공이라든지 막강한 권력, 아무도 넘볼 수 없는 아름다움, 이상적인 사랑 등 평범함을 넘어서는 극단적인 것에 집착하는 정도가 심하다. 쉽게 말하면 현실성이 떨어지는 사고를 하는 것이다.

자기애적 인격 장애자들은 일반 사람들은 자기를 잘 이해하지 못한다고 생각해 자신과 수준이 맞는 특별한 사람하고만 가까이 지내려고 한다. 그러면서도 자기보다 잘나거나, 자기가 원하는 것을 갖고 있거나, 자기보다 주목받는 사람은 비합리적일 만큼 심하게 질투한다. 자기애적 인격 장애자들은 다른 사람들의 입장은 고려하지 않으며, 타인의 생각이나 감정 따위에는 관심이 없고 인식도 미치지 않는다.

도대체 자기애가 무엇이기에 이렇듯 인격에 장애를 일으키는 것일까? 자기애의 바탕은 사실 병적인 것과는 아무 상관이 없는 단순한 자기중심성이다. 생명체는 자신을 보전하고 발전시켜야 하기 때문에 본인 개체에 집중할 수밖에 없다. 따라서 자기 쪽으로 세상의 기운과 양분을 흡수하고 자신을 바퀴의 축으로 삼아 모든 생명 활동을 돌리는 것을 본능으로 알고 있다. 자기중심성은 이처럼 자연스럽게 벌어지는 현상이기 때문에 좋은 것도 나쁜 것도 아니다.

그런데 여기에 '사랑'이라는 애착과 욕망이 붙는다. 그러면 그때부터 자기중심성은 심각한 문제가 된다. 무엇을 '좋아한다'고 하면 싫은 쪽이 생겨나기 때문에 어느 한쪽만을 계속 원하는 욕망과 집착이 생겨난다. 그렇게 되면 단순하면서도 자연스러웠던 자기중심성이 '좋은 나'라는 이미지에 개념적으로, 심리적으로 붙들리게 된다. 그러면 그 사람은 생의 흐름을 따라 자연스럽게 변화하면서 살지 못하고 그 상태가 장시간 지속될 경우 병까지 얻게 된다.

그래서 프로이트가 자기애를 그리스신화에 나오는 미소년의 이름을 따서 나르시시즘narcissism이라고 부른 것이다. 수면 위에 비친 자기 像을 실재라고 착각해서 혼자 짝사랑하다가 죽어 수선화가 되었다는 소년 말이다. 자기만 쳐다보고 있으면 나르키소스처럼 환경에서 필요한 양분과 자극을 받지 못해 시들시들 메말라 죽게 된다. 우리가 익히 알고 있는 『백설공주』 동화도 거울의 像 때문에 생겨난 비극을 소재로 하고 있다. 세상에서 자신이 최고로 아름답다는 확신이 필요해 날마다 거울의 방을 찾아가 은밀한 질문을 던지는 왕비는 이제 막 피어오르는 꽃봉오리 같은 백설공주를 견딜 수 없어 죽이기로 작정한다.

시대와 문화를 거쳐 회자되는 신화와 동화에는 사람의 마음을 울리는 보편적인 무언가가 들어 있다. 위의 두 이야기는 거울에 비친 이미지를 붙잡으려고 애쓰다가 자연스러운 자기중심성을 잃고 무서운 비극을 초래한 경우다.

자기애적 인격 장애를 겪고 있는 우리 시대의 공주와 왕자도 거울에 반사된 자기 이미지와 사랑에 빠져 허공에 떠 있는 사람들이다. 착각에 매달려 현실의 땅을 밟지 못하니 스스로 존재감을 느낄 수 있는 토대가 없다. 그런 자신에 대한 불안감을 숨기려고 애쓸수록 다른 사람의 확인과 지지가 필요하니, 필요를 위해서만 사람을 찾고 이용하게 된다. 결국 진정한 관계라는 삶의 터전이 마련되지 못해 그들은 계속해서 혼자만의 세계에서 착각을 들이마시며 떠다닐 수밖에 없다.

자존감은 어떻게 뿌리내릴까

우리가 하고 있는 '나'라는 인식은 태어날 때부터 갖추어진 게 아니다. 그랬다면 우리는 우리를 비추어줄 거울을 필요로 하지 않을 것이고 나르키소스나 백설공주의 계모처럼 거울상에 병적으로 매달리지도 않을 것이다. 삶에서 자신을 바라보게 도와주는 거울은 타인이라고 할 수 있다. '나'라는 것은 주변 사람들의 기대와 희망과 우리의 잠재력이 상호작용하면서 만들어낸 이미지요, 중요한 순간으로 기억된 사건과 의미의 총합이라고 할 수 있다.

예를 들어보자. 한 아기가 자신의 필요가 제때 만족되어 기분이 좋은데 부모도 자기를 보고 웃으며 좋아한다. 아기는 엄마라는 환경과 자신의 몸 상태를 기억해서 자기에 대해 좋은 느낌을 지니게 된다. 조금 더 커서 언어와 논리가 발달할 때쯤 부모가 아이를 다루는 데 애를 먹어 "고집 세고 말 안 듣는 아이"라고 자꾸만 야단친다. 아이는 부모의 평가를 내면화해서 자신은 '사랑받지 못할 쓸모없고 못된' 아이라는 개념을 형성한다. 그러다가 부모와 다른 시각을 가진 선생님을 만나 그러한 고집이 자기만의 주장이요 색깔일 수 있다는 것을 배우고제 성향을 창의적인 방식으로 활용하기 시작한다. 아이는 다시 자신은 '남과 다르며 독특하고 창의적인' 사람이라는 이미지를 굳혀 간다.

한마디로 '나'라는 실체는 임의적으로 만들어진 심상에 지나지 않는다. 그런데도 공주병과 왕자병에 걸린 사람들은 타인이란 거울에 비친 자신의 이미지에만 매달린다. 그들은 오로지 한 가지 이미지로만 사람들과 관계하려고 애쓴다. 그러면서 자신이 고집하는 대로 가치를 확인해주고 자기가 원하는 대로 필요를 충족해주는지 아닌지로 타인의 가치와 의미를 정해버린다.

심리학에서는 그런 식으로 자신을 위해 기능을 제공하고 자기 이미지를 굳히고 유지하는 데 필요한 타인을 '자기 대상'이라고 부른다. 한마디로 자신의 일부처럼 경험해 자신을 다루듯 마음대로 통제할 수 있을 것같이 여기는 사람들이다. 고은아에게 남편, 아들 등은 그런 존재다. 어른의 세계에서는 이렇듯 병적인 경우를 제외하면 현실적으로 그런 대상을 바랄 수 없고 바라서도 안 된다. 하지만 평생 중 자기 대상을 반드시 가져야 하고 마음껏 누릴 수 있는 때가 있다. 유아기와 초기 아동기다.

생각해보자. 자기 일이나 욕구는 뒷전에 두고 아이를 위해서는 뭐든 할 것 같은 게 부모 마음이다. 아이의 작은 성과도 부모의 눈에는 크게 보인다. 부모가 제 일보다 기뻐하며 동네방네 자랑을 펼쳐놓는 건 다 자식과 관련된 일이다. 부모는 자기 아이의 장점은 재빨리 알아채고 부족한 점은 가장 빨리 덮어주고 싶어 한다. 그런 식으로 아이의 여러 모습을 거울처럼 반영하면서 아이를 승인해주고 아이의 필요를 채워주면서 함께 슬퍼하고 기뻐하는 게 부모다. 그런 부모와 관계를 맺으면 아이는 자연스럽게 자신이 특별하고 소중한 사람이라는 느낌을 갖게 된다. 그러면서 부모가 자신을 위해 움직이는 것처럼 세상도 자신을 중심으로 돌아갈 것 같다는 막연한 기대를 품게 된다. 부모가 자기를 떠받드는 만큼 자신이 대단한 사람일지도 모른다고 착각하는 것이다.

하지만 자기만 대단하다고 여기면 무엇이 언제 어떻게 될지 몰라 불안하니 자신이 속해 있는 세상도 안전하고 완벽하다고 믿으면 좋을 것이다. 그래서 아이는 과대해진 자기에게 믿음을 유지하는 것과 동시에 부모를 한껏 이상화한다. 부모의 실제 결점이나 부족함은 집중하지 않거나 아예 인정하기를 거부하고 제 눈에 대단한 모습에만 선별적으로 마음을 쏟는다. 믿고 싶은 대로 보고 보고 싶은 대로 믿는 것이다.

그 결과 아이들은 제 아빠는 모르는 게 없고 뭐든 해결할 수 있으며 누구든 때려눕힐 수 있다고 자랑한다. 반면 제 엄마는 못하는 게 없고 누구보다 예쁘며 음식 솜씨도 최고라고 떠벌린다. 물론 자기 집에는 뭐도 있고 뭐도 있고, 엄청난 것이 한가득이다. 그런 대단한 집에서 대단한 부모가 자기를 사랑하고 있으니 얼마나 안전할 것인가! 어떤 일이 벌어져도 그런 아이들은 '엄마가 있으니 걱정할 것 없어. 아빠가 지켜줄 거야'라고 믿을 수 있다. 그런 이상적인 부모와 자기가 하나라는 사실은 모든 긴장과 불안을 잠재워준다.

그러나 시간이 흐르면서 부모는 자식에게 신경을 덜 쓰게 되고 믿음직한 모습을 보이는 데도 조금씩 긴장을 풀고 허술해지기 마련이다. "엄마가 있으니 걱정 마라", "아빠만 믿어"라고 하더니 이내 "네가 알아서 해야지", "아빠가 어떻게 모든 것을 다 하겠니?"라는 식으로 바뀐다. 완벽하기를 바랐던 부모에게서 어쩔 수 없이 발견되는 부족한 점을 아이도 이제는 못 본 척할 수가 없다. 자기를 향한 부모의 주의와 관심도 이랬다 저랬다 안정적이지 않다는 것을 이제는 받아들여야만 할 것 같다.

자기가 누구인지를 알려주던 긍정적인 거울이자 아이의 온 세상이었던 부모의 완벽함에 그렇게 금이 가기 시작한다. 그동안 아이가 머릿속에서 누려온 가공의 평온함도 같이 흔들린다. 아이의 정신을 지켜주던 착각이라는 방파제가 갈라지자 틈 사이로 현실이 비집고 들어온다. 그 물살에 과대하게 부풀어 있던 자신도 급격히 숨 죽어버린다. 마침내 아이는 그다지 완벽하지 않은 부모, 남들과 별로 다르지 않은 자신의 참모습을 보게 되고 놀라면서도 이를 서서히 받아들이게 된다.

아이의 입장에서 이는 무척이나 괴롭고 슬픈 일이다. 하지만 발달이라는 거시적인 측면에서 볼 때는 중요하고 긍정적인 전환이다. 제때 적절한 속도로 일어나 참을 만할 수준으로 지나가기만 하면 아이가 정신적으로 크게 성장하는 도약대 역할을 해주기 때문이다.

자기를 비출 거울을 밖에서만 찾아 돌아다닌다는 것은 참으로 허망한 일이다. 외부의 변덕스러운 상황에 자신을 내맡겨야 하기 때문에 늘 예민하게 밖을 살필 수밖에 없고 나 아닌 다른 사람의 선택에 이리저리 휘둘리기도 십상이다. 게다가 근거 없는 자기 이미지를 붙들고 살다보면 상처 받고 실망할 일도 많아진다. 일반적인 성장 과정에서는 다행히도 아이들이 그 상태로 남아 있지 않기를 선택하며 스스로 시간 속에서 변화한다. 무조건 부모가 자기에게 맞추어주고 자기보다 자기를 잘 알아주기를 바랐던 유아 때의 기대를 철회하고, 부모가 자기에게 해주었던 기능을 스스로 수행하기 시작하는 것이다. 불안할 때는 자기가 자기를 위로해주고, 자신감이 떨어질 때는 스스로 힘을 내 격려하며, 겁이 날 때는 혼잣말로 용기를 북돋아주고, 긴장할 때는 몸과 마음을 편안히 푸는 법을 터득해간다. 아이는 부모의 좋은 이미지를 자기 안에 내면화해 자신의 실제 모습이 되도록 조금씩 변형해간다.

이렇듯 부모에게 바라고 기대하며 환상을 유지하던 상태에서 실제적인 자기를 확인하고 실현하려고 애쓰는 단계로 접어들면 아이들은 부쩍 예민해져서 괜히 짜증을 부리곤 한다. 주변 어른들의 부족함을 적극적으로 비판하고 실망감을 표현하는가 하면, 잃어버린 옛 환상과 안락함이 그리워 이유 없이 우울해하기도 한다. 어른스럽다가 문득 또 어린애 같기만 한 모습을 반복하면서 아이들은 과도기를 천천히 지나 성장한다.

이 상태로 잘 성장하면 과대망상으로 부풀었던 아이는 시간과 함께 길들여져 자기 한계를 잘 아는 안정된 인격을 갖추게 된다. 어른이 된 사람은 더 이상 자신이 세상의 중심에 있지 않다는 사실을 안다.

하지만 어린 시절 그가 누린 대단하고 특별했던 자신에 대한 믿음과 사랑은 마음 깊숙이 자존감이라는 뿌리를 내려 패기와 의욕으로 남아 이후의 삶에 아름다운 꽃을 피운다. 반면 그가 이상화했던 부모의 이미지는 해야 할 것과 하지 말아야 할 것을 정하는 내면의 목소리로 작동하고, 한평생 동경하고 따르는 인생 모델로서 마음속에 자리 잡게 된다. 이것이 건강하게 자란 자기애의 힘이다.

'모든 사람이 나를 바라보아야 한다'

그런데 이러한 발달 과정에 문제가 생기면 성장이 멈추어서 어린애 같은 사고방식을 계속 유지하게 된다. 자신을 소중한 존재로 뒷받침해주는 환경이 적절히 제공되지 못하면, 자존감이 깊이 뿌리를 내리지 못해 성인이 된 뒤에도 계속해서 자기를 의심하고 미워하면서 그런 자기를 사랑하고 포용해줄 대단한 누군가를 막연히 기다리게 된다. 반면 자기에 대한 강한 애착과 자부심이 현실에서 좌절과 실망을 거치면서 적절히 재조정되지 못하면, 어른이 된 뒤에도 자기 잘난 맛에만 살면서 세상이 자기에게 맞추어주기를 기대하게 된다.

후자의 경우가 바로 우리가 알고 있는 공주병과 왕자병이다. 그렇다면 전자의 경우는 뭐라고 부르면 좋을까? 새로운 유행어를 만들어야 할 텐데, 어감이 세긴 하지만 '거지병'이 가장 적절한 대응어일 것 같다. 물론 둘 다 정신의학적 범주를 적용하면 '자기애적 인격 장애'

에 속한다.

이제 와서 거지병을 자세하게 설명할 필요는 없다. 표면만 공주병과 왕자병에 반대될 뿐 핵심은 같기 때문이다. 공주병이든 거지병이든 생존에 유리한 '바람직한 모습'이라는 이미지에 매달려 있다. '이런 모습이면 사랑받을 수 있다', '이런 모습을 사람들이 좋아한다', '이런 모습이니 얻는 게 있다' 이렇게 생각하다보면 스스로 선호하고, 욕심내고, 집착하는 이미지가 생기기 마련이다. 이상적인 모습을 자기 것이라고 믿어 철저하게 애착하면 공주병이나 왕자병이 되고, 남들의 이야기일 뿐이라고 믿으면 거지병으로 드러난다.

두 모습 모두 타인의 시선에 민감해져 고통받곤 한다. 공주와 왕자는 사람들이 자신을 조금이라도 그렇게 안 볼까봐 애태우며 노력하고, 거지는 사람들이 자신을 대놓고 그렇게 볼까봐 걱정하면서 신경쓴다는 차이만 있다. 그래서 공주와 왕자는 자신의 특별함을 전시하듯 드러내고, 거지들은 무시당하고 모욕당하는 것에 대비하듯 조심하는 모습을 보인다.

둘에게서 보이는 또 다른 공통점은 세상 모두가 자기만 보고 있는 듯 생각한다는 것이다. 그리고 모든 게 자기와 관련이 있다고 착각한다. 지하철 맞은편에 앉아 있는 사람이 자기 쪽을 쳐다보면 공주와 왕자는 자기의 매력 때문에 관심을 보이고 있다고 생각하고, 거지들은 자기를 이상하게 생각하거나 무시하듯 보고 있다고 긴장해버린다. 세상이 자기와 상관없이 그 자체로 존재하며 움직이고 있다는 것을 생

Michelangelo Merisi da Caravaggio, <Narcissus>, 1597~1599.

우리 시대의 공주와 왕자도 거울에 반사된

자기 이미지와 사랑에 빠져 허공에 떠 있는 사람들이다.

현실의 땅을 밟지 못하니 스스로 존재감을 느낄 수 있는 토대가 없다.

각하지 못하는 것이다.

특권 의식을 지닌 채 쉽게 상처 받고 분노하는 면에서도 둘은 닮아 있다. 자신이 특별한 대접을 받아야 한다고 믿는 공주와 왕자는 그렇지 않은 일이 발생하면 "어떻게 감히 내게!"라고 소리치며 화를 낸다. 반면 거지들의 특권 의식은 상대적인 결핍감을 깔고 매사에 "왜 나만!"이라는 식으로 작동한다. 그래서 공주나 왕자의 분노만큼 두드러져 보이지 않는데, 그래도 피해자이자 약자이며 못난이인 자신을 강자이자 잘난 사람들이 조금 더 이해하고 돌보아주어야 한다는 생각이 바탕에 깔려 있기 때문에, 자신들만 다르게 대접받으려고 한다는 점은 공주 왕자와 똑같다. 두 경우 모두 남들도 자신과 마찬가지이기 때문에 자신이 바라는 것과 똑같은 것을 자기도 남들에게 해주어야 한다는 것을 생각하지 못한다.

공주든 거지든 마음속에 '모든 사람이 나를 바라보아야 한다, 누구도 나에게 불쾌한 감정이 있어서는 안 된다, 나를 좋아한다면 나의 모든 것을 받아들이고 이해해야 한다'는 비현실적인 기대와 욕구를 품고 있다. 표면적으로는 둘 다 상대방의 감정과 반응에 민감한 것 같지만 사실 그들이 관심이 있는 것은 상대가 보고 있는 자기일 뿐이다. 상대방이 개인적으로 무엇을 느끼고 생각하는지는 아무런 관심도 없고, 자기에게 반응하는 그들의 모습을 보고도 나름의 이유나 입장이 있을 것이라고 생각하지 못한다.

좋기도 하고, 좋지 않기도 하고, 이러기도 하고, 저러기도 하는 게 삶이다. 그중 어느 하나가 좋다고 지속적으로 유지하려고 하면 변화하는 자연을 거스르게 되어 문제가 발생한다. 사랑하는 두 사람의 관계는 오늘 다르고 내일 다르고, 결혼해서 다르고, 아기를 낳고 나서 다른데 변화를 타는 대신 '예전의 로맨스가 좋았는데'라고 욕심을 부리면 싸움이 끊이지 않고 이혼도 불사하게 되는 것과 같다. 순간순간 상황마다 인연에 따른 변화와 움직임이 있는 법인데 '이때가 좋았다, 저때로는 돌아가고 싶지 않다, 저런 내가 좋았다, 이런 나는 못마땅하다'면서 좋다고 생각하는 것에만 매달리면 자기에게 착각을 쌓아가게 된다. '좋다'가 있는 한 애착과 욕심과 시기심은 끊임없이 일어나게 되어 있다. 좋은 이미지라는 것을 붙잡으려고 하면 거기에서부터 모든 것은 인위적으로 멈춘다.

병적인 자기중심성에서 벗어나려면

어린애 같은 착각에서 벗어나 현실에 자리를 잘 잡은 채로 사람들과 자연스럽게 교류하기 위해서 어떤 노력을 할 수 있을까?

우선 '어떻게 내게!'나 '왜 나만?'이라는 생각이 들면, 왜 자신만 달라야 된다고 생각하는지 스스로에게 근거를 물어보도록 하자. '왜 나한테만 그 사람이 잘해주어야 하는 거지? 왜 사람들이 나에게 관심이 없으면 안 되는 거지? 왜 내게만 맞추어야 하는 거지? 왜 나만 먼저 이해해주어야 하는 거지? 왜 나만 사람들이 거부하거나 싫어하면 안 된다는 거지?' 자문해보라. 아마 당신은 습관적으로 생각하는 답을 갖고 있을 것이다. 똑같은 생각을 상대의 입장에 놓고 다시 생각해보라. 그리고 상대에게 그것을 자신도 해주고 있는지 되물어보라. 다시 묻게 되는 그 질문에 말문이 막히면, 큰 소리로 자신이 어린애같이 이기적이었노라고 웃어버리자. 한동안은 하루에도 여러 번 웃음소리가 이어질 것이다. 하지만 부끄러워할 필요는 없다. 그렇게 웃을 수밖에 없는 자신에 수치감을 느끼면서 '어떻게 내가!'라든지 '이것조차도 왜 나만?'이라는 식으로 사고를 끌고가면 부정적인 이미지에 또 매달리는 셈이 되니 조심하는 게 좋다.

두 번째로 해볼 수 있는 노력은, 사람들 때문에 상처를 입거나 화가 날 때 자신의 감정보다 상대를 먼저 생각하는 것이다. 억지로 이해하려고 애쓰거나 이해하는 척하라는 말이 아니다. 상대의 입장은 무엇인지, 상대의 감정은 어떤지, 상대가 바라는 게 따로 있지는 않은지, 상대의 고유한 행동 방식은 없는지 꼼꼼히 살펴보라는 말이다. 상대에게 중심을 두는 연습을 하면 자기 입장과 감정에만 빠져 아무것도 보지 못하고 듣지 못하는 편협한 상태에서 벗어날 수 있다. 그러다보면 오히려 '내가 어떻게 그 사람에게!'라든지 '나만이 아니었네'로 시각이 넓혀지는 것을 느끼게 될 것이다.

그렇게 연습할 수 있게 도와줄 지혜로운 누군가가 있기 전에는 워낙 남에게 관심을 기울이지 못했으니 이 제안이 별로 쓸모없을 수도 있다. 도와주는 사람이 있어도 자기를 이해해주지 않고 남의 편을 든다고 도리어 그 사람에게 화를 내는 일이 일어날 수도 있다. 그렇다면 당신은 변화할 준비가 되지 않은 것이니 일을 더 복잡하게 만들지 말고 그쯤에서 그만두는 것이 좋겠다.

위의 두 가지보다 쉽게 해볼 만한 게 있다. 사람들과 자신을 독립된 존재로 구분 짓는 연습이다. 자꾸만 자신의 확장된 일부처럼 그 사람을 느끼고 소유하려 들지 말자. 자기 마음대로 그 사람을 움직이고 싶은 마음이 꿈틀거리면, 혹은 그래서 상대와 마찰이 일면 바로 속으로 되뇌어보자. '저 사람은 나를 위해 존재하는 사람이 아니고, 나도 저 사람을 위해 존재하는 사람이 아니다. 저 사람도 나도 각자 자기 인생을 살아가고 있을 뿐이다. 그런데도 인연이 이렇게 이어져 만나고 있으니 재미있다. 하지만 그 이상도 그 이하도 아니다.'

그다음으로 해볼 수 있는 것은 판에 박힌 착각을 막기 위해 매사를 그저 하나의 현상으로 받아들이는 연습이다. 과도하게 일반화해 추상적으로 사고하는 것은 착각을 부추기기 때문에 가급적 구체적으로 사고하는 것을 몸에 익히려고 애써야 한다. 예를 들어 당신이 누구에게 "점잖다"라는 말을 들었다고 하자. 그러면 '오늘 이런 차림 혹은 이런 행동이 그 사람에게 우아하다는 느낌을 주었구나'라고 생각하고 지나가자. 특정한 시간에 특정한 것이 특정한 인연 속에서 특정한 방식으로 받아들여지고 작용한 것뿐이다. 또 그런 현상이 벌어질 수도 있고 아닐 수도 있다. 모든 것이 그저 흘러가는 것이니 어느 쪽이든 상관없는 것이다.

그런데 그것을 '내가 점잖다'는 식으로 일반화해 자신의 특성이라고 생각해버리면 그때부터 믿음과 개념이 생겨 집착하게 된다. 그러면 다음에도 그 사람 앞에서 점잖게 보이고 싶을 것이고, 나아가 모두의 앞에서 점잖게 보여야 한다고 생각하게 될 것이다. 마침내는 '나는 점잖은 사람이니 모두가 나를 그런 식으로 대접해야 한다'고 점점 확대 해석해서 믿게 될 것이다. 점잖은 게 아니라 형편없다든지, 초라하다든지, 만족스럽지 않은 점에 대해서도 마찬가지 이야기를 할 수 있다.

무엇보다도 자신의 생각을 혼자 추측하지 말고 상대에게 매번 확인하는 습관이 중요하다. 그러다보면 자신이 얼마나 웃기는 착각을 하고 있었는지 금방 알게 된다. 지하철 맞은편에 앉아 뚫어지게 당신을 보던 사람이 시각 장애인이라면 마음이 놓이겠는가, 실망하겠는가? 혼자 웃고 말기를 바란다.

Chapter 3

똑똑,

나의
마음을
두드리다

공감이
닫힌 세계를 연다

+

자신을 드러낼 때
공감이 시작된다

인간관계에 내가 지닌 이미지는 인도 신화에 나오는 인드라의 망 같은 것이다. 우주 바다에 드리워진 거대한 그물에 씨줄과 날줄의 이음매마다 구슬이 달려 있고, 구슬들은 각자의 자리가 어디인지 알려주듯 서로를 비추며 서로의 움직임에 긴밀하게 영향을 끼친다. 구슬들이 우리라면 씨줄과 날줄의 엮임은 우리를 이어주는 인연일 것이다. 시시각각 새로운 인연으로 다시 풀리고 짜이는, 살아 있는 그물 위에서 우리는 만나고 부딪고 얽히며 각자 변하고 동시에 서로를 변화시킨다.

물론 우리의 변화와 서로의 역학은 우리를 맺어주고 잡아주는 그물도 변화시킨다. 우리는 완전히 자족적일 수 없는 존재라서 복잡하게 맞물린 속에서 서로 의존적이다. 우리는 생리적 필요와 심리적 욕구를 충족하기 위해 외부에서 무언가를 받아들여야 하고 동시에 외부로 자신의 잉여분을 발산해야 한다. 주고받고 뺏고 뺏기는 중에 망에서 교차하는 타이밍이 우리의 인연을 결정하는 것이다.

이때 외부와의 교류가 성공적으로 이루어지도록 돕기도 하고 망치기도 하는 중요한 일상의 상호작용이 있으니 바로 대화다. 대화는 두 개체 간에 통할 수 있는 다리 놓기 작업과 같다. 구체적으로 무엇이 오갈지는 모르나 다리를 통해 자기에게 필요한 것이 들어오고 자기 것이 밖으로 나간다. 그런데 종종 우리는 다리를 놓으려고 애를 쓰기는 하지만 무엇을 주고받는지도 모르면서 서로 힘 빠지는 노동만 하다가 만다. 사람들 속에서 실컷 떠든 것 같은데 돌아서는 순간 허망하고 씁쓸하고 전보다 외롭다는 느낌이 들면서 답답한 적이 누구에게나 있을 것이다.

'도대체 뭘 떠든 거지? 괜히 시간만 축냈네', '괜히 말한 거야. 어색하게만 되었어', '됐어. 잊어버리자!', '내 문제는 내가 알아서 처리해야지, 누구에게 뭘 기대한 거야?', '어디에도 나를 이해하는 사람은 없구나.' 이런 혼잣말을 중얼거리게 되는 경우였을 것이다. 잠시 내 이야기를 해보도록 하자.

"선생님, 이제 용서하세요"

견딜 수 없게 더웠던 어느 여름날, 하루 종일 땀나도록 바쁘게 뛰어다니는데 아이를 피아노 학원에서 데리고 와야 하는 시간이 되었다.

학원 지하 주차장에 주차하고 아이를 데리러 위층까지 올라가는 것이 번거롭게 느껴질 만큼 바빴던 터라 레슨이 끝나면 건물 앞에 나와 있으라고 아이와 미리 약속을 해두었다. 시간 맞추어 도로변에 차를 정차하고 아이를 기다리면서 나는 태산 같은 일들을 머릿속에서 지워가며 집에 가면 뭘 해야 하는지 바삐 점검했다. 그런데 30분이 넘도록 아이가 나오지 않았다. 주정차 금지 구역인지라 차를 길가에 버려두고 올라가볼 수 없어서 속이 탔다. 이제 와 주차장에 차를 세우려면 다시 건물 주변을 빙 돌아 주차장으로 들어가야 하고 그러면 아이와 엇갈릴 수 있다. 센스 있는 아이라면 한번쯤 내려와 무슨 일인지 엄마에게 귀띔해줄 수도 있을 텐데 내 아이는 그러기에는 너무 어렸다. 그래도 엄마가 기다린다고 생각하면 창문으로라도 내다보고 뭐든 말해줄 수 있을 텐데, 아무리 건물을 올려다보며 기다려도 창문에는 아무런 낌새가 없었다.

결국 기다리다 지친 나는 깜박이 등을 켜고 수십 계단을 날아가듯 뛰어올라 학원으로 들어갔다. 문을 들어서니 아이는 책상에 앉아서 선생님이 하고 가라고 시킨 음악 이론 문제를 친구와 장난치며 풀고 있었다. 태평한 모습을 본 순간 화가 치밀어 올랐다. 당시 초등학교 1학년이었던 아이는 엄마가 얼마나 기다렸는지 시계를 보고 계산할 수 있는 감각도 논리도 없었다. 그렇다고 선생님에게 나중에 하겠다거나 집에서 하겠다고 제 의사를 말할 만큼의 숫기도 없었다. 나는 선생님에게 급히 사정을 말하고 빨리 짐을 챙겨 내려오라고 아이에게 소리를 지른 뒤 밑으로 쏜살같이 뛰어 내려갔다. 다행히 차는 주정차 벌금 딱지를 얹고 있지 않았다.

차에 올라타니 얼굴에서 목까지 땀이 줄줄 흘렀다. '만사 다 내팽개치고 멀리 도망치고 싶다!'는 생각이 굴뚝같았다. 바쁜 업무에서, 귀찮은 아이에게서 벗어나고 싶었다. 비슷한 시늉이라도 하지 않으면 미칠 것 같아서 나는 아이가 내려오거나 말거나 일단 액셀을 밟아 그 자리를 떠나버렸다. 동네를 한 바퀴 빙 돌아 다시 아이가 있는 곳을 향한 나는 T자형 길에서 좌회전을 기다렸다. 거기서 200미터쯤 더 가야 학원 입구인데, 신호등이 바뀌었는데도 나는 왼쪽으로 꺾지 않고 우측 코너에 붙어 차를 멈췄다. 잠시 후 아이가 문밖으로 나와 나를 찾아 두리번거리는 게 보였다. 나는 그냥 길 건너편에서 아이가 어떻게 행동하는지 말없이 지켜보았다. 놀란 아이의 얼굴을 보니 미안했지만 한편에선 쌤통이라는 못된 마음도 들었다.

'엄마라고 한도 끝도 없이 기다려주지는 않을 거야. 엄마도 힘들어!'

마침내 울상이 된 아이는 포기한 듯 길을 걷기 시작했다. 아이가 집까지 걷기에는 좀 먼 거리였고, 그렇게 혼자 걸어본 적이 없어서 집으로 가는 길도 알지 못했다.

그때 아이의 눈에 길 건너편에 있는 내 차가 보였나보다. 반가움과 안도감이 고스란히 느껴지도록 아이는 내게 마구 손을 흔들어 보였다. 하지만 나는 그런 아이를 빤히 쳐다보면서 아무 반응도 하지 않았다. 나의 냉담함을 느꼈는지 아이는 잠시 주춤했다. 나는 그런 아이에게 본때를 보여주겠다는 고약한 심보로 일부러 등을 돌려 차를 우회전해버렸다. 푹푹 찌는 찜통더위에 미쳐서 상대가 누구든 '너도 당해봐'는 이상한 복수심으로 난폭하게 구는 사람 같았다. 물론 내게도할 말은 있었다. 20미터도 안 가 건널목 앞에서 차를 세웠으니 아이를 버리고 가려는 게 아니라 아이가 차 있는 데로 오기 쉽게 그러는 것이라고 변명할 수는 있었다. 하지만 그것이 진실이 아님을 나는 알고 있었다. 그제야 아이를 돌아보니 뙤약볕 아래서 고개를 푹 숙이고 터덜터덜 걷는 모습이었다. 불쌍했다. 나는 마음을 돌려 아이가 길을 건널때까지 기다렸다가 아무 말 없이 아이를 태워서 조용히 집으로 돌아왔다.

그날 아이는 내 눈치를 보며 하루 종일 얌전히 굴었다. 그렇게라도하루가 조용히 가는 게 좋아서 나는 아이에게 끝까지 다정하게 굴지않았고, 저녁때가 되어서야 하던 일을 마치고 아이를 불러 엄마가 왜그렇게 화가 났는지, 앞으로는 어떻게 하면 이런 일이 없을 것인지 설명해주었다. 물론 나도 미안했던 점을 솔직하게 사과하고 하루를 마감했다.

그런데 우습게도 그날 일은 아이보다 내게 더 큰 상처로 남았다. 며칠 후 나는 치료사 회의에 들어가 그날 내가 얼마나 웃겼는지를 실감나게 온몸으로 열연하며 들려주었다.

"와, 정말 심했다. 선생님도 별 수 없네요." "더워서 그렇죠. 불쾌지

수가 장난이 아닌 것 같아요." "아이가 놀랐겠네요. 애는 괜찮아요?"

모두들 내 호들갑에 발맞추어 와자지껄 반응했다. 나는 아이에게 등을 돌리고 찔끔찔끔 약 올리듯 액셀을 밟아 아이의 시선에서 점점 멀어져간 대목을 특히 흥미진진하게 묘사하려고 애썼다. 그런데 갑자기 그 대목에서 생각지도 않게 얼굴에 피가 확 몰리는 게 느껴졌다. 그때 한 제자가 내 팔을 꽉 잡더니 눈을 맞추고는 소용히 말했다.

"선생님, 이제 용서하세요."

그때의 경험을 뭐라고 말해야 좋을까? 한순간 거꾸로 솟던 피가 착 가라앉더니 온몸에 힘이 빠지고 사지가 나른해졌다. 긴장이 풀리니 순간 졸리기까지 했다. 나는 하던 짓을 그만두고 침묵했다. 생각해보니 알 것 같았다.

"그 말이 듣고 싶어 이리 길게 설명했나봐. 네가 나를 멈추었으니 망정이지 내일도 어디 가서 또 이러고 있을 뻔했다. 내가 한 짓이 너무 우습고 엄마답지 못해 스스로 용서가 안 되었던 거야. 네 말이 맞아. 이젠 용서해야지. 이 간단한 것을 스스로 못해 네 도움이 필요했구나. 고맙다."

주파수를 맞추지 못하는 사람들

공감은 다른 사람의 경험을 존중하고 이해하는 것을 말한다. 혼신을 다해 상대의 말을 들어줄 때, 즉 자기를 중심에 놓지 않고 모든 관심을 상대방이 말하는 것 자체에 둘 때 서로 다른 두 사람은 같은 것을 느끼게 된다. 공감을 받게 되면 그 사람은 스스로 감당이 안 되어 부정하고, 억압하고, 해석하고, 합리화하려고 했던 모든 노력이 갑자기 불필요해지기 때문에 긴장이 해소되는 것을 느낀다. 쓸데없는 데 들었던 에너지가 그런 식으로 해방되면 그만큼 자유롭게 남아도는 힘이 생기기 때문에 자연스럽게 다른 데로 관심을 돌리게 된다. 여유 있게 지난 문제를 다시 생각해보거나, 그제야 다른 사람의 말에 귀가 열려 대화를 긍정적으로 풀어가거나, 자신이 바라던 것을 성취하기 위해 효과적으로 행동할 마음을 먹거나 한다.

하지만 보통 우리는 남의 말을 들을 때 공감하기보다는 자신의 선입견과 판단에 따라 자신의 견해와 느낌을 피력하려고만 한다. 도움이 될 무언가를 해주려고 섣불리 조언하거나, 문제를 바로잡으려고 덤벼들거나, 옳고 그름을 따지거나, 상대방을 안심시키려고 애쓰기 십상이다. 게다가 이해를 공감이라고 착각해 '무슨 소리인지 알겠다', 혹은 '왜 그러는지 알겠다'는 지적인 이해로 대화를 마무리하려고 들기도 한다. 머리로 하는 이해는 내 쪽에 그대로 서서 그 사람을 바라보고 고개를 끄덕이는 것에 불과한데도 그 사람이 되어서 같은 것을 느끼는 공감이라고 잘못 생각하는 것이다.

그렇다면 왜 공감하며 이야기를 듣는 것이 이렇게도 힘든 것일까? 여러 사람의 이야기를 들어보자.

이 씨는 하루라도 운동을 빼먹으면 마음이 불편한 사람이다. 그런데도 전날에는 몸이 아파서 운동을 갈 수가 없었다. 다행히 오늘은 일요일이니 느긋하게 있다가 컨디션을 보고 운동을 가야겠다고 생각하며 좋아했다. 그런데 친구가 제 볼일 때문에 들러 공교롭게도 하루 종일 같이 있게 되었다.

친구 운동 안 가?

이 씨 가야지. 어제도 아파서 운동을 못 가 찌뿌듯해. 그런데 배가 좀 아프기도 해. 막상 가서 뛰면 기분도 좋아지고 컨디션도 좋아질지 모르지. 하지만 하루 더 쉬어야 하는 건가 싶기도 하네. 곧 체육관이 문 닫을 거라 가려면 지금 바로 일어나야 되는데 하던 일도 있고, 너도 있고……딱히 마음이 안 내키네.

친구 나는 신경 쓰지 말고 어서 가. 나중에 후회해. 나는 이거 끝마치고 갈게. 자, 결정 못하겠으면 내가 대신 해줄 테니까 지금 바로 일어나 나가는 거야. 어서! 어서!

이 씨 내 이야기는 어디로 들었어? 너 때문만은 아니라니까. 배가 아프기도 하다고!

바라는 마음은 굴뚝같아도 몸이 안 따라주고 상황도 편하지 않으니 자꾸만 미적거린 이 씨였다. 그의 불편한 마음에 공감했다면 친구는 컨디션이 회복되지 않았으니 하루 더 쉬는 것도 나쁘지 않다고 말했을 것이다, 다음 날 거뜬해지면 더 많이 운동할 수 있을 거라고 위로도 덧붙이면서 말이다. 하지만 친구는 이 씨의 말을 자기 입장에서만 들었다. 자기 볼일 때문에 일정을 망쳤나 싶어서 미안해지자 자기 때문에 운동을 못 가게 되었다는 말을 들을까봐 서둘러 이 씨의 등을 떠밀어 운동을 가라고 재촉했던 것이다.

반면, 김 씨는 일터에서 몇 가지 좋지 않은 사건을 경험하면서 문득 자신이 하고 있는 일이 겁나고 두려워졌다. 자신이 일을 계속할 수 있을지, 아니 계속하고 싶기는 한지 갑자기 잘 모르겠다는 생각이 들었다. 그래서 제일 친한 친구에게 그러한 자신의 심정을 자세히 들려주었다.

김 씨 (중략) 그래서 말이지, 자꾸 그런 생각이 드는 거야. 이게 정말 내가 원한 일 맞나? 왜 계속 나 자신을 업그레이드해가면서 이 자리에 있어야 하는 거지? 그런 회의가 드는 거야. 다 뭐하자고 그러는 거야? 나 아니면 안 되는 것도 아니지 않아? 조금 더 편하고 쉽고 즐거운 일을 하면 안 되는 건가?

친구 너 전에도 이런 적 많아. 늘 이러다가도 잘해냈잖아. 걱정 마. 넌 잘할 거야. 난 널 믿어.

김 씨 그런 이야기가 아니잖아! (침묵) 관두자. 내가 너한테 무슨 말을 하겠니.

친구는 흔들리고 회의하는 사람은 격려와 지지가 필요하다는 통념을 따르느라 김 씨의 말을 제대로 듣지 않았다. 결국 친구의 섣부른 믿음과 격려는 김 씨의 입만 다물게 만들었다. 친구가 자신의 생각을 따르는 대신 진정으로 김 씨의 심정이 되어보았다면 이렇게 말했을지도 모른다.

"너 많이 힘들구나", "지쳤나봐", "앞으로의 변화가 많이 두려운가 보다."

그런 말을 들었다면 김 씨는 친구의 말에 긴장을 풀고 시원하게 엉엉 울고는 이내 복잡한 감정을 털어냈을지도 모른다. 그리고 나서 어떤 결정을 내렸거나 같은 자리에서 더 열심히 일했을지도 모른다.

다음은 자신이 뚱뚱한지 걱정하는 한 여성이 배우자와 나누는 대화다.

아내 (옷을 입고 거울에 자신을 비추어보면서) 나 또 살이 쪘나봐. 어떻게 해. 바지가 꽉 껴.

남편 살 안 쪘어. 괜히 기분이 그런 거야. 내가 보기엔 똑같아. 그리고 좀 찌면 어때? 아줌마가 그 정도 살집은 있어야지. 내 눈엔 예뻐. 내 눈에만 예쁘면 되는 거 아냐?

아내 그럼 찌긴 찐 거야? 자기가 봐도 찐 거지?

남편 아니, 살 안 쪘어. 똑같다니까.

아내 최근 들어 몸이 더 무거워진 것 같아서 힘들어. 왜 그러지? 먹는 건 비슷한데…… 운동을 더 해야 하나?

남편 그럼 다이어트를 해봐. 전에 내가 인터넷에서 정보를 찾아주었잖아. 자기는 늦은 시간에 가리지 않고 먹는 게 문제야. 그리고 일주일에 한 번씩만 장거리 자전거를 타봐. 사람들이 그러는데 살이 쫙 빠진대.

아내 거봐. 자기도 내가 다이어트에 운동을 더 해야 한다고 생각하잖아. 살쪘다고. 그러면서 왜 거짓말을 해?

남편 어휴, 가만히 앉아서 투덜대기만 하니까 그럴 거면 바라는 대로 움직여보라고 효과적인 방법을 알려준 것뿐인데 내가 무슨 거짓말을 했다고 그래? 내가 지금 당신 살이 쪘다고 말하는 게 아니잖아! 실제로 다이어트나 운동을 더 하는 것도 아니면서 살쪘다고 징징거리는 걸 나보고 어떻게 하라는 거야. 살이 안 쪘다고 해도 듣지 않고, 살을 빼고 싶으면 이렇게 해보라고 해도 딴소리고. 뭘 바라고 내게 이런 이야기를 하는 건지 모르겠어. 이건 정말이지…… 그냥 모르는 척을 해야지, 원.

아내 당신에게 뭘 바라는 게 아니야. 그냥 내가 살이 쪘나 걱정하고 있는 것뿐이잖아. 당신이 뭘 어떻게 해주길 바라는 게 아니라고! 그냥 내가 걱정하고 우울한 것 그대로 들어주면 안 돼?

남편 어떻게 그래? 아내가 걱정하고 우울해하는데 어떻게 가만히 있느냐고!

남편은 아내의 심정에 공감하기보다는 그녀가 빠져 있는 고민에 해결책을 제시하려고 애쓰고 있다. 그러는 중에 이야기는 자꾸 엇나가서 아내는 남편이 자신을 이해하지 못하는 것 같아 서운하고, 남편은 자신이 애정을 지니고 관심을 표현하고 있다는 것을 아내가 몰라 주니 서운하기만 하다. 누구의 잘못도 아닌데 서로 주파수를 맞추지 못해 각자 다른 이야기를 하면서 마음만 상하고 있다.

공감은 어떻게 이끌어낼까

올바른 대화의 열쇠를 쥐고 있는 쪽은 사실 듣는 쪽이 아니라 말하는 쪽이다. 공감받고 싶은 사람이 받을 수 있게 표현해야 듣는 사람도 제대로 귀 기울여 공감할 수 있다. 자신이 무엇을 바라는지도 모른 채 떠들고 있는데도 마술처럼 누가 척 알아서 공감해주기를 기대할 수는 없다.

그렇다면 어떤 식으로 말해야 공감을 이끌어낼 수 있을까? 중요한 것은 상대나 외부에 초점을 맞추어 무언가를 설명하기보다는 자신의 내면에 초점을 맞추어 필요와 욕구를 표현하는 것이다. 이 씨와 친구의 대화를 예로 들어보자. 이 씨가 친구의 말에 발끈 화를 내는 대신 다음과 같이 말했다면 제 입장에서 고집을 부렸던 친구라도 이내 그 마음을 알고 공감하지 않았을까?

이 씨 너 때문만이 아니라 내 배가 아파서이기도 해. 몸이 아픈데도 무리해서 운동을 가는 건 좋지 않을 거야. 하지만 자꾸 운동을 빼먹다보면 습관이 깨져 나중에 꾀가 날까봐 불안하기도 해. 하루 정도는 더 쉬어도 된다고 네가 한마디만 거들어주면 마음이 편할 것 같아.

김 씨와 친구의 경우도 마찬가지다.

<u>김 씨</u> 그런 격려가 필요한 게 아니야. 막상 하면 잘한다는 것을 나도 알아. 그리고 언제나 문제를 잘 헤쳐 나가는 편이라는 것도 알고 있지. 하지만 내가 지금 많이 힘들다고 이야기하고 있는 거야. 지금은 내 투정을 그냥 말없이 받아주면 좋겠어.

김 씨가 이런 식으로 이야기한다면 자신이 도와줄 것이 있어야 한다는 생각에 괜히 마음 쓰느라고 바빴던 친구도, 김 씨의 감정을 그대로 좇아 더 잘 들어주지 않았을까?

싸움을 하게 된 부부의 경우에도 아내가 아래와 같이 이야기한다면, 남편이 아내를 안심시키기 위해 헛된 노력을 계속하느라 괜히 지치는 일은 없을 것이다.

<u>아내</u> 당신이 내게 힘을 북돋아주려고 해도 내 몸매가 스스로 마음에 안 드니 당신 말이 별로 위로가 안 되는 것 같아. 당신에게는 그 점에서 참 미안해. 하지만 남이 뭐라 해서가 아니라 내가 체감하는 내 몸 상태라는 게 있는 거야. 내가 뚱뚱한 것같이 느껴질 때면 우울하고 속상해. 그냥 내가 많이 속상하다는 걸 같이 느껴주면 좋겠어.

하지만 우리 문화에서는 자기 이야기를 이런 식으로 깊고 길게 하는 것을 좋아하지 않는다. 이런 표현은 구구절절 쓸데없는 사족이라고 여기고 누가 이런 이야기를 끝까지 들어줄까 의심부터 한다. 그래서 한국 사람은 할 말만 한다. 그냥 알아서 듣고, 오해하면 상대가 이상하거나 원래 그렇다고 생각하고 만다. 그렇다고 우리나라 사람이 이해받고자 하는 욕구가 적은 것은 아니다. 사람은 누구나 단순한 이해를 넘어 이심전심 하나로 통하는 중에 세상과 연결되어 있다는 느낌을 받고 싶어 한다. 혼자가 아니라는 느낌은 우리에게 커다란 위안이 되며 동시에 세상이 살 만하다는 느낌을 준다. 외국에서도 생활해보고 모국에서도 일하고 있지만 인간의 근본적인 바람과 필요에 문화적 차이가 있다는 생각은 해본 적이 없다. 단지 습관과 관행이 다른 것뿐이다.

이야기의 핵심은 '나'

공감을 주고받는 대화를 하려면 말하는 사람이 먼저 자신의 감정과 욕구와 필요에 집중할 수 있어야 한다. 'I' 중심적인 서구에서는 어렵지 않은 일인데 나를 앞세우는 것이 미덕이 아닌 우리 문화에서는 이것부터가 훈련 없이는 쉽게 되지 않는다. 공감을 이끌어내는 대화의 원칙은 사실 간단하다. 매사에 "~할 때, 나는 ~를 느낀다. 나는 ~이 필요하기 때문이다. 그래서 나는 지금 ~를 했으면 한다. 혹은 당신이

~를 해주기를 바란다"라고 말하면 된다. 구체적으로 예를 들어 설명해보겠다.

새로운 시작에 열의를 느끼는 대학원 신입생이 영어 스터디 모임에 참여하려고 들어가자 모임의 대표가 문 앞에서 길을 막았다.

대표 3차 학기 이상의 학생들이 졸업 시험을 준비하면서 영어 공부를 하는 자리입니다. 신입생이 올 자리가 아닙니다.

신입생 (무시당한 느낌에 기분이 안 좋았지만 애써 민망함을 감추면서) 아, 그렇습니까? 알겠습니다.

다른 회원 이왕 온 것인데, 하루 참여해보라고 해요. 크게 방해될 것도 없는데…….

신입생 아니, 됐습니다. 저도 그럴 마음이 사라졌습니다.

신입생은 그날 있었던 일을 친구에게 이야기하면서 모임의 대표라는 작자가 전혀 돼먹지 않았다고 흉을 보았다. 학기 수가 높다고 잘난 척을 하면서 자기를 무시했다고 욕을 한 것이다. 친구는 "그렇게 화를 낼 게 아니라 다시 가서 조금 더 분명하게 네 표현을 해보는 것이 어때?"라고 조언했다. 신입생은 친구의 말에 용기를 내 대표를 다시 찾아가 어렵게 말을 꺼냈다.

신입생 그날 조금 더 친절하게 설명을 해주셔도 좋았을 텐데 선배들만 공부할 수 있는 자리라고 못을 박아서 기분이 별로 안 좋았습니다. 저같이 아무것도 모른 채 무작정 관심이 있어 찾아오는 사람도 있을 텐데 저처럼 상처를 받을까봐 걱정되네요.

대표 기분을 상하게 하려고 했던 게 아니라 사실을 말한 것뿐입니다. 말이 좀 딱딱하게 나갔다면 미안합니다. 모임의 성격을 전달한 것뿐인데 지금 후배님처럼 무시당했다는 느낌을 받을 사람이 그리 많을지는 잘 모르겠네요. 제가 보기엔 너무 예민하신 것 같네요.

신입생은 다시 친구를 찾아와 대표의 욕을 더 심하게 했다. 열의에 찬 그의 마음에 찬물을 끼얹었으니 '더럽고 치사해서 이제부터 혼자 공부하겠다'고 마음을 먹은 것이다. 물론 대표도 "신입생 중에 웃기는 사람이 정말 많다"라고 다른 사람들에게 깔보듯 그의 이야기를 하고 다닐지도 모를 일이다.

이런 사소한 사건은 언제 어디서든 생기는 일이다. 이런 일이 벌어지면 그럴 의도가 아니었는데도 서로에게 상처를 주게 된다. 그런데 신입생은 친구의 조언처럼 자신을 제대로 표현하기는 한 걸까? 기분이 나빴다는 것을 말하면서 이유로 대표의 말과 태도를 지적했는데 그렇게 자신의 감정을 언급하는 것이 '자기표현'인가? 그런 식으로 자신의 감정을 상대에게 전가하면서 상대의 행동이 잘못되었다는 듯이 지적하는 사람에게는 누구도 편안하게 다가갈 수 없을 것이다. 나라도 대표의 입장이라면 괜히 나를 공격하고 있다는 생각에 같이 시시비비를 따지려고 들 것이다. 혹은 일단 내 입장부터 변호하려고 들거나 오히려 맞대응을 해서 신입생을 우습게 만들려고 애쓸 것이다. '화만 낼 게 아니라 다시 가서 자기표현을 제대로 해보라'는 친구의 조언이 무엇을 말하는 것인지 신입생이 제대로 이해했다면 아마 다음과 같은 대화가 진행되었을 것이다.

<u>신입생</u> 지난번에 제가 선배님의 설명을 듣고 그냥 갔잖아요. 그때 사실 마음이 좀 상했습니다. 새 학기를 맞아 뭐든 열심히 해보고 싶어 의욕만 앞섰던 차에 제가 있을 곳이 아니라는 말을 들으니 자존심이 상하고 무시당하는 것 같은 느낌을 받은 겁니다. 선배님 입장에서는 할 말만 정확하게 전달하신 건데 제가 멋대로 남을 깔보는 태도라고 생각해버린 거죠. 제가 다시 이렇게 찾아온 이유는 선배님들이 어떤 식으로 공부를 하시는지 보고 저도 공부 방향을 잡는 데 참고하고 싶어서 하루라도 같이 공부할 수 있는지 여쭙기 위해서입니다. 물론 거절하셔도 이번에는 감정 없이 받아들일 수 있습니다.

<u>대표</u> 그랬군요. 제 말이 그런 식으로 들렸다고는 생각도 못했습니다. 조금 더 신경 써서 말하지 못한 것 죄송합니다. 안 그래도 지난번 이후 모임 사람들과 후배들의 참여에 대해 이야기를 나누었습니다. 하루 참여하시는 데는 큰 문제가 없습니다. 지금 회원들에게 동의를 구해볼 테니 잠깐만 기다려주시겠어요?

누가 이 바쁜 세상에 저렇게 길게 설명할까? "저거야 이상적인 대화지, 실제에서 저렇게 구구절절 떠들면 상대에게 민폐를 끼치는 것일 수도 있다. 상대가 끝까지 들어주지 않으면 그게 무슨 망신이냐? 너무 구차하다." 내 학생 중에도 이런 말을 하는 사람이 많았다. 사실 그렇기도 할 것이다. 하지만 '더불어 사는 사회'를 강조하면서도 이 정도 대화를 길고 구차한 것으로 느끼는 우리를 한번쯤 반성해보아야 하는 것은 아닐까?

자신의 내면에서 무엇이 어떻게 벌어졌는지 설명하면서 진짜로 원하는 것을 분명하게 들려주면 상대도 마음을 열고 그 사람이 원하는 것을 가급적 들어주려고 적극적으로 나오게 되어 있다. 모든 것은 익숙함의 문제다. 이런 대화는 이미 많은 사람이 시도하고 있고, 조금만 익숙해지면 누구나 할 수 있다. 딱 한 가지, 모든 이야기의 핵심은 '너'가 아니라 '나'라는 사실만 배우면 말이다.

공감을 이끌어내는 대화를 주고받으려면 우선 자신의 느낌과 감정을 재빨리 알아채고, 감정을 일으킨 상황이나 상대방의 행동을 인식할 수 있어야 한다. 그러한 느낌과 감정을 불러일으킨 것은 외부 상황이 아닌 자기 내면의 방식이다. 외부의 '누구'나 '무엇'은 자기에게 고유한 마음의 작동을 일으키는 데 단지 계기만 되었을 뿐이다. 많은 사람이 잘못 알고 있는 것이 바로 이 점인데, 너 때문에 혹은 네 잘못으로 내가 이런 기분이 들고 이런 상태가 되었다고 말하는 것은 진정한 자기표현이 아니다. 감정을 촉발시킨 '너' 혹은 '그것'에만 초점을 맞추면 상대방도 할 말이 많으니 말한 사람의 이야기를 듣지 않고 서둘러 자기 말만 그 위에 얹으려고 한다. 그러다가 옥신각신 따지고 싸우게 된다.

치료실을 찾아오는 사람이나 학생에게 올바른 대화법을 설명해주면 모두 흥미를 느끼면서 집에 가 시도해본다. 하지만 그렇게 대화를 시도했다가 오히려 더 예민하게 반응해서 상대방과 싸우게 되었다고 불만스럽게 보고하곤 했다. 왜 그런 결과가 되었는지 살펴보면 언제나 무언가가 빠져 있었다. 사람들은 자신에게 영향을 끼친 상황을 파악하는 것은 전혀 어렵게 느끼지 않는다. 자기감정이 무엇인지 파악하는 것도 조금만 훈련하면 힘들이지 않고 잘해낸다. 진짜 문제는 관련된 사람의 행동이나 벌어진 상황을 여전히 자기감정의 원인이라고 생각하는 데 있다.

감정을 일으키는 진짜 이유는 자기 안에 있는 법이다. 상황을 해석하는 고유의 방식이 특정한 감정을 일으키고, 원하거나 필요로 하는 게 주어지지 않으니 좌절하고 욕구불만이 생긴다. 자기 고유의 사고방식을 이해하고, 자신이 정작 바라고 기대했던 것이 무엇인지 인식하는 사람은 상황이나 상대방에게 원인을 돌리려는 경향을 줄일 수 있다. 그런데 감정의 이면에 있는 욕구와 필요를 깨닫고 있어도 사람들은 그것을 표현하는 데 주저하곤 한다. 이유는 "쪽팔리고" "부끄럽고" "어린애같이 느껴지고" "자기 약점을 노출하는 것 같아서"라고 입을 모아 설명한다.

공감을 주고받는 대화는 상대에게 연민을 이끌어내 서로의 삶을 충만하게 하는 인간관계를 형성하도록 돕는다. 연민을 통해 쌍방의 마음이 열리려면 서로의 취약점을 정직하게 드러낼 수 있는 용기가 필요하다. 서로 가슴을 맞대고 포옹하는 인사는 창칼로 싸움하던 시절 자신의 가장 취약한 부위를 적에게 노출해 믿음과 환대를 표현한 데서 시작되었다는 이야기도 있지 않은가. 서로 얼싸안고 심장의 박동을 같이 느껴보려면 먼저 가슴을 열어 상대에게 다가가야 한다. 자신의 소망과 필요를 알리는 것이 우리의 취약점을 드러내는 일도 아니다. 그런데도 그것이 자신의 약한 모습을 보이는 것은 아닐까 겁내는 사람이 많다. 자신의 속을 알리는 것이 서로의 관계를 돈독하게 하는 데 도움이 된다는 것을 먼저 배울 필요가 있다.

자신의 필요와 욕구를 있는 그대로 표현한 뒤에는 문제 상황 속에서 상대방에게 바라는 것을 구체적으로 부탁할 수 있어야 한다. 하지만 많은 사람이 거절당할 것이 두려워 부탁을 제대로 하지 못한다. 상대의 거절을 자신이 부탁한 구체적인 일에 대한 거절이라고 생각하는 대신 자기라는 사람에 대한 일반적인 거절이라고 확대 해석하는 경향때문에 그렇다.

물론 우리가 부탁한다고 상대가 반드시 응해줄 것을 기대할 수는 없다. 내가 원하는 대로 일이 벌어져야 한다는 것을 전제하면 이미 부탁이 아니라 강요인 셈이다. 내가 상대를 위해 존재하는 게 아닌 것처럼 상대 역시 나를 위해 존재하지 않는다. 그럼에도 나의 바람과 필요를 충족하는 데 기여해달라고 그에게 구체적인 행동을 부탁하는 이유는 요청이 반드시 이루어져야 하기 때문은 아니다. 그렇게 알리고 이해받는 과정 자체가 우리의 관계를 확장하고, 평화롭고 안전한 공감대 속에 서로를 쉬게 하면서 에너지를 재충전할 기회를 주기 때문이다.

공감하고, 공감받는다는 연결감

공감을 주고받는 데 실패하는 사람들이 저지르는 또 하나의 흔한 실수는 자신의 감정과 욕구만 전달하려고 하지 상대의 감정과 욕구에는 전혀 공감하지 않는 것이다. 내가 공감을 이끌어낼 수 있도록 말을 잘 건네도 상대는 자신의 문제나 그동안 쌓인 감정 때문에 내 말을 곡해하거나 민감하게 반응해 도리어 폭언을 할 수 있다. 그때는 오히려 상대에게 연민을 느끼며 그의 감정과 필요에 공감하려고 노력해야 한다. 그 사람의 표면적인 말이나 행동에 집중하지 말고, 표현되지 못한 내면의 모습에 초점을 맞추어 대화를 좇아가야 하는 것이다. 그러다보면 그 사람이 던지는 말에 그저 발끈하면서 반응하게 되지는 않는다.

상대에게 공감받을 때뿐 아니라 상대에게 공감할 때도 우리는 자기 안에 뭉쳐 있던 에너지가 풀리는 것을 느끼게 된다. 다른 사람의 느낌과 욕구를 이해하면서 공통된 인간성을 경험하는 일은 공감받을 때와 마찬가지로 자폐적이었던 우리의 닫힌 세계를 열어준다. 세상이 서로 무관하게 돌아가지 않고 연민으로 연결되어 있음을 느끼면 우리는 안도의 한숨을 쉬게 된다. 공감하며 들어줄 수 있는 사람과 만나 충분히 접촉하게 되면 우리는 사람을 무능하게 만드는 정신적 상처를 초월할 수 있다. 공감에는 엄청난 치유 능력이 있다.

신은 우리 모두에게 다른 사람의 삶을 풍요롭게 해줄 수 있는 능력을 부여했다. 그리고 우리는 물론 다른 사람 덕분에 삶이 풍요로워지는 것을 경험하고 있다. 만약 자신이 그러고 있지 않다면 세상을 히나로 잇는 그물 위에서 홀로 고립되어 있는 것은 아닌지 뒤돌아보아야 한다.

그물에 연결되기 위해서는 자신이 자신에게 먼저 연결되어야 한다. 자신에게 연결된다는 것은 자신의 느낌과 생각과 필요와 바람을 자각하고 있다는 뜻이다. 자신을 먼저 알게 되면 그다음에는 다른 사람과 연결되기 위해 스스로 마음의 문을 열어야 한다. 누군가가 내 감정에 책임을 지고, 내가 말하지 않아도 내 욕구를 알아서 충족해줄 것을 기대한다면 삶에 대한 책임을 세상에 무책임하게 돌리는 셈이다. 이는 자기 힘을 스스로 없애버리는 결과를 만들기도 한다. 삶의 열쇠를 세계의 불특정 다수에게 던지지 말고, 스스로 감정과 욕구에 책임지면서 세상에 나가 자신의 삶의 질을 높이는 데 기여해달라고 부탁하는 법을 배우는 것이 중요하다. 그러다보면 그 과정 자체가 또 다른 사람을 자극하고 그들의 삶을 풍요롭게 만드는 인연으로 작용하기도 한다.

세상의 그물에는 이미 내 자리가 있다. 그 자리를 뒷받침하고 있는 주변의 이음새를 살펴보고 주변의 구슬에 말을 걸어보자. 나 여기 있다고. 그리고 너 거기 있느냐고. 청중에게 큰 박수갈채를 받았던 영화 〈왕의 남자〉의 마지막 장면에서도 장님이 된 주인공이 그렇게 말했던 것이 기억난다. 인연을 확인하고 혼자가 아니라는 기쁨이 거기 있었다. 눈이 멀어도 내 자리가 있고 옆자리가 있으니 견딜 수 있다. 연결감은 참으로 중요한 것이다.

꿈과 대화를
나눌 수 있을까

+
은밀하고 지혜로운
꿈의 언어

피곤해서 집에 설치되어 있던 경보 장치를 켜놓지 않고 잠이 든 어느 날, 일어나서 장치를 켜야 한다고 비몽사몽간에 생각하면서도 몸을 일으키지 못하고 계속 잠들어 있었다. 그때 누군가 외부의 직통 계단을 통해 2층 우리 집 베란다로 올라오는 게 느껴졌다. 이내 현관문 앞 센서가 켜졌고 나는 무슨 일인가 싶어 억지로 몸을 일으켜 창문 블라인드 틈새로 밖을 내다보았다. 검은 옷을 입은 두 남자가 베란다에서 싸우고 있었다. 너무 무서워 경찰을 부르려 했으나 그들이 2층으로 올라올 때 전화선을 잘라놓았다는 것을 알았다. 서둘러 휴대전화로 112에 전화를 걸려고 하는데 그들이 불쑥 외벽을 뚫고 방 안으로 들어왔다. 나는 소리를 지르면서 꿈에서 깼다.

10여 년 전에 꾼 꿈이다. 지금까지도 생생하게 기억하는 것은 이 꿈이 내게 의미하는 바가 컸기 때문이다. 당시 나는 시름시름 앓고 있었는데 병원을 다니며 각종 검사를 해도 진단이 나오지 않았다. 그러다 우연히 기 치료를 하는 침술사를 알게 되었고 달리 의지할 데가 없어 그분에게 몸을 의탁한 채 7개월 동안 치료를 받았다. 그러던 중 뜻하지 않게 하단전下丹田이라는 곳이 열리는 경험을 했다. 지금도 하단전이 정확히 어딘지, 그것이 열린다는 게 무엇을 뜻하는 것인지 알지도 못하고 알고 싶지도 않지만, 몸과 마음의 신비한 체험을 하게 된 것은 사실이다. 이후 1년 동안 나는 몸에 맞추어 정신이 빠르게 변화하는 혼란을 심하게 겪어야 했다. 위의 꿈은 세상에 새롭게 열린 나 자신과, 그래서 통제되지 않고 내 안으로 들어와버리는 기운에 당시 내가 느낀 공포를 잘 보여준다.

이후에도 여러 사람이 내 집을 들락거리고 기웃거리는 꿈이 계속되었다. 보통 꿈에서 집은 자기를 뜻할 때가 많은데, 기본 거처로서 층층으로 복잡한 방 구조를 갖고 있고 외부로 출입하면서 벽이라는 경계도 갖고 있어 개인의 신체와 정신을 상징하곤 한다. 심리 치료에서는 꿈의 의미를 분석할 때가 자주 있다. 사람들은 외출했다가 집을 찾지 못해 헤매거나, 이사한다고 짐을 다 꺼내놓고 어수선한 속에 있거나, 부모님 집에서 머물면서 자기 집이 아니라고 느끼거나, 어디에도 자기 집이 없어 건물과 건물 사이에 천막을 치고 임시로 머물러 있거나 하는 상징을 꿈에서 사용하곤 한다. 그중에서도 남이 보면 안 되는 것을 집 안 어딘가에 숨겨놓고 들킬까봐 노심초사하거나, 지하에 내려가보니 자기도 모르게 벌레나 오물이 가득해서 치우느라 애먹는 꿈 같은 것은 더 주목해서 보는 종류다.

내 경우, 꿈에 나온 집은 10년 전 주차장을 만들려고 벽과 마당을 터서 담도 대문도 없이 외부에 노출된 공간이었다. 지층은 일터였고, 1층에는 세를 준 원룸들이 있었으며, 나는 맨 위층인 2층에 살았다. 각 층은 독립된 공간이라 내부로 연결되어 있지 않고 외부 계단을 통해 들어가게 되어 있었다. 심리 치료사로서 다양한 사람과 깊이 교류하면서 내 것 네 것 없이 정신을 뒤섞어 지내야 하는 나로서는 경계를 치는 벽도 없고 이중문도 없이 곧장 현관을 만나게 되는 그 집이 나 자신의 상황에 그대로 맞아떨어지는 비유였다.

꿈에서 2층은 의식적인 일상의 층을 대변한 반면, 지층은 지면에 닿아 있으면서도 알 수 없는 외부 손님을 끊임없이 맞아야 하는 무의식적인 층을 가리켰다. 종종 꿈에서 악마 같은 존재가 하수인을 데리고 와서 지층에서 나를 기다렸다. 나는 내가 더 강하니 넘보지 말라는 것을 보여주려는 듯 그의 매서운 눈을 똑바로 보면서 눈싸움을 하곤 했다. 하단전이 열리는 사건이 있고 나서는 그동안 안전했던 2층마저 낯선 이들에게 침범당하는 꿈을 계속 꾸었다. 그때 꾼 또 다른 꿈도 있다.

손톱이 길어 무겁고 지저분하다고 느끼고 있던 터에 손톱깎이로 손톱 아래 때를 빼내는 꿈을 꿨다. 왼손 두 번째 손톱 아래 뭔가가 있어 꺼내는데 얇고 긴 지렁이 같은 벌레가 나왔다. 끔찍하고 싫어서 순간 소리를 질렀다. 온몸이 혐오감으로 긴장되었다. 그 벌레는 자기 전에 실제로 읽다가 머리맡에 펼쳐둔 크리스티안 노스럽의 『여성의 몸, 여성의 지혜』 책갈피 사이로 기어 올라갔다. 책의 오른쪽 페이지로 벌레가 뚫고 들어가려는 순간 그냥 두면 책이 파손된다는 생각에 서둘러 휴지 뭉치를 던져 벌레를 맞추었다. 눌러 죽이기는 싫었고 그냥 치울 생각만 했다.

휴지를 맞고 튕겨 나간 벌레는 벽을 타고 천장으로 기어갔다. 다시 맞추면 내게로 떨어질 것을 알았지만 나는 서둘러 또 휴지 뭉치를 던져 그놈을 맞추었다. 그런데 벌레가 내 얼굴로 떨어져 벌어진 옷 사이로 들어왔다. 나는 "으악!" 소리를 지르며 벌레를 빼내려고 온몸을 털며 손사래를 쳤다. 잠에서 깨어나서도 상황 파악이 안 된 나는 꿈에서와 똑같이 소리를 지르며 온몸을 흔들어댔다.

낯설고, 그렇기 때문에 징그러운 것이 내 몸 아래 숨어 있었다. 꿈에서 굳이 오른쪽, 왼쪽을 구별해서 인지한 것은 상징하는 바가 있어서다. 꿈에서 왼쪽은 무의식, 오른쪽은 의식을 뜻하곤 하는데 벌레는 왼손 두 번째 손가락에서 나왔다. 검지에 해당되는 경락이나 경혈과 관련이 있는지도 모른다. 아무튼 내게서 시작된 새롭게 꿈틀거리는 무언가가 책 제목이 말하듯 내 몸과 지혜로 파고들었다. 새로운 움직임이 신체와 정신의 오른쪽 페이지로 파고 들어오는 것을 보면서 나는 그러면 의식적인 측면이 파괴될 것이라는 두려움을 느끼고 막으려고 한다. 하지만 그것을 죽일 마음은 없다. 단지 거부만 한다. 그런데 치워내려는 순간 그것이 다시 내 안 깊숙이 들어온다.

은밀하고 지혜로운 꿈의 메시지

융은 프로이트가 개인의 억압된 정신이라고 묘사한 무의식을 넘어 집단 무의식이라는 새로운 개념을 설명했다. 집단 무의식은 인류가 대를 거치는 동안 축적해둔 정신과 지혜로서 개인이 언제든지 무의식적으로 가닿을 수 있는 전체 정신의 보고다. 집단 무의식은 현대 과학 언어로 말하면 우주 전체의 넘실대는 파장에 일종의 파동 정보로 담겨 있어 개인이 자신의 틀과 벽을 깨면 언제고 접속해서 빼올 수 있다. 융은 개인이 아프거나 삶의 위기에 처해 흔들리는 때, 혹은 의식을 모두 꺼놓고 있는 수면 시간 중에 집단 무의식에 더 잘 가닿는다고 말했다. 집단 무의식이 반영된 꿈은 어딘지 위대한 느낌이 든다. 그동안 신체와 뇌가 무의식적으로 감지한 것을 토대로 일상의 사고를 초월하는 더 큰 정신을 구성한 뒤 결과를 보여주기 때문이다. 그 메시지는 보통 은밀하고 지혜롭다. 다음의 꿈처럼 말이다.

여전히 10여 년 전에 살던 집인데 직전에 살던 아파트와 결합되어 복도에 엘리베이터가 있다. 나는 큰오빠와 이야기를 하는 중이다. 그런데 엘리베이터 옆에 분홍색 정장을 입고 있는 미지의 여자가 뭔가 볼일이라도 있는 듯 차분히 벽 앞에 서 있다. 꿈에 오빠는 장님이었는데 마치 만져보고 알듯 멀리서 그녀를 '느끼고' 말했다. "눈에 보이는 게 다가 아니다." 그러더니 "사람, 몸, 비전"이라고 중얼거렸다.

꿈이 끊어졌다 계속되는 중에 나는 친구의 이사를 도와주었고 금방 밖이 5월이 되었음을 알았다. 그런데 볼일을 마치고 집에 돌아와 보니 옷장에 있던 옷들이 없어졌다. 그중에서도 연두색 티셔츠와 분홍 꽃무늬 치마가 없어졌다는 것을 맨 먼저 알아챘다. 갑자기 생각나서 서랍 속 통장을 찾으니 그것도 사라졌다. 나는 '무인 경비 시스템 장치를 켜놓았는데 어떻게 도둑이 들어와 훔쳐갔지?'라고 의아해하며 창문으로 밖을 내다보았다. 그러자 아까 그 여자가 내 옷을 입고 유유자적 서 있는 게 보였다. 나는 그녀에 대해 별 감정이 없다. 그냥 그녀가 도둑임을 알기만 한다. 그새 누가 불렀는지 많은 사람이 집 안에 있었다. 무인 경비 시스템 수리 기사도 있었다. 그런데 북적대는 사이 다른 사람들도 도둑을 맞았다고 한다. 나는 다행히 더 이상 피해가 없다. 잃어버린 통장과 관련해서 은행에 전화를 걸어 신용카드 등 몇 가지 기능을 중지해야 한다고 생각했지만 무슨 배짱인지 나는 종종거리지 않고 느릿느릿 여유를 부렸다.

이제 내 정신은 집의 모양이 변했듯 과거와 현재의 것이 새롭게 조합된 상태로 언제든 원하면 고속으로 각 층을 올라갔다 내려갈 수 있다. 오랜 세월 중국 무술을 배우면서 선禪도 하고 기氣를 다스릴 줄 안다던 큰오빠가 이 순간에 등장한 것은 내가 선입견 때문에 혹은 잘 몰라서 무시해왔던 새로운 세계를 대변한다. '미지의 여인'은 침입자이자 나중에 보면 도둑이기도 한데 그녀로 대변된 낯선 기운이 이제는 더 이상 위협적이지 않다. 그녀가 입고 있는 옷의 색은 흥분을 가라앉히는 진정 효과가 있다고 하는 분홍색이다. 기의 세계를 대변하는 오빠는 관찰과 논리로 무장해 현상을 분석하는 데만 전념했던 내게 눈에 보이는 게 다가 아니라고 중요한 메시지를 던지고 있다. 그러는 중 어느새 계절이 한 바퀴 돌아 모든 것의 시작인 봄을 맞았다. 양분과 에너지를 저장해 잘 응축하면서 새로운 움직임을 준비해야 하는 겨울이 지난 것이다.

이제 나는 익숙했던 옷을 더 이상 입을 수가 없다. 새로운 미지의 것이 가져갔기 때문이다. 꿈에서 옷은 사회적 코드이자 페르소나일 수 있고, 그 사람의 특성이나 스타일일 수도 있다. 내가 도둑맞은 옷 중 가장 먼저 기억하고 있는 것은 연두색 티셔츠인데, 내게서 감정적이고 충동적이며 강한 생장 욕구를 상징하는 목木 기운이 많이 줄었음을 시사한다. 분홍 꽃무늬는 여성적이고 부드러운 면을 가리키는 것 같은데 나는 그런 옷을 입지 않아서 무엇을 상징하는지는 정확히 모르겠다. 내게 축적된 부는 그동안 쌓아온 지식을 말한다. 이제 내가 알던 모든 것이 무용하다는 것을 꿈은 말해주고 있다. 무인 경보 장치가 있어도 집을 지키지 못한다는 것은 자체 검열과 논리적 경계심을 이제 내려놓아도 좋다는 것을 뜻한다. 그것들을 켜보아야 유용하지도 않다. 이제 나는 기존의 내 것들을 훔쳐간 새롭고 낯선 기운에 아무 감정도 없다. 그저 모든 것을 받아들이고 있을 뿐이다. 여전히 내 몸과 마음에는 많은 사람이 들락거리며 있던 것이 없어지고, 점검을 필요로 하고, 어수선하지만 변화에 여유가 생긴 나는 결과를 기다려보려고 한다.

어지럽던 것들이 정리되고 방향에 대한 확신을 주는 꿈을 꾸고 나서 나는 생활에서나 일에서나 새로운 국면을 맞았다. 논리와 사고 체계에 더 이상 의존하지 않고, 눈에 보이는 현상에 더 이상 정신을 팔지 않으며, 내게 있는 다른 감각을 통해 사람과 세계를 새롭게 보기 시작했다. 심리 치료사로서 몸과 마음의 관계를 밝혀 새로운 비전을 찾아야 하는 과제도 여전히 작업 중이다.

우리는 꿈꾸기 위해 잔다

우리는 평균적으로 인생의 3분의 1이라는 시간 동안 잠을 잔다. 고단한 인생살이에서 그 정도는 쉬어주어야 다음 날에도 몸이 온전히 가동될 터이다. 그런데 정신은 몸과는 달라서 그냥 쉬지만은 않는다. 매일 밤 평균 1~2시간씩, 평생으로 계산하면 6년 가까이의 시간을 꿈꾸는 데 소비한다. 꿈을 꾸지 않는 사람은 없다. 단지 기억을 못하는 것뿐이다. 꿈에서 깨서 5분만 지나도 내용의 반을 잊고 10분이 지나면 90퍼센트 정도가 기억에서 사라진다. 깨어 있을 때보다 꿈을 꿀 때 뇌파는 더 활발해진다. 에너지 효율을 위해 최선의 길을 찾아가는 인간의 몸이 정신 에너지를 이유 없이 낭비하게끔 스스로를 발전시키지는 않았을 것이다. 그럼 꿈을 꾸는 데도 따로 기능이나 목적이 있는 것일까?

어떤 이들은 정화와 방출을 위해 꿈을 꾼다고 말한다. 하루 종일 일상을 살면서 묶어둔 감정과 억압해놓은 것들을 꿈이라는 안전한 출구로 배출한다는 설명이다. 또 다른 이들은 꿈이 생리학적으로 꼭 필요한 측면이라고 말한다. 꿈의 상태에 들어가지 못하고 방해받아 잠이 깬 사람은 신경질적이고 안절부절못하며 상대적으로 더 공격적으로 바뀌어 일할 때 수행 능력과 집중도가 저하되는 게 사실이다. 꿈의 뇌 신경학적 기능을 탐색하는 연구자들은 정신이 날마다 새롭게 프로그래밍되는 과정이 꿈이라고 주장한다. 우리의 뇌는 매일 접하는 새로운 정보를 수용하기 위해 그날그날 해소되지 않은 감정을 소화하고, 이전 정보와의 연결점을 찾아 체계를 다시 잡으며, 공상 가득한 영상과 스토리를 통해 현실 원칙의 스트레스를 덜 느끼는 중에 기존 문제를 해결할 방법을 자유롭게 살핀다고 주장한다.

그렇다면 눈을 감고 있는, 하루의 4분의 1에 달하는 시간 동안 우리는 언제 꿈을 꾸는가? 연구자들은 수면 중 특정 부위의 뇌 활동이 변화를 보이는 4가지 단계를 찾아냈다. 일단 깨어 있으면서 의식 활동을 하는 뇌는 13~29.99헤르츠에 해당하는 베타파를 방출하고, 평소보다 불안·초조하거나 고도의 인지 정보를 처리해야 하는 상태에서는 30~50헤르츠에 해당하는 감마파를 방출하며, 긴장 이완 혹은 명상 등에 의한 평온한 상태에서는 8~12.99헤르츠의 알파파를 방출한다는 것을 기억하자.

선잠에 들어 수면의 1단계에 오면 저진동수, 저진폭의 세타파(정서 안정이나 졸음으로 이어지는 상태로 4~7.99헤르츠에 해당)가 방출된다. 이때는 약간의 느린 안구 운동이 보이고 호흡이 불규칙해지며 근육이 이완된다. 1~5분 정도 지속되는 이 상태에서는 잠에서 쉽게 깨고, 깨고 나서도 자신이 잠들었다는 사실조차 인식하지 못한다. 완전한 숙면에 빠지는 2단계에서는 뇌파가 갑자기 짧고 빨리 진동하는 부분이 나타난다. 목소리나 소음 같은 외부 자극이나 장이 꿈틀거리는 내부 자극에 반응해 저진동수에 진폭이 큰 뇌파가 드문드문 나타나며, 1단계 때보다 체온이 떨어지고 근육도 풀린다. 30~45분이 지나면 더 깊은 잠에 빠지면서 3단계에 들어선다. 이때는 저진동수, 고진폭의 델타파(0.2~3.99헤르츠에 해당)가 점점 더 많이 나타난다. 이어 델타파가 뇌파 검사의 50퍼센트 이상을 차지하는 때를 4단계라고 보는데 가장 깊은 수면에 빠져 있을 때다. 이 상태에서는 자는 사람을 거의 깨울 수 없다. 자명종이 울려 눈을 뜬다 해도 주변이나 자신의 상태에 대해 제대로 알지 못하고 혼돈된 채로 방향감각도 없는 게 보통이다. 이 단계에서 보통 30~40분 머무르고 천천히 3단계, 2단계, 1단계로 돌아오는데, 그렇게 다시 1단계로 돌아왔을 때(즉, 잠든 지 90분 정도 지났을 때) 안구가 좌우로 급히 움직이는 것을 볼 수 있다. 이때를 '렘REM, Rapid Eye Movement수면'이라고 부른다. 매번 1단계로 돌아올 때마다 렘수면 상태가 된다. 이때는 심장이 빨라지고 숨을 가쁘게 쉬며, 혈압이 오르고, 남녀 모두 꿈의 내용과 상관없이 성기에 피가 몰려 남자의 경우 발기가 된다.

　우리는 위의 단계들을 오르락내리락하면서 보통 90분 정도 걸리는 수면 주기를 지니고 있다. 밤새 5번 정도 수면 주기가 돌아오는데 주기가 반복될수록 렘수면은 점점 더 시간이 길어지고 깊은 잠에 빠지는 단계는 역으로 줄어든다. 처음에는 5~10분에 지나지 않던 렘수면은 깨기 직전에는 45분 정도로 길어진다. 꿈은 수면 주기 중 어느 때든 꿀 수 있지만 가장 생생하고 기억에 남는 꿈은 모두 렘수면에서 꾸는 것이다. 수면 주기가 밤새 5번 정도 반복되기 때문에 우리는 하룻밤 사이에 서로 연결되지 않는 여러 꿈을 꾸게 된다. 렘수면 단계가 끝났을 때 잠에서 깨면 다른 상태에서 깨는 것보다 꿈을 더 생생하게 기억한다.

한 가지 흥미로운 실험이 진행된 적이 있다. 인간과 비슷한 수면 주기를 지닌 동물을 렘수면 상태에서 계속 깨워 수면을 방해하면 감정적·생리적으로 치명적인 상태를 겪으며 심지어 목숨까지 잃을 수 있다는 것이다. 인간도 렘수면 상태가 결핍되면 졸자마자 바로 앞의 단계들을 무시하고 렘수면 상태로 들어간다고 한다. 그때부터 더 이상 방해를 받지 않게 되면 평소보다 50퍼센트나 많은 시간을 렘수면으로 보낸다고도 하는데, 이러한 자료의 힘을 얻어 몇몇 이론가는 "꿈꾸기 위해 잠을 자는 것이다"라고 주장한다.

누구나 자기 식대로 꿈꾼다

깨어 있는 중에도 우리는 상상이 우리를 어딘가로 데려가 '마음의 눈'이 만들어낸 장면을 보면서 돌아다닐 때가 있다. 보통 '백일몽daydream'이라고 부르며, 잠이 든 것도 아니고 깨어 있는 것도 아닌 상태로 외부를 잘 인식하지 못한 채 마음이 꿈꾸듯 무언가를 만들어낸다. 이때 뇌파는 수면 중 뇌파와 비슷한 주기를 나타낸다. 사람마다 인식하기도 하고 못 하기도 하겠지만 누구나 하루의 상당 시간 동안 백일몽을 경험한다고 한다. 현실의 요구에서 일시적으로 도망쳐서 꽉차 있던 감정을 해방하고 무슨 일이 일어날 수 있었을까, 혹은 일어나야 할까 상상하는 시간이다. 백일몽은 긍정적으로 잘 쓰이면 일상의 스트레스를 풀어주고, 태도를 개선하며, 창의성을 높이고, 몸과 마음에 활력을 불어넣을 수 있다. 그러니 주변에서 '멍 잘 때리는' 사람들을 보면 놀리지 말자. 그들도 나름대로 건설적이고 바쁜 것일 수 있다.

우리가 악몽이라고 부르는 것은 특정한 상황을 받아들이기 거부하거나 무시할 때, 혹은 두려움이나 심한 갈등을 겪을 때 꾸는 꿈이다. 경악할 만한 장면은 깨고 나서도 생생하게 그 사람을 따라다니며 마음을 사로잡는다. 그래서 악몽을 꾼 사람은 더더욱 꿈의 의미를 알려고 애쓰게 된다. 어떤 연구에 따르면, 악몽을 자주 꾸는 사람들 중에는 창의적인 데 관심이 있는, 아주 예민하고 섬세하며 개방적인 정신의 소유자가 많다고 한다. 하지만 이에 의문을 제기하는 다른 연구 결과도 있어 아직은 확신할 수 없다.

악몽과 자주 혼동되는 '야경증sleep terror'도 있다. 미국 유학 시절 나는 거의 3년 반 동안 야경증에 시달렸다. 전날의 심한 스트레스나 피로와 관련 있어 보이는 이 상태에서는 꿈을 꾸면서 날카로운 괴성을 지르거나, 도와달라고 울거나, 침대에서 튀어 오르곤 한다. 깨면 땀에 흠뻑 젖어 숨을 헐떡이면서 눈에 초점이 맞지 않는 상태로 있으며, 꿈 속에서 느낀 극도의 불안은 기억하지만 꿈의 내용은 거의 기억하지 못한다. 야경증을 경험하는 동안에는 완전히 잠에서 깨지 못하며, 잠시 눈을 떴다가 보통은 바로 다시 잠에 빠진다. 그리고 다음 날 아침이면 자신에게 그런 일이 있었다는 것을 아예 기억하지 못한다. 악몽은 렘수면 중에 꾸지만, 야경증은 3~4단계에서 경험하는 일이다.

3~4단계에서 경험하는 것 중에 '몽유병'도 있다. 꿈의 사건을 실제로 행동으로 옮기는 것인데, 근육이 완전히 이완되는 1~2단계와 다르게 3~4단계에서는 신체를 어느 정도 움직일 수 있다. 보통 몇 분에서 반시간까지 지속되는데, 이때는 그 사람을 아무리 흔들어도 깨울 수 없다. 깨면 그 사람은 자신이 어디에 있는지, 무슨 일이 벌어졌는지 기억하지 못하며, 꾸고 있던 꿈조차 잊고 있을 가능성이 높다. 보통은 6~12세에 많이 경험하는데, 어른이 되어서까지 몽유병을 빈번하게 겪는다면 심각하게 생각해야 할 문제다.

잠꼬대는 수면 주기 중 어느 단계에서나 일어난다. 낮에 받은 스트레스와 별로 관련이 없으며, 특별한 의미나 목적 없이 하는 것이 보통이다. 잠꼬대는 정신장애를 암시하는 것도 아니고 임상적으로 중요하다고 여길 만한 것도 아니다. 하지만 렘수면 중에 하는 잠꼬대는 꿈의 내용과 관련 있는 경우가 많으니 같이 자는 사람이 기억해두었다가 말해주면 무언가를 기억하는 데 도움이 될지도 모른다.

반복해서 꾸는 꿈도 있다. 스토리 전개나 배경, 등장인물, 느낌 등이 거의 똑같거나 비슷한 꿈이 일정 기간 반복될 때가 있는데, 무의식이 꿈을 통해 어떤 문제를 직면하라고 계속해서 신호를 보내는 것이라고 보는 사람도 있다. 꿈꾼 사람이 의미를 이해하고 깨달으면 그 꿈은 다시 나타나지 않는다. 나도 어려서부터 20년 동안 동일한 상황의 악몽을 몇 년 주기로 반복해서 꾼 적이 있다. 하지만 유학 시절 심리치료를 받는 과정에서 의미를 스스로 깨닫고 나서는 한 번도 그 꿈을 꾼 적이 없다.

미니 시리즈처럼 이야기가 이어지는 꿈도 있다. 가끔은 당사자가 지난번과 이어지는 것임을 꿈속에서 의식하기도 한다. 의식이 무의식에 섞여 들어가는 경우에는 깨어 있을 때 생각해둔 것을 꿈에서 확인하기도 하고, 꿈의 메시지를 그 자리에서 깨닫기도 하며, 아예 의지적으로 꿈의 결론을 바꾸거나 특정 요소를 의식적으로 선택하기도 한다.

내담자 중 한 명은 꿈을 자세하게 재현했는데, 머리맡에 둔 휴대전화의 수신 알림 불빛이 천장에 깜빡이는 것을 보았다고 한다. 그때 "전화를 받으라"라는 한 남자의 음성이 방 안에 무겁게 울려 퍼졌고, 겁먹은 내담자는 몸을 움직일 수 없어 공포와 괴로움에 버둥거리다 잠에서 깼다. 보통 새로운 변화를 준비하는 시점에 무언가와의 접촉을 의미하는 상징으로서 꿈에 통신 기계가 등장한다. 나는 내담자와 그것이 어떤 의미인지 파악한 뒤 다음에도 꿈에서 누구를 만나러 가

자고 하거나 전화를 받으라는 제안이 오면 무서워하지 말고 "왜 그러느냐?"라고 묻고 따라가보라고 일렀다. 내담자는 두어 달 뒤에 다시 그런 꿈을 꾸었다. 이번에는 내가 했던 이야기를 기억하고 꿈속에서 전화를 받았다. 그런데 마음의 준비가 덜 되었는지 꿈속에서 배터리를 충전해놓지 않아서 내담자가 말을 꺼내는 순간 전화기가 꺼져버렸다. 이후 내담자는 심리 치료를 더 받고 나서 꿈에서 무언가와 제대로 접촉했고, 이후 큰 변화를 경험했다.

영화 〈인셉션〉에서처럼 꿈속에서 또 꿈을 꾸는 경우도 있다. 꿈에서 꾸는 꿈은 무의식에 등장하는 장치를 더 안전하게 받아들일 수 있게 한다. 이중 장치를 건 만큼 꿈속의 꿈은 그동안 숨겨온 중요한 이슈를 보여주는 경우가 많다.

어떤 신체적 증상이 생겨나기 전에 현재 자신의 몸이 좋지 않으며 생활에도 문제가 있다는 것을 말해주는 꿈도 있다. 신체는 꿈을 통해 우리에게 말을 걸 수 있는데, 실제로 아플 때는 어떻게 하면 병이 나을지 암시해주기도 한다. 그보다 더 심오하게 미래를 예언하는 꿈을 꾸는 사람들도 있다. 이런 '예지몽'은 우리 무의식이 일상에서 간과하거나 무시한 것들을 잘 감지하고 있다가 치밀하게 모은 정보를 통해 앞으로 무엇이 올지 의식에 앞서 예상하는 현상이다.

어떤 사람들은 서사극같이 거대한 규모의 꿈을 꾸기도 하는데, 그러한 꿈의 일부는 몇 년이 지나도 어제 꾼 꿈처럼 마음에 생생하게 남는다. 이러한 꿈은 보통 융이 말하는 '원형적'인 상징으로 가득한데,

당사자도 꿈에서 깰 때 무언가 심오한 것, 자기 자신이나 세계에 놀라운 무언가를 발견했다는 느낌을 받곤 한다. 가끔은 그 꿈이 삶을 바꾸기도 한다.

보통 사람은 자기 스타일대로 꿈을 꾸기 때문에 앞서 언급한 다양한 꿈을 모두가 꾸는 것은 아니다. 지극히 현실적인 꿈을 꾸는 사람이 있는가 하면 황당무계한 꿈을 꾸는 사람도 있고, 남다르게 상징적인 꿈을 꾸는 사람이 있는가 하면 스토리 전개가 강한 꿈을 꾸는 사람도 있다. 저마다 경험하는 꿈의 내용과 형식이 다르기 마련이지만, 평소와 다르게 꿈의 형식과 분위기가 크게 바뀌는 때가 있다면 자신의 성격이나 정신이 변화하고 있다고 보아도 좋을 것이다.

몸과 마음과 영혼의 언어

언제부터 우리는 꿈에 의미가 있다고 생각한 걸까? 원시시대에는 꿈과 현실을 구분하지 못해 꿈을 현실의 확장이라고 생각했다고 한다. 꿈을 실제보다 강력한 현실이라고 여겼던 것도 같다. 고대 그리스·로마 시대에는 꿈을 종교적 맥락에서 이해해서 신탁으로 받아들이는 일이 자주 있었고, 아픈 사람들이 신전에서 잠을 자면 꿈을 통해 치료된다고 믿기도 했다. 이집트에서는 생생하고 의미심장한 꿈을 꾸는 사람은 축복받았다고 여겨서 특별 대접을 해주었으며, 꿈을 해석할 수 있는 사람은 신성한 능력을 부여받았다고 생각해 존경심을 보냈다고 한다. 보통은 신관들이 꿈을 해석했으며 중요한 꿈들은 그림 문자로 기록해두었다고 한다. 『성경』만 보아도 꿈에 대한 언급이 상당히 많다는 것을 알 수 있다.

고대와 중세에 꿈은 외부의 영靈에서 온 예고이며 신적 존재나 사자死者, 악마가 들려주는 경고의 사인이나 조언이라고 생각했다. 그래서 정치적, 군사적 우두머리들은 꿈 해석자를 선생터에 데리고 다니면서 어떨 때 무엇을 해야 하는지, 어떤 방향으로 행동을 취해야 하는지 조언을 구하기도 했다. 치료사들이 병을 진단하면서 꿈 해석자의 도움을 받았다는 기록도 있다.

어떤 문화에서는 영혼이 매일 밤 우리의 몸을 빠져나가 방문하는 장소가 꿈이라고 생각했다. 중국 사람들은 꿈의 세계에 들어가 있을 때 그 사람을 갑자기 깨우면 영혼이 미처 몸으로 돌아오지 못한다고 믿기도 했다. 애니미즘이나 토테미즘을 유지했던 미국 인디언들은 조상의 영이 꿈속에 산다고 믿어 잠을 자면서 그들과 접촉하거나 만날 수 있다고 생각했다. 인생에서 해야 할 임무나 역할이 무엇인지 조상들이 가르쳐준다고 보았기 때문에 인디언들은 매일 아침 부족 회의에서 서로의 꿈을 공유하며 중요한 결정을 하는 데 참조했다.

기독교가 강력한 힘을 발휘하던 중세에는 꿈속의 이미지들을 악마의 유혹이라고 보아 꿈 자체를 사악하게 생각했다. 위험에 쉽게 노출될 수 있는 수면 상태를 노려 악마가 인간의 마음을 해로운 생각으로 채우면서, 꿈을 통해 그 사람을 잘못된 길로 유인한다고 본 것이다.

Alphonse Eugène Félix Lecadre, <Le Sommeil>, 1872

꿈은 비밀스러운 욕망이나 무의식적 감정을 드러내며,

자기가 자신을 어떻게 인지하고 받아들이고 다루는지 보여준다.

반면 과학에 몰두했던 19세기에는 꿈에서 별 의미를 찾지 않았고 집 안에서 나는 소음이나 소화불량에 대한 단순한 반응 정도로 치부했다. 그러다가 19세기 초, 프로이트가 꿈의 중요성을 다시 살려내 올바로 해석해야 할 필요를 세상에 알렸고, 그 뒤로 많은 연구가가 꿈을 중요한 연구 대상으로 삼았다. 현재는 꿈 분석이 심리 치료에서 중요하게 다루어지고 있고, 특정 교육 기관을 통해 교육되고 있으며, 다양한 해석을 찾아볼 수도 있다.

하지만 꿈은 꾸는 사람에게만 의미가 있기에 정신분석 책이나 해몽과 관련된 인터넷 사이트를 뒤지는 것은 개인의 꿈을 해석하는 데 도움이 되지 않을 수 있다. 문화와 시대를 막론하고 공통적으로 사용되는 상징과 비유가 분명 존재하지만, 개인이 자신의 꿈을 이해하려는 적극적인 태도를 지니는 대신 책이나 사이트에 나온 상징과 의미를 단순하게 대입해 믿어버리면 올바른 해석과 지혜에서 오히려 멀리 벗어나게 된다.

꿈은 몸과 마음과 영혼이 하나가 되어 상호작용하면서 만들어지는 것이다. 잘 듣고 올바로 이해하면 우리에게 놀라운 통찰을 안겨주는 지혜가 된다. 물론 꿈을 기억해서 매번 기록을 잘해놓는다고 꿈의 메시지를 새겨들을 수 있는 것은 아니다. 꿈의 언어는 지극히 상징적이라서 절대로 보이는 그대로, 혹은 문자 그대로 이해하면 안 된다. 꿈의 의미는 꿈꾸는 사람의 사적인 경험, 감정, 자라온 배경 등에 강하게 의존하기 때문에 모든 꿈은 그 사람만의 내적 현실과 연결되어 있다.

그렇기 때문에 꿈을 이해하려면 자신이 먼저 스스로에게 개방되어 있고 정직해야 하며, 자신의 현 상태를 이해하고 받아들이려는 적극성을 지니고 있어야 한다.

꿈을 꿀 때 정신은 평상시 깨어 있을 때는 쉽게 접근하지 못하는 정보에 접근한다. 꿈은 비밀스러운 욕망이나 무의식적 감정을 드러내며, 자기가 자신을 어떻게 인지하고 받아들이고 다루는지 보여준다. 정신이 어떤 변화를 겪으며 어떤 상태에 있는지, 어떤 과제를 눈앞에 두고 어디를 향해 나아가고 있는지도 표현한다. 그래서 꿈을 기억하면 자신에 대한 지식을 증대할 수 있고, 자기의 상태를 점검할 수 있으며, 치유나 성장에 대한 방향도 제시받을 수 있다. 스트레스 많은 인생에서 문제를 해결하는 시점을 앞당기고, 지혜로운 해결책을 찾으며, 영감을 받고 기쁨을 얻을 수도 있다.

그러나 꿈은 기억을 통해 재생하기 쉽지 않고 금방 잊혀지기 때문에 꿈을 붙들어두기 위해서는 어느 정도 노력이 필요하다. 너무 많은 생각에 시달리면 마음이 분산되어 아침에 꿈을 기억하지 못하기 때문에, 잠자리에 들기 전 마음을 깨끗이 비우고 잠에서 깨면 꿈을 기억하겠다고 다짐하는 것이 도움이 될 수도 있다. 규칙적으로 정해진 시간에 자고 정해진 시간에 일어나는 것도 꿈을 기억하는 데 효과적이다. 잠들 때 술을 마시거나 약을 먹는 것은 피하는 게 좋다. 밤에 무언가를 많이 먹으면 수면 중 뇌에 공급할 에너지를 음식 소화에 소모하게 되므로 꿈에 방해가 된다. 잠자리 옆에는 언제든 깨서 기록할 수 있게 노트와 연필을 놓아두는 게 좋다. 중간에 잠에서 깼을 때 켤 수 있도록 빛이 너무 강하지 않은 전등도 마련해두면 좋다. 꿈에서 깨면 바로 일어나지 말고 가만히 누워 눈을 감은 채 렘수면에서처럼 좌우로 눈을 굴려보자. 그런 뒤 천천히 일어나 이완된 상태로 잠시 시간을 보낸 뒤 꿈에서 느꼈던 감정을 음미하면서 방금 전에 꾼 꿈의 이미지들이 이리저리 마음속에서 굴러가게 두자.

아침에 일어나면 기록 먼저 하는 습관을 들이고, 바로 일정대로 움직여야 한다면 하루 일과가 시작되기 전에 조금 일찍 일어나는 버릇을 들이는 것이 좋다. 기록하는 동안에는 애써 마음을 쓰지 않는다. 내용을 판단하거나, 평가하거나, 걱정하지 않는다. 의미가 있든 없든, 분석이 되든 안 되든 상관하지 말고 일단 기억나는 모든 장면을 있는 그대로 옮기면서 꿈속의 분위기나 꿈속에서 느낀 감정을 가능한 한 세밀하게 쓴다. 깨고 나서 꿈을 돌아보는 판단이나 느낌은 지금의 내 시각과 생각과 감정이 반영된 것이기 때문에, 기록할 때는 반드시 꿈에서 느낀 감정과 꿈에서 관찰하고 안 것에 집중한다. 현재의 자신이 반영되면 꿈의 의미가 완전히 달라진다. 기억되는 색깔이 있다면 색에 집중해보고, 상하좌우 등 방향이 기억나면 정확히 옮겨본다. 기억이 지워지거나 희미한 부분이 있으면 너무 안타까워하면서 집착하지 않는다. 깨고 나서도 생생한 부분이 그만큼 의미 있는 것이니 그것에만 충실하면 된다. 다 잊은 줄 알았는데 어느 순간 갑자기 꿈이 기억나기도 하고, 며칠 뒤 우연한 계기로 마음속에 꿈의 일부가 떠오르기도 한다. 어떤 꿈은 말로 옮겨놓기 힘든데 그럴 때는 그림으로 옮겨보는 것도 도움이 된다. 백 마디 말보다 한 장의 그림이 꿈의 의미나 분위기, 꿈에 포함되어 있는 감정을 더 충실히 표현해준다.

일단 정리를 다 하면 시간을 두고 찬찬히 음미하면서 의미를 살펴보자. 다른 사람들과 꿈 이야기를 하다보면 꿈의 의미를 더 빨리 깨닫기도 한다. 물론 "에이, 그건 개꿈이야"라며 웃어넘기지 않을 사람들과 그래야 하지만 말이다. 의미 없는 꿈은 없다. 하지만 모든 꿈을 그 자리에서 다 알 수는 없다는 것을 인정해야 한다. 나중에 제대로 이해되는 꿈이 많고, 다른 꿈과의 관련성 속에서 비로소 파악되는 경우도 많다. 그러니 당장 이해되지 않는다고 별것 아니라며 무시하지 말고, 틈틈이 기록을 꺼내 음미하자.

6개월이나 1년 뒤 꿈을 기록해둔 것을 죽 살펴보면 그제야 큰 줄기가 보일 때가 있다. 소재나 주제나 모티프, 상징어 등이 전체의 흐름 속에서 제대로 이해되는 순간이다. 개별적으로는 알 수 없었던 꿈들이 어떤 흐름을 갖고 커다란 주제 아래 이어지면서 움직인다는 것을 깨달으면 당신은 운이 좋은 것이다. 각각의 꿈보다 꿈들의 연결성을 파악하는 게 더 중요할 수 있기 때문이다.

상징은 개인적인 것도 많지만 문화적이거나 시대적인 것도 많다. 일단은 가까운 생활에서 상징 언어를 빌려 쓰곤 하니 자신에게 개인적인 의미를 갖는 것이 무엇인지 찬찬히 살피면서 연상되는 것이나 연합되는 것을 잘 생각해보도록 하자. 종종 매우 가까운 사람이 등장하면 그 사람과 관련된 꿈이라고 생각해서 자기에 대한 상징이나 의미로 받아들이지 못한다. 가족이나 가까운 사람이 그 사람의 특수성이나 구체적인 실체감 없이 꿈속에 등장했다면 나의 어떤 측면이나 정신의 일부를 대변하는 상징으로 나온 것이다. 연예인이나 친구, 아는 사람이 등장할 때는 이름에도 주의해보자. 한문이나 한글, 외국어에서 연상되는 어떤 의미가 있을 수 있다. 지역이나 나라도 이름값으로 등장할 때가 종종 있다. 왼쪽, 오른쪽이 유달리 인상 깊게 혹은 강하게 기억된다면 왼쪽은 무의식, 오른쪽은 의식을 가리키는 것일 수 있으니 참고하자. 모르는 사람이 나타나서 한 문장으로 된 명제를 들려주거나 목소리로만 그런 말을 울린다면, 현재 자신에게 중요한 화두나 앞으로 깨쳐나가야 될 내용임을 이해하자.

어차피 꿈은 이미 꾸었고 뇌 신경이 처리했다는 자체로도 우리 안에서 제 기능을 다한 것이다. 하지만 꿈을 굳이 기억하고 있는 지금, 당신이 내포되어 있는 의미를 탐색하고 이해할 수 있다면 덤으로 이득을 볼 수 있다. 그러니 기억나는 꿈이 있다면 잠시 음미해보자. 좋은 꿈 꾸었다고 곧장 복권 사러 뛰어가지만 말고 말이다.

내 머릿속의 구멍

+

익 숙 한 판 단 과

감 정 에 서 벗 어 나 라

　내비게이션이 없던 몇 년 전만 해도 경부고속도로를 탈 일이 있을 때마다 나는 강북에서 강남으로 넘어가기 위해 늘 반포대교를 건넜다. 출발지에서 강변도로를 길게 타고 가는 중에 수많은 다리를 지나치지만 이상하게도 다른 다리를 타고 경부고속도로로 진입해본 적이 없었다. 강변도로와 반포대교만이 그곳으로 가는 유일한 길인 양 늘 그 길만 고집하는 내 자신이 웃겨서 다음엔 조금 시간을 넉넉하게 잡고 다른 길도 가보자고 다짐했다. 하지만 다음에도, 그다음에도 나는 항상 다니는 길로만 다녔다.

　우리의 뇌 속에는 다른 옵션들이 있음에도 오랫동안 자주 다녀서 우선적으로 들어서게 되는 정보처리의 길이 있다. 우리의 생각은 내 운전 버릇처럼 이미 길들여져 익숙한 노선으로만 다니려는 습성이 있다. 이는 거의 무의식적으로 진행되는 신경 네트워크상의 일이며 우리 뇌의 기본적인 특성에서 비롯된 습성이다.

우리의 신경계는 뉴런, 즉 서로 의사소통하는 개별적인 세포들로 구성되어 있다. 뉴런들은 직접 연결되어 있지 않고 10~20나노미터 간극의 '시냅스'라고 부르는 작은 틈새로 근접해 있다. 하나의 뉴런에서 또 다른 뉴런으로 자극이 전해질 때는 전기 형태로 정보가 전달된다. 하지만 뉴런과 뉴런 사이, 즉 시냅스에는 틈새가 존재하기 때문에 이 끝에서 저 끝으로 화학물질이 발포되어야 한다. 다른 쪽 뉴런이 물질을 받아들이는 수용체를 열면 화학 정보를 다시 전기로 바꾸어 정보를 옮긴다.

인간의 뇌에는 수천억 개의 뉴런이 있고 이는 수백조 개의 시냅스 연결을 만들어낼 수 있다. 뉴런들은 시냅스 덕분에 늘 새롭게 연결되기도 하고 다시 연결을 끊기도 한다. 우리가 늘 그렇고 그런 모습이 될 것인지, 새로운 모습이 될 것인지, 진부한 생각을 반복할 것인지, 창조적인 아이디어를 번뜩일 것인지는 시냅스 연결의 변화에 달려 있다. 덕분에 우리 뇌의 시스템은 매일의 경험에 의해 변형될 수 있다. 하지만 그렇다고 오늘 암호화하고 저장한 정보가 그냥 사라지는 것은 아니다. 뉴런 간의 시냅스 연결은 얼마든지 변할 수 있지만 새로운 변형이 있기 전까지는 늘 같은 상태를 유지하기 때문이다. 내가 다른 길로 접어들어 경부고속도로를 탈지, 변함없이 반포대교를 건너 고속도로에 진입할지, 혹은 딴 데로 샜다가 아예 다른 곳에 도착할지는 두고 보아야 아는 것이다. 이러한 시냅스는 어제 배운 것을 오늘 써먹게 도와주는 힘이자, 오늘의 우리를 어제의 우리와 다르게 만드는 요인이다.

심지어 어떤 신경학자는 각각의 고유한 특성과 풍미인 '성격'이 우리 뇌의 독특한 시냅스 연결 방식에 다름 아니라고 주장하기도 했다. '나'의 본질은 뇌 안에 들어 있는 뉴런들 사이의 상호 연결 패턴이라는 말이다. 고유한 자기라고 생각해온 습성이 그동안 알게 모르게 길들여진 뇌 신경 회로의 특정한 연결에 지나지 않는 것이라면, 우리는 얼마든지 새로운 길을 닦을 수도 있고 다시 그 길을 익숙하게 만들 수도 있다. 뇌신경학적으로 볼 때 '성장한다' 혹은 '변한다'는 말은 그 사람 뇌의 시냅스 연결이 조금 더 유연하게 혹은 새롭게 조성되었음을 말하는 것이다. 시냅스 연결을 새로 만들 수 있을 만큼 강력한 경험을 하면 모범생이 망나니로 변할 수도 있고, 형편없던 사람이 개과천선해 새사람이 되기도 할 것이다. 심리 치료실에서 사람들이 상처를 치유하고 과거에서 빠져나오며 생각의 방식을 바꾸고 성장하는 것도 이러한 시냅스의 '가소성可塑性, plasticity' 덕분이다.

하지만 모든 것에는 양면이 있는 법. 주무르는 대로 모양이 바뀌는 찰흙도 그냥 방치해두면 그대로 굳어버린다. 다시 물을 뿌려 열심히 주무르기 전까지는 모양이 한결같은 게 가소성인데, 걸작을 냈을 때야 모양이 변하지 않게 유지되는 것이 고맙지만 그렇지 않을 때는 번거로운 수고를 요구하는 특성이 되고 만다. 그래서 종종 가소성은 삶에 문제를 일으키는 무서운 함정이 되어버린다. 한 부부 이야기를 들어보자.

환상을 현실이라고 믿는 오류

그와 그녀는 살아온 배경이 다르고 성격도 정반대에 가깝다. 물론 둘은 서로 사랑해서 결혼했다. 하지만 누구나 그렇듯 일상에서 손발이 잘 맞는 파트너가 되기까지는 두 사람 모두 넘어야 할 산이 많았다. 그러는 중에 둘은 수없이 싸웠고, 힘들여 화해했고, 서로를 어렵게 이해해가는 과정을 반복했다. 하지만 매 순간 고비를 넘기며 문제를 해결해온 덕에 이제는 어느 정도 안정된 관계를 유지하고 있고, 감정을 올바로 표현하고 의사를 전달하는 효과적인 소통법도 터득해놓은 상태다. 부부는 지금 같기만 하면 인생에서 크게 바랄 것이 없다고 믿고 있다. 그런데 어느 날 둘은 사소한 문제로 다시 말다툼을 크게 하게 되었다. 발단은 이랬다.

하루 일과를 다 보내고 잠자리에 누웠을 때 아내는 전날 남편이 앞으로의 비전에 관해 자신의 생각을 들려주겠다고 했던 것을 기억해냈다. 못다 한 이야기가 무엇이냐고 그제야 아내가 묻자 남편은 기억이 잘 나지 않는다면서 한 가지 사실만을 전했다. 이번에 자신에게 일거리를 새로 맡긴 사람이 자꾸 술대접을 하겠다고 졸라서 더 이상 거절하기 어려워 하루 나가보아야겠다는 것이었다.

아내는 순간 섭섭함을 느꼈다. 자신도 일하지만 저녁에는 가족과 시간을 보내기 위해 아무런 일도 만들지 않고 집에만 있으려고 하는데, 아무리 일과 관련한 약속이라고 해도 남편이 저녁에 가족을 등지고 밖에 나간다는 것이 속상했다.

그동안 남편은 하던 일을 쉬고 집에서 아내 대신 살림을 챙겨왔다. 하지만 자신과 마찬가지로 늘 집에 충실한 남편이었기 때문에 아내는 하루 정도야 이해하고 받아들여야 한다고 생각했다. 더구나 친구들과 어울려 놀겠다는 것도 아니고 일과 관련해서 필요한 일을 하겠다는 것이니 불만을 말해서는 안 된다고 자신을 타일렀다. 괜히 입을 열었다가는 남편에게 볼멘소리나 하게 될 것 같으니 그냥 입을 다물고 모로 누워 잠을 청했다. 그런데 낌새가 이상했는지 남편이 자꾸 왜 그러느냐고 아내를 추궁했다. 아내는 아무것도 아니라고 짧게 대꾸를 했는데 그만 싸움으로 번졌다.

다툼이란 게 늘 그렇듯 두 사람 모두 그날 밤 오간 대화를 정확히 기억하지는 못한다. 단지 탁구공 치듯 이리 받고 저리 받는 중에 둘의 대화가 심각한 말다툼이 되었다는 결과만 기억날 뿐이다. 물론 상대에게 들은 말 중에서 뼈아픈 내용은 도드라지게 기억에 접수되어 있다. 애초의 문제와 상관없는 것들이 이것저것 튀어나오기도 해서 "이게 왜 여기서 튀어나와?", "도대체 무슨 이야기를 하고 싶은 거야?", "당신이 왜 이러는 건지 이해할 수가 없네"라는 말이 둘 사이에 급히 오가기도 했다.

마음이 제대로 전달되지 않은 가운데 부부가 훌쩍 당도한 곳은 둘에게는 너무 뻔한 주제였다. 계기가 무엇이든 늘 결론으로 도달하게 되는, 둘만의 전형적인 문제가 또다시 등장한 것이다. 두 사람은 '또

이 이야기인가!'라는 생각에 맥이 탁 풀렸다. 그리고는 '우리는 안 되겠다'는 결론이 곧바로 뒤따랐다.

긴 세월 수많은 경험을 통해 서로 변화해온 두 사람이 그날 논쟁의 끝에 본 문제는 실재하는 게 아니었다. 두 사람을 불편하게 만든 것은 일상에서 느꼈던 사소한 감정일 뿐이었는데, 부부는 그 감정에 머무르지 않고 자신과 상대를 각자의 머릿속에 있는 습관화된 사고 패턴으로 끌고 들어와 그 속에서 해석하고 미워했다. 조금 더 설명해보자.

삶에서 정보처리된 것들을 우리는 '기억'이라는 데이터베이스에 깔아놓고 있다가 필요한 순간이 오면 그 정보들을 토대로 새롭게 벌어진 일이나 아직 벌어지지 않은 일을 추론하고, 상상하고, 예상하고, 개념화하고, 판단한다. 이는 단순한 감성 작용과 구별되는 '사고思考, thinking'라는 우리의 놀라운 정신 기능이다.

그런데 사고에는 으레 밟게 되는 그 사람만의 노선이 있다. 일단 도로망에 들어서면 상대가 누구든 그 사람의 머릿속 패턴의 조건적 환경이자 책임을 물어야 할 주인공으로 탈바꿈된다. 그것은 그에게 일종의 덫이자 구멍이다.

우리는 자신이 의식적으로 사고하고 행동하는 존재인 줄 알고 있지만 사실은 그렇지 않다. 우리의 뇌가 세상과 교류하고 그에 반응하느라고 벌이는 신경 네트워크상의 일들은 대부분 무의식적으로 일어난다. 누군가 당신에게 말을 건네면 당신은 귀에 들리는 구절의 의미를 파악하기 위해 단어들의 소리, 단어들의 의미, 단어들 사이의 문법적

관계를 파악하고 세계에 대한 자신의 지식을 바탕으로 문장의 의미를 해독한다. 이러한 작업은 당신에게 자각되지 않은 채 그냥 일어난다. 세상을 지각하고, 사물과 사건에 주목하고, 기억하고, 상상하고, 생각하는 우리 뇌의 능력은 대부분 이렇게 무의식적으로 행사된다.

그런 상태에서 우리는 실재를 왜곡해서 그것을 자신의 생각 틀에 뜯어 맞춘 뒤 머릿속 환상을 현실이라고 믿어버리는 오류를 저지르곤 한다. 그러한 정신 과정이 무의식적으로 행사되고 있는 줄도 모르고 자신의 판단과 결론을 믿고 현실에서 중대한 결심을 하기도 한다. 앞의 부부도 상대를 자신의 습관적인 사고 놀음의 희생자로 만들고 있는 줄 꿈에도 모른 채 서로 헤어져야 옳은가 생각했다. 시냅스 연결 방식의 독특한 효과가 연출한 슬프고도 어처구니없는 드라마다.

아내와 남편에게는 각자의 유전자와, 체질과, 지나온 삶의 역사가 만들어놓아 자동으로 작동하는 고유한 시냅스 연결이 있었다. 침실 한쪽에서 벌어진 사소한 일로 대수롭지 않게 주고받은 말들이 각자의 내면에 있는 예민한 버튼을 건드린 순간, 어떤 시냅스 연결이 고속도로를 펼쳐내더니 순식간에 강 건너에 있는 다른 번화가로 상황을 이동시켰다.

이쯤 되면 그들은 이정표를 확인하며 차근차근 길을 찾아가는 운전자가 아니다. '내가 이 길은 잘 안다' 같은 확신으로 SF 영화에나 나올 법한 날개를 뽑아 단번에 다른 차들의 지붕 위를 날아가는 울트라 슈퍼 자동차가 되어버린다. 아내와 남편은 지역을 옮겨 극적으로 싸우고 있는 자신들을 발견하지만 일상의 작은 방 한쪽에서 벌어진 진짜 사건의 전모는 깨닫지 못한다.

아내는 남편이 본래 자기 이야기를 잘 하지 않는다는 것을 알고 있다. 남편은 자기에게 벌어진 일이라든지 생각의 과정을 미주알고주알 남에게 전하지 않는 성격이다. 한때는 그것이 답답해서 남편과 많이 다투기도 했지만 이제는 자기를 위해 그에게 성격을 바꾸라고 요구할 만큼 어리석지는 않다. 설사 그럴 것을 요구할 수 있다 해도 사람이 자기 성격을 쉽게 바꿀 수는 없지 않은가. 그래서 아내는 생긴 그대로의 남편을 이해하며 사는 것이 상책이라고 여기고 있다. 그렇지만 자신이 직장 일로 힘들거나 불현듯 외롭다는 느낌이 들 때면 자신을 그렇게 외롭게 놔두는 것이 남편이기라도 한 것처럼 그가 원망스러울 때도 더러 있다.

아내는 사건이 벌어지기 전 며칠 동안 자신의 일에 일련의 성과를 거두었다. 하지만 남편은 자기 일에만 바빠서 그녀에게 전혀 관심을 보이지 않았다. 남편 자신에게도 많은 변화가 있었지만 언제나 그렇듯 그는 자신에 대해 한마디도 입을 열지 않았다. 아내는 남편의 무관심과 소홀함이 섭섭했다. 하지만 그것은 소소한 감정인 데다 이미 그에 대해 이해하고 있으니 아내는 그날의 서운함을 금방 잊어버렸다. 그러던 차에 남편이 전날 하려던 말을 까먹었다면서 대신 술자리 약속에 나가야 한다고 했다. 아내의 마음에서 무엇인가가 꿈틀했지만 대수롭지 않게 여겼던 아내는 그것을 정확히 들여다보지 않은 채 말

싸움을 하게 되었다.

반면 남편이 전날 말하려고 했던 것을 잊어버린 까닭은 스스로도 자신의 변화에 확신이 없어서였다. 계속해서 이런저런 일을 도모하는 데 어찌 보면 다 필요한 일 같으면서도 달리 보면 아닌 것 같기도 해서 판단하기가 어려웠다. 그래도 일단 길게 내다보고 뭐든지 잘해보자고 다짐했지만 딱히 눈에 보이는 성과가 없으니 괜히 가족들에게 미안한 마음이 들던 터였다.

그러던 차에 '꼭 나가야만 하는 건가?' 생각되는 약속이 잡혔다. 어쩔 수 없다고는 했지만 사실은 거절해도 그만인 것을 자신이 단호하지 못해 받아들였나 싶어 남편은 그날 내내 마음이 불편했다. 하지만 역시나 아내와 마찬가지로 그리 심각한 감정이라고 생각하지 않았기 때문에 그 마음에는 주목하지 않았고 그러다가 아내와 말다툼을 하게 되었다.

남편은 저녁 약속에 대한 아내의 쌀쌀한 반응을 보고 '나를 믿지 못하는구나'라는 생각에 속이 울렁이기 시작했다. '또 저런다. 그래, 넌 늘 나를 무시하지.' 남편은 몹시 기분이 상했고 그때부터 머릿속이 복잡해졌다. 말이 오가던 중 남편이 아내에게 "네가 그런 식이니 내가 이럴 수밖에 없다"라는 말을 툭 내뱉었다. '저 사람은 늘 저런 식이다. 무책임하게 남 탓만 한다' 아내의 가슴에는 비수가 꽂혔고 그때부터 그녀의 머릿속도 복잡해졌다.

자신만의 감정 버튼 이해하기

여기서 중요한 것은 감정 버튼이다. 두 부부처럼 누구에게나 평소 툭 하면 잘 터지는 예민한 부분이 있기 마련이다. 통상적으로는 서로를 자극하지 않는 뉴런들이 정서 반응에 의해 각성하면 순식간에 하나의 작업 집단으로 결합해 일시적인 네트워크를 형성한다. 아세틸콜린, 노르아드레날린, 도파민, 세로토닌 같은 신경 전달 물질이 중요한 역할을 하는 중에 뇌간의 망상체 활동계, 자율 신경계, 내분비계가 모두 관여해 언제든 다시 발화할 수 있도록 신경세포들을 대거 흥분시키는 것이다.

그렇게 되면 뉴런들은 훨씬 더 역동적으로 상호 연결될 수 있게 된다. 언제든 신호를 받을 태세로 신경들이 곤두서 있는 데다 연결성이 높아졌으니 아주 작은 자극으로도 그 사람의 머릿속에는 이 생각, 저 기억, 이 감정, 저 연상이 마구 쏟아져 얽힌다. 혼자 투덜대며 걷던 길에 갑자기 감정을 타는 군중이 합세해 본격적인 규모로 시위대를 형성하는 것과 같다. 그래서 우리는 감정을 격하게 타면 자신이 어디로 튈지 모른다는 말을 스스로도 불안해하며 하게 되는 것이다.

예민한 감정이 건드려져 신경줄이라는 도화선에 불이 붙으면 어마어마한 생각과 기억과 감정이 동시다발적으로 일어나 순식간에 머릿속에 산불이 난다. 나중에 불이 꺼진 뒤 냉정하게 둘러보면 두고두고 후회할 일들이 잿더미 속에서 발견되곤 하지만 불이 붙어 산천초목을 태우고 있을 때는 그렇게 될 수도 있음을 감히 기억해내지 못한다.

그렇게 해서 부부가 각자의 울트라 슈퍼 자동차를 타고 순식간에 안방을 벗어나 저 너머 도착한 곳은 마음속을 시끄럽게 어지럽히는 부산한 장소였다. 그곳에 도착하면 누구든 다른 생각을 할 틈이 없다. 서로에게 아주 익숙한 곳이지만 둘이 같은 곳에 있는 것은 아니다. 남편은 자신의 전형적인 내면의 동네로 들어간 것이고, 아내는 자신의 전형적인 동네로 들어간 것일 뿐이다. 그래서 그곳은 세월이 아무리 흘러도 그들 각자에게는 똑같은 모습이다.

아내가 떨어진 번화가에서는 항상 이런 소음이 들린다. '그래. 내가 강하고 잘나서 다른 사람을 힘들게 한다. 그런 내게 너는 필요 이상으로 의지하고, 내게 더 많은 책임을 지라고 한다. 그런데 그다음에는 그런 나 때문에 네가 주눅 들고 위축된다고 말한다. 그래서 내게 할 말도 못하게 된다고 한다. 그러니 내 외로움은 내가 자초한 것이라는 말이구나. 나보고 도대체 어떻게 하라는 말이냐! 혼자 힘든 것도 서글픈데, 너무 억울하다.'

한편 남편에게만 들리는 번화가의 소음은 이런 내용이다. '아무도 나를 믿지 않는다. 늘 나보고 하고 싶은 일을 하라고 하고는 막상 움직이려고 하면 내 발목을 붙잡고 넘어뜨린다. 내가 아무것도 할 수 없는 사람인 것처럼 무시한다. 나의 무능력을 의심하고, 나를 계속 무기력한 상태에 두려고 한다. 내가 나름대로 변화하고 있고, 달라지고 있고, 개선되고 있다는 것을 알아봐주면 좋겠는데, 정말 너무하다! 내가

전과 다른 사람이라는 것을 너라도 제발 믿어주면 좋겠는데 어떻게 너까지 이런다는 말이냐?'

실제 사건이 벌어진 안방의 작은 침대에서는 아내가 남편을 무시한 게 결코 아니었다. 남편도 아내 때문에 자기가 위축된다고 불평한 게 절대 아니었다. 그런데 두 사람이 각자의 울트라 슈퍼 자동차를 타고 떨어져서 싸움을 벌인 곳은 애초의 구체적인 상황이나 심정과는 한강 폭만큼이나 멀다. 그곳에서의 소음은 실제의 소소한 감정-남편이 소홀한 것 같아서 섭섭했던 아내의 마음이나 아내에게 느끼는 남편의 미안함-을 반영하고 있지 않다. 대신 케케묵은 오랜 감정과 이로 인해 연상되는 다른 생각들이 소음을 내며 북적댈 뿐이다.

이는 버튼이 그다음 버튼을 누르면서 빠른 속도로 생각을 이동시켜 익숙한 자기만의 고통으로 몰아간 경우다. 여기서 진짜 비극은 각자 자기 내면에 존재하는 낡은 번화가에서 서로 다른 것을 보며 싸우고 있는데도 둘의 말다툼이 딱 맞아떨어지는 대화처럼 서로에게 느껴진다는 사실이다. 번화가의 소음은 몇 번이고 반복해서 틀어주는 재방송이며 때 지난 리바이벌일 뿐이다. 그런데도 두 사람 모두 인식하지 못했다.

왜 우리는 일상에서 벌어지는 순간의 사건이 내면의 판에 박힌 어마어마한 사건으로 변모하는 동안 눈치채지 못하는 것일까? 왜 격한 감정의 지배를 받으며 자기 머릿속 생각을 현실이라고 믿어 상대의 모든 것을 자기 내면의 드라마에 맞추어 생각하고 마는 것일까?

우리의 생각과 감정과 행동은 살아온 삶과 환경에서 학습된 것이다. 나를 나답게 하는 모든 것은 그러한 경험의 학습과 사회화로 인해 습관적으로 맺어진 시냅스의 연결에 지나지 않는다. 결국 우리가 반복하는 생각과 감정과 행동의 대부분은 머릿속에 존재하는 허상을 토대로 생겨난 것이다.

　　실재와 무관한 어떤 전형적인 도로망이 혼자서 바삐 사고라는 차량을 굴린다. 익숙한 동네에 가서 '어째서 여기는 하나도 변한 게 없지?' 궁금하고 이상하다고 여기면서도 차는 혼자 정처 없이 그곳을 떠돌기 마련이다. 거기가 바로 내면의 '구멍'이다. 구멍에 발을 들여놓지 않으려면, 자신이 또 다시 그곳에 와 있다는 것을 어떤 식으로든 인식할 수 있어야 한다. 그러고는 도돌이표로 맴도는 생각을 한순간에 딱 멈추어야 한다. 멈추는 법은 간단하다. "또 시작했군"이라고 말하고 크게 웃으면 된다. 말 그대로, 하던 것을 그냥 단박에 중단해버리면 된다. 실재와 내면의 환상 간의 연결고리를 끊는 단호함이 필요하다는 말이다.

　　그러기 위해서는 일단 자신의 마음을 동요시키는 예민한 감정 버튼을 찾아놓아야 한다. 그다음에는 내면의 동네가 정확하게 어떤 풍경인지 분명하게 인식하고 있어야 한다. 또한 그 버튼을 자주 누르는 상황이나 사건을 이해해야 한다. 버튼이 작동되어 생각이 진행될 때 주변 사람들이 자신에게 흔히 어떤 말을 하는지 알아두면 도움이 될 것이다.

그다음에는 어떤 상황이나 사건에서든 버튼이 눌리면 거기서 멈추고, 버튼에 담긴 감정을 표현하거나 토로하는 것으로 일을 마무리해야 한다. 진실은 그 정도뿐이다. 그러다보면 버튼이 건드려진 이유가 실제로 있었는지 없었는지도 확인할 수 있다.

만약 버튼이 눌린 것을 인식하지 못하고 그냥 지나쳐 로켓을 타고 이미 강 건너로 가고 있는 중이라면, 그래도 놀랄 필요는 없다. 자신이 하는 말이나 상대가 하는 말 중에 현재 두 사람이 내면의 그림을 돌리고 있다는 것을 상기시켜주는 중요한 피드백이 있을 테니, 그 말을 들으면 거기서라도 멈추면 된다.

예로 든 부부도 서로 막연히 무언가가 잘못되고 있다는 느낌을 받기는 했다. "이건 아니지", "왜 이런 이야기가 여기서 튀어나오지?", "정말로 하고 싶은 이야기가 뭐야?", "어쩌다 우리가 이러고 있는 거지?", "아니, 이러자고 말을 시작한 게 아닌데……" 서로에게 나오는 그러한 피드백의 참 의미를 안다면, 어느 한쪽에서든 일단 멈추면 된다. 맥을 끊고 시간을 벌어 내면의 환상에 걸려들지 않을 만큼 여유를 되찾으면, 그때 다시 상대에게 다가가 자신의 머릿속 사건이 어떻게 진행된 것인지 간단히 설명해주면 된다.

만약 멈출 생각도 하지 못한 채 정신없이 이미 강을 건너버렸다면, 그래도 괜찮다. 너무 익숙한 주제가 나오고 너무 판에 박힌 말이 자기 입에서 나오면 거기서 멈추어도 늦지 않다. 끝까지 강을 다 건너서 멈추면 허탈한 웃음이 더 많이 나올 뿐이다. 단지 그뿐이다. 다 머릿속 고통이고 갈등이지, 실제로는 아무것도 달라질 것이 없다. 인간의 뇌가 그렇게 생겨 먹은 것이니 자신을 한심하게 여길 필요도 없다. 구멍에 빠진 또 한 번의 실수를 용서하고, 그나마 거기서라도 멈춘 덕에 내면의 동네를 실제처럼 공고히 하지 않았다는 데 자부심을 가져도 된다.

낡고 진부한 시냅스 연결로 항상 변함없는 풍경을 유지하는 내면의 길, 이것만큼은 의식적인 노력으로 우리가 깰 수 있는 틀이다. 사고가 이 안에서 어리석은 패턴으로 실수를 반복해도, 우리는 자신이 그러고 있다는 것을 알 수 있다. 패턴이 몰고 오는 어마어마한 피해를 막을 수 있는 사람도 우리다.

자신이 무엇을 하고 있는지 아는 것, 거기서부터 내면에 뚫린 구멍의 막강한 흡입력이 힘을 잃는다. 우리가 그러고 있음은 결코 어쩔 수 없는 일이 아니다. 수많은 가능성 중 당신이 단지 습관적인 선택을 반복하고 있을 뿐임을 이해한다면 머릿속 시냅스 연결도 슬슬 풀리기 시작한다. 가소성이 가소성可笑性이 되면서 말이다.

이렇게
아버지가 된다

+
부 성 애 ,
그 놀 라 운 정 신 력

새 학기가 시작되고 교육에 너무 열을 올린 바람에 그만 병이 났다. 감기 몸살에 대상포진까지 와서 무조건 침대에 누워 쉬어야 했다. 5일째, 마침내 자는 데도 한계가 드러났고 무료한 시간을 메꾸기 위해 나는 텔레비전으로 영화를 구매했다. 우연히 2010년 영화 〈네가 원한다면〉의 포스터를 보았다. 감독도 배우도 전혀 모르는 사람이었지만 포스터에 나오는 꼬마의 눈빛이 무척 강렬했다. 줄거리를 읽으니 죽은 엄마 대신 아빠가 여장을 해서 엄마가 되어주는 이야기라고 했다. 나는 동병상련으로 구매 버튼을 꾹 눌렀다.

영화 속 아빠는 잘나가는 젊은 변호사다. 어느 집이나 그렇듯 바빠서 아이와 보낼 시간이 많지 않다. 아이는 오전에는 엄마와 유치원에 가고, 집에 오면 엄마하고만 놀며, 엄마하고 밥 먹고, 엄마가 동화책을 읽어주면 잠이 든다. 아직은 엄마가 세상의 전부인 4세 꼬마다. 그런데 어느 날 갑자기 건강했던 엄마가 발작을 일으키더니 하늘나라로 간다.

엄마의 죽음을 받아들일 수 없는 어린 딸은 자꾸만 '입술이 빨간 엄마, 머리카락이 긴 엄마'가 읽어주는 동화책을 그리워하며 밤마다 칭얼대고 잠 못 이룬다. 어린 딸에게 엄마를 만들어주어야 한다는 생각으로 아빠는 서둘러 다른 여성을 만나보지만, 자신에게도 아내가 필요하니 아무나 괜찮다고 그 자리에 들일 수가 없다. 결국 아빠는 집에서 고군분투한다. 그러다가 직장에 가면 허술함이 드러나고, 이를 메꾸려고 긴장하며 뛰어다니다 집에 돌아오면 딸아이를 보면서 괜히 감정적으로 대응한다. 아빠는 현재 사면초가 상태다.

그러던 어느 날, 아빠는 잠 못 드는 아이와 실랑이를 벌이다가 아내 립스틱을 바르고 아이 옆에 누워 동화책을 읽어준다. 아이는 빨간 입술이 움직이는 것을 보면서 안정감을 되찾더니 스르르 눈꺼풀을 감는다. 다음 날도 아빠는 아이를 위해 다시 립스틱을 바르고 엄마 옷까지 입는다. 그다음에는 우연히 발견한 가발 가게에서 아내의 머리카락과 비슷한 길이의 여자 가발을 발견하고 큰맘 먹고 구입하기에 이른다. 아이가 좋아하는 것을 본 아빠는 지인을 통해 알게 된 여장 호모 예능인까지 찾아가 본격적으로 분장하는 법을 배운다. 엄마로 분장한 아빠는 매일 아침 좋아 죽는 아이를 유치원에 바래다준다.

그러는 사이 직장 파트너는 딸에게 정신이 팔려 전처럼 완벽하게 일을 해내지 못하는 동료에게 불만을 터뜨리고, 유치원에서는 아빠를 불러 딸이 "엄마가 살아 있다"라고 말하고 다니는데 당신이 여장을 하며 엄마처럼 구는 행동을 그만두지 않으면 복지부에 신고하겠다고 엄포를 놓는다. 아빠는 직장 동료에게 자신을 믿으라고 큰소리를 치지만, 자신이 여장을 한 것을 뻔히 아는데도 엄마가 살아 있다고 말하고 다닌다는 딸은 걱정이다.

그날 밤 아빠는 엄마 분장을 한 채 어린 딸을 앉혀놓고 자신이 누구냐고 묻는다. 아이는 "엄마"라고 말하고, 아빠는 다급해져서 아이를 두 팔로 잡고 흔들면서 자신이 누구냐고 재차 확인한다. 아이는 거듭거듭 엄마라고 말하지만 결국 아빠의 성화에 못 이겨 '아빠'라는 단어를 내뱉는다. 아빠는 안심을 하며 그것만 잊지 않으면 된다고 중얼거리고는 아이를 위해 여장을 계속한다.

유치원 선생님들과 아이의 친구 엄마들에게는 어떻게든 양해를 구할 수 있지만, 속사정을 모르는 세상 사람들까지는 아빠가 어떻게 할 수 없다. 아이를 친구네 집 파티에 들여보낸 뒤 차 안에서 기다리며 잠이 든 아빠는 갑자기 자기 차에 돌을 던지는 청소년들 때문에 깨서 나갔다가 더러운 호모 새끼라며 때리고 걷어차는 그들로 인해 만신창이가 된다.

병원에 입원한 아빠 때문에 하는 일은 어려움에 빠지고, 아이는 복지부의 개입으로 다른 지역의 외할머니 댁으로 보내진다. 아빠의 양육 방식에 찬성하지 않는 외할머니는 외손녀를 명문 유치원에 보내 예의범절과 학업을 익히게 한다. 깁스를 풀고 퇴원한 아빠는 아이의 거처를 확인하자마자 학교로 찾아간다. 이미 친구인 호모 노인에게 짙은 화장으로 얼굴의 상처를 가리는 분장을 받고 엄마로 변신해 있는 상태다. 학교를 발칵 뒤집어놓으면서 아이를 찾은 아빠는 교실에서 자신을 보고 한걸음에 달려 나오는 딸을 번쩍 안아 차에 태우고 집으로 향한다.

이어 영화의 모든 감동을 한번에 압축해서 폭죽 날리듯 터뜨려버리는 명장면이 이어진다. 잠이 깨서 침대에 앉아 텔레비전을 보던 딸은 젖은 가발을 말리며 옷매무새를 다듬고 있는 아빠를 욕실 문틈으로 훔쳐본다. 아빠, 아니 엄마가 돌아와 침대에 같이 앉자 아이는 텔레비전을 보는 척하더니 슬며시 "아빠도 보고 싶다"라고 말한다.

벅찬 상황에 아빠는 잠시 말을 잃고, 자신이 화장을 지우면 아빠를 만날 수 있는데 그렇게 하기를 원하느냐고 묻는다. 아이가 말없이 고개를 끄덕이자 아빠는 다시 욕실로 돌아가 한참 동안 세면대 거울 앞에 복잡한 심정으로 서 있다. 천천히 엄마 옷을 벗고 티셔츠 차림으로 돌아오는 아빠를 아이는 여전히 열린 문틈으로 훔쳐본다. 아빠가 물휴지를 쥐고 얼굴을 닦으며 돌아오자 아이는 그제야 아빠 얼굴에 난 커다란 멍 자국을 본다. 아이는 아프냐고 물으면서 물휴지를 받아 쥐더니 고사리손으로 아빠의 얼굴에 남은 화장기를 천천히 닦아준다.

바로 이 장면이 나를 매혹한 포스터 속 꼬마의 압도적인 이미지였다. 세상이 자기를 이해하지 못해 발로 차고 때려도, 아이에게 필요한 거라면 뭐든 해주려고 산전수전 겪은 아빠다. 그리고 딸은 억지를 써서라도 붙들어두고 싶었던 엄마를 이제 떠나보내려고 한다.

부성애는 의지의 산물이다

　내 딸도 영화 속 꼬마의 나이일 때 부모의 이혼을 겪었다. 아빠와의 이별뿐 아니라 다시는 아빠를 볼 수 없는 상황에 놓이기도 했다. 아이는 초등학교에 들어갈 때까지 일하러 나갔다가 들어오는 나를 "아빠"라고 불렀다. 제 옆에서 밥을 챙겨주거나, 뒹굴뒹굴 책을 읽어주거나, 텔레비전을 보며 같이 놀 때는 나를 "엄마"라고 불렀다. 일부러 구별해서 호칭을 쓰거나 장난을 치느라 그런 게 아니고, 무의식중에 실수로 엄마라고 했다가 아빠라고 했던 것이다.

　나는 가장으로 힘들게 살고 있는 남성들에게 동질감을 느꼈고, 점심 때 식당에 벌떼같이 모여 후다닥 점심을 먹고 사라지는 직장인들을 보면 항상 마음이 짠했다. 저녁 때 맥줏집에 떼 지어 모여 별 이야기도 아닌데 와자하게 웃으며 술잔을 부딪치는 남성들을 보면 기다리는 아내들이 걱정되는 게 아니라 그들의 심정이 이해되었다. 물론 카페에 앉아 모처럼 친구랑 수다를 떠는데 지루해진 아이가 떼를 쓰며 돌아다니니 창피해서 그만 아이의 등짝을 때리는 엄마들을 보아도 눈물이 났다. 유모차에 아기를 태우고 놀이터에 혼자 나와 멍하니 하늘을 보는 젊은 엄마들의 표정도 그냥 지나칠 수 없었다.

　각자에게는 각자의 입장이 있고 각자의 십자가가 있다. 서로 다른 환경과 조건을 무시하고 동일한 저울에 무게를 달아 누구의 편을 든다는 건 있을 수 없다. 먹고사는 일도, 가정을 돌보고 아이를 키우는 것도 다 어렵고 수고로운 일이다. 엄마이기도 하고 아빠이기도 했던 내게 허둥지둥 뛰어다니는 영화 속 주인공은 거울 같았다. 그나 나나 하고 있는 생각은 같았을 것이다. '너에겐 나밖에 없는데, 네가 필요하다면, 네가 원한다면 알았어, 뭐라도 할게.'

그런데 엄마인 나와 아빠인 그는 출발이 똑같지 않다. 내가 지닌 모성애와 책임감은 본능에 가까운 반면, 그가 지닌 부성애는 순전히 심리적으로 구축된 정신의 산물이기 때문이다. 나는 내 모성애보다 그가 드러낸 부성애가 더 숭고하다고 본다.

임신과 출산 후 겪은 여성으로서의 변화와 옆에서 지켜본 아이 아빠의 행동과 심리 표현을 비교하면서 내가 알게 된 것은, 남성의 부성애는 문화가 인간의 정신에 각인시킨 놀라운 의지라는 사실이었다. 이는 레너드 쉴레인의 『자연의 선택, 지나 사피엔스』에도 잘 드러나 있다.

저자는 전작인 『알파벳과 여신』을 출판한 후에 문자가 발명되기 이전의 문화에서는 남성과 여성의 관계가 어떠했는지 고민했다. '왜 자연은 자손의 생존과 번영에 치명적인데도 여성에게 달마다 그토록 많은 피를 흘리게 하고 출산 시에도 그녀들을 죽음에 가까운 상태로 몰아가는가?' 사막 한가운데를 차로 지나가던 어느 날, 그는 보름달을 보고 영감을 얻어 이 책을 썼다. 직립보행하는 인간 개체를 고통 끝에 어렵게 낳아야만 했던 원시시대 여성이 긴 양육 기간 자식의 생존율을 높이기 위해 어떻게 남성을 자신과 아이의 체계에 끌어들였는지에 대한 나름의 상상과 추론이다.

쉴레인은 문자 발명 이전과 이후에도 문화를 이끌어온 것은 여성이라고 주장한다. 그리고 여성이 문화의 주체가 된 이유는 그들이 잃게 되는, 그래서 보완해야 하는 철분 때문이었다고 말한다. 남성과 달리 달거리를 통해 시간의 흐름을 인식한 여성은 정해진 대상 없이 무작위로 성관계를 맺던 시대에도 자신의 배 속에 있는 아이가 누구의 아이인지 알아챌 수 있었다. 마침내 여성들은 끼리끼리 공모해 남성에게 아이에 대한 책임을 지우며 철분을 대신할 수 있는 사냥거리를 갖다 바치도록 만들었다. 그 결과 남성들은 일부일처제든 아니든 자신의 핏줄과, 핏줄을 돌보아주는 여성에게 일용할 양식을 갖다주어야 했다. 남성의 권력이 강화되어왔지만 역사의 이면에서 문화의 향방을 정해온 주체는 사실 여성이었다고 주장하면서 쉴레인은 책 제목에 호모 사피엔스 대신 '지나 사피엔스'라는 말을 썼다. 여성의 이름인 지나Gina에는 여성의 생식기vagina를 가리키는 라틴어의 어원이 내포되어 있다.

쉴레인은 책의 후반부에서 남성의 부성애가 얼마나 놀라운 것인지 피력한다.

모든 포유류 암컷의 가슴에는 강한 모성 본능이 자리한다. 그러나 강한 부성 본능이 들어갈 신경 회로를 지닌 수컷은 거의 없다. 그리고 그나마 부성애를 본능으로 지닌 극소수도, 새끼의 안녕에 대한 관심과 배려가 유아기 이후까지 연장되는 경우는 드물다.……부성이라는 '개념'은 부성 본능과는 별개의 것으로, 인간 외의 수컷에게는 이해할 수 없는 개념이다.

스스로 책임을 부여하는 남자들

이쯤에서 내 이야기를 해야겠다. 나는 결혼을 하고도 엄마가 될 마음은 전혀 없었다. 그러던 어느 날 갑자기 배꼽시계 같은 것이 울리더니 아이를 갖고 싶다는 단순한 열망이 생겼다. 운 좋게 일주일 만에 아이가 들어섰고, 곧바로 나는 호르몬이 만들어내는 각종 변화를 겪으며 심신이 뒤흔들리는 것을 무력하게 경험했다.

네 달 만에 놀랍도록 배가 불러왔는데 30년을 잘 잡아오던 균형점이 바뀌니 뒤뚱뒤뚱 걷다 툭하면 넘어지기 일쑤였다. 한평생 잘 먹던 것들은 갑자기 냄새 나고 구역질 나서 입에 댈 수 없었고, 생전 먹지 않던 것은 자꾸 찾아 먹게 되었다. 먹는 족족 양분이 온몸으로 빠르게 흡수되어 내가 가져야 마땅할 에너지를 몸속에 기생하는 어떤 것에게 뺏기는 느낌까지 들었다. 더 이상 나는 '나'라는 개인이 아니었다. 무언가를 위한 환경으로 전락했다. 내가 느끼고 생각하는 것과 듣고 보는 것에 따라 태아가 신경질적으로 발길질하는 것을 느끼면 배 속에서 돌출한 녀석의 발끝을 나의 일부라 해야 하는지, 내가 아닌 무엇이라 해야 하는지 알 수 없어 혼란스러웠다.

때가 지났는데도 아이가 나오지 않아 나는 병원에 입원하고 약물을 주입해 억지로 아이를 뒤흔들어 빼냈다. 산모들이 줄줄이 누워서 고통으로 절규하는 출산 대기실은 돼지우리 같았고, 나는 고귀한 정신을 가진 인간이 아니라 새끼를 낳는 여성의 몸체에 불과했다.

너무 아파서 나중에는 기억도 나지 않는 15시간의 고통 끝에 드디어 아기가 나왔다. 좁은 통로를 뚫고 머리와 어깨를 지닌 실체가 떨어져 나왔을 때, 나는 짓눌려 보라색이 된 아이가 전혀 예쁘지 않아 손으로 밀쳐냈다. 찢어진 살이 꿰매지고, 침대 시트는 완전히 피범벅이 되었다. 그런데도 하혈이 계속되어 나는 어두운 방 한구석으로 밀쳐졌다. 낯선 직원이 자꾸 방문해 내 배를 깊이 꾹꾹 눌러보았다. 직원은 꿀럭꿀럭 뱉어지는 피를 반복해서 확인하더니 피가 멈추었음을 확신하고 나를 다시 밝은 침대 방으로 옮겼다.

나는 고귀한 인간으로 서둘러 돌아가려고 간호사들이 말리는데도 깨끗이 샤워를 하고 하얀 침대 위에 앉았다. 가족들은 호들갑을 떨었지만 나는 아기에 대한 애정 따위는 느낄 수 없었고 그저 오래 묵은 체중이 쑥 내려가 편안해진 배 속이 좋기만 했다.

그러다가 병원 시스템과 절차를 따라 신생아실에서 아이를 받아 첫 젖을 물리게 되었다. 젖줄이 찌르르 울리면서 젖을 미친 듯이 빨아대는 작은 새끼를 내려다보자 갑자기 눈물이 났다. 운명처럼 아기와 나의 유대가 받아들여진 것이다. 자연이 포유류 어미들에게 자손의 생존을 위해 온몸과 뇌에 발라놓은 신경생리화학적인 장치가 작동한 순간이었다.

젖줄이 자극되어 옥시토신이 분비되면 어미들은 제 새끼를 끔찍이 여기게 된다. 아이를 특별히 좋아하지도 않았고, 임신하고 출산하는 동안에도 내 새끼를 안에 기생하는 이물질처럼 느껴 빼내는 데만 집중했던 나는 거짓말처럼 한순간에 어미의 애착과 사랑을 지니게 되었다. 물론 모성애가 현실에서 단단해지기까지는 오랜 시간과 노력이 들었다. 하지만 정신적으로 준비되지 않은 여성에게 엄마 노릇을 하게 만든 것은 자연이지 내 인성이 아니다.

그런데 아빠들은 사정이 다르다. 제 몸에서 자라나는 생명체를 아홉 달 동안 느낄 일도 없고, 내 새끼가 아니라고 부정하려야 부정할 수 없는 출산의 고통도 없기 때문이다. 자궁을 수축하며 젖 근육을 움직이느라고 분비되는 옥시토신이 아이와의 첫 만남에 뿌려놓는 마술적인 효과도 없다. 단지 배부른 아내가 그렇다고 하니까 그 속의 생명이 내 것이려니 믿고 동조하는 것뿐이다. 그러다가 아이가 태어나 주변 사람들이 축하하고 격려하면 얼떨결에 자식이 생겼다는 것을 인정하게 된다. 그런데 태어난 아이를 보아도 내 자식이라는 확신이 쉽게 생기지 않는다. 아이가 자라는 중에 하는 짓이 닮아 있고, 여기저기 얼굴과 신체에서 비슷한 구석이 발견되어야 조금씩 '내 아이군' 믿음이 간다. 아빠들은 김동인의 소설 『발가락이 닮았다』의 주인공처럼 억지로라도 유대감을 지닐 만한 무언가를 찾아내야 안심이 된다.

내 전남편은 자신의 복잡한 심정을 솔직하게 털어놓는 용기를 갖고 있었다. 자기 아이라는 것은 알겠는데 솔직히 지금으로서는 모르겠고, 오히려 아내만 뺏겼다는 생각이 드니 아이가 별로 예쁘지 않다고 고백했다. 또한 아이를 먹이고 공부시켜 키워야 한다는 압박이 너무 크니 괴로울 뿐이라고 했다. 그 마음을 남들 모르게 숨겨야 하니 차라리 모든 상황에서 도망치고 싶다고도 했다.

남자들은 그럴 수 있겠구나 깊이 공감했다. 임신과 출산의 고통으로 내 몸이 알고 있는 것들을 누가 머릿속에서 지워준다면, 나도 마찬가지로 의심과 회의에 빠질 것 같았다. 젖줄의 힘이 없었다면 나도 무책임하게 아이를 방치하거나 귀찮은 존재를 없애려고 무슨 짓을 할지 누가 알겠는가.

그러나 남편이 조금씩 아이를 받아들이고, 책임감을 갖고 아이를 위해 많은 것을 하는 것을 지켜보면서 남성의 놀라운 정신력에 감탄했다. 자연이 아무런 본능의 장치도 마련해주지 않았는데 문화가 만들어놓은 가치관을 따라 어마어마한 책임을 스스로 부여하며 짊어지고 가는 것이었다. 딸을 여자로 보아 성관계를 가져도 그만인 시대도 있었다. 남자들은 오래된 습성을 버리고 그런 가능성을 완전히 터부시하면서 놀라운 윤리의 힘으로 딸에게서 여성의 향기를 지웠다. 물론 그러지 못해 근친상간을 감행하고 현대를 살아가는 딸들에게 어마어마한 심리적 상처와 장애를 안기는 아빠들을 일터에서 종종 만난다. 말도 안 되는 일이라고 상처 입은 딸들과 함께 울지만, 솔직히 나는 그들을 욕할 수가 없다. 그러지 않는 아버지들을 경탄하고 고맙다고 박수를 보낼 뿐.

나와 같았지만 나보다 훌륭한 인성의 힘을 보여준 〈네가 원한다면〉의 아빠를 보면서, 나는 다시 병상을 털고 일어나 엄마 노릇으로 돌아왔다. 내 새끼에게 물어다줄 먹을거리를 위해 일터를 향하면서, 본능을 따르거나 인성을 만들어 부모가 되고 있는 세상의 모든 어미와 아비에게 격려의 박수를 보낸다.

Ferdinand Hodler, <Father and Child>, 1883

모성애는 본능에 가까운 반면,

부성애는 순전히 심리적으로 구축된 정신의 산물이다.

문화가 인간의 정신에 각인시킨 놀라운 의지인 것이다.

모두가 부지런하고 성실하면

'반응 역치'로 바라본
개미 사회와 인간 사회

"어이구, 쯧쯧쯧⋯⋯."

아이 방을 볼 때마다 짜증 섞인 한숨이 나온다. 바지는 다리 구멍이 그대로 보이게 껍질처럼 벗겨져 침대 아래 있고, 윗옷은 뒤집어져서 나 보라는 듯 편안히 너부러져 있다.

오래된 양말은 냄새를 풍기며 여기저기 굴러다니고, 의자 위에는 교복 서츠 위에 치마, 그 위에 다시 재킷이 주말 내내 합쳐놓은 무게 때문에 제멋대로 구겨져 있다. 취미인 만화를 그리면서 벅벅 지워댄 지우개 똥들은 책상 위 컴퓨터 자판 아래 꼭꼭 숨어 있다. 먹다 만 빵과 우유 상자는 말라비틀어져 하루 종일 아이가 뭘 먹었는지 누구나 알아볼 수 있다.

쓰다 만 노트는 여기에 하나, 저기에 하나 갖가지 펜과 함께 흩어져 있다. 빼냈다가 제자리로 돌아가지 못한 물건들 때문에 난 자리가 확연히 드러난 선반은 꼭 이 빠진 늙은이 같다. 이불은 개켜진 적 없이 아이가 자고 일어난 상태 그대로 있다가 퇴교길에 놀면서 아이가 아무 데나 던져놓았을 가방을 찍소리도 못하고 받아낸다. 덩달아 묻은 흙먼지가 부끄럽다. 이놈의 습관은 잔소리를 아무리 퍼부어도 달라지지 않는다. 못 견디는 것은 그저 나일 뿐 아이는 태평하다.

간혹 정리 정돈이 안 되는 사람들 중에는 보다 못해 남이 대신 치우면 무언의 압력이라고 느껴 화를 내는 이도 있다. 어지러운 더미 속에서도 어디에 뭐가 있는지 자신은 잘 아는데 이렇게 해버리면 물건을 찾을 수 없지 않느냐고 큰 소리로 항변하곤 한다. 그런데 우리 집 녀석은 참 다르다. 내게 아무런 감정도 보이지 않고 그냥 분업처럼 여기는 것같이 보인다. 등교 준비로 바쁜 아침에 갑자기 물건을 급하게 내놓으라고 재촉하다가 내게 혼이라도 나면 그제야 구시렁대며 나가는 게 다다.

도대체 우리 각자는 방이 얼마만큼 어질러져 있어야 청소를 시작하는 걸까? 생물학에서는 일에 대응하는 부지런함의 개인차를 '반응 역치'로 설명한다. 내 경우를 보면 청소와 정리 면에서 누구와 비교하든 반응 역치가 현저히 낮다. 조금만 지저분하고 어질러져 있어도 바로 행동에 나서는 것을 보면 그렇다.

반면에 아이는 반응 역치가 독보적으로 높다. 그래서 웬만한 어지러움에도 그저 무덤덤하다. 정확히 말하면 아이는 아직 자신의 반응 역치를 확인한 바가 없다. 확인할 만큼 점진적으로 최대의 무질서까지 나아가본 적이 나 때문에 없기 때문이다. 반응 역치는 유전자에 정해져 있다는데 아마 맞는 말일 것이다. 내 유전자와 다른 개성을 아이에게 심어준 누군가를 탓하자면 한 치의 망설임도 필요 없다. 정말이지 부전자전 똑같다.

하지만 자라오면서 경험한 학습 효과도 분명 있을 것이다. 아이로 하여금 자신이 나서지 않아도 큰 문제가 없다고 여기도록 내가 너무 오래 길들여놓았다. 내가 아이보다 반응 역치가 한참 높아 매사에 꿈쩍도 안 했다면 아이도 청소하고 정리하는 데 나처럼 먼저 나섰을지도 모른다.

이런 식으로 생각하다보면 일상의 모든 일이 갑자기 흥미로워진다. 청소와 정리에는 일가견이 있는 나이지만 냉장고가 비어가는 것에 대해서는 다른 사람보다 반응 역치가 높다. 먹을거리가 떨어져도 한동안 그냥 버틸 수 있다. 여차하면 굶을 수도 있고 아무 거나 먹으면 된다고 생각하기 때문에 끼니를 걱정하는 데 남들보다 여유롭다. 먹을거리가 줄고 있다는 것에 위협을 느끼는 사람이 나 대신 먼저 장을 보고 요리를 해야 할 것이다. 당연히 내가 주방에 있는 시간은 그 사람 때문에 상대적으로 적을 것이다. 그러니 너는 왜 그러느냐고, 왜 나 같지 않느냐고 타인을 탓해보아야 소용이 없다. 우리가 그렇게 어우러져 있는 거라고 조직적인 면에서 이해하는 편이 더 빠르고 적절하다.

병정개미가 일하는 이유

예전에 어떤 과학 다큐멘터리에서 개미 사회에는 지속적으로 일하지 않는 개미의 수가 전체의 80퍼센트에 이른다고 들었다. 그때 나는 전체의 5분의 1만 부지런하면 개미 사회가 유지된다는 사실에 놀랐다. 그렇다면 도대체 5분의 4는 뭘 위해 존재하는 거람? 스스로 부지런하고 성실한 편에 속한다고 믿는 사람이라면 자신의 땀방울 아래 편안히 사는 사람들을 생각할 때 무척이나 억울하고 속상할 것이다. 나도 아이의 방을 치우면서 늘 속을 끓지 않는가. 이런 나쁜 녀석, 이런 못된 녀석…….

그런데 카오스 이론을 설명하는 또 다른 다큐멘터리에서 프랙털 구조를 언급했을 때 갑자기 눈이 번쩍 뜨였다. 전체의 일부를 떼어내도 다시 전체의 구조를 보여주는 프랙털 구조가 개미 사회에서도 보인다는 것이다. 일만 하는 개미와 일하지 않는 개미를 따로 떼어 자기네들끼리 군락을 형성하게 만들면, 일만 하던 개미라도 다시 20 대 80의 비율로 일하는 개미와 일하지 않는 개미로 나뉘고, 일하지 않는 개미도 저희들끼리만 뭉치면 100마리 중 20마리는 죽어라 일하는 개미가 된단다.

그러고 보면 '부지런하다 / 게으르다'는 개체의 고유한 특성이 아니라 사회의 자연스러운 조직 역학에 따른 기능과 역할일 수도 있다. 인간 사회의 비율은 어떤지 모르겠지만 경영학이나 사회학에서도

20 대 80의 파레토 법칙 같은 게 이야기되는 것을 보면 우리 사회에도 그러한 비율에 따른 효율성으로 움직여지는 영역이 있나보다.

그러던 중 얼마 전 하세가와 에이스케의 『일하지 않는 개미』를 읽었다. 벌, 개미, 진딧물 등은 번식만 하는 개체와 노동만 하는 개체로 계층이 나뉘어 군락을 형성하는 '진사회성' 생물로 분류된다. 그들의 공통된 특징은 번식하지 않는 개체가 모두를 위해 이타적으로 협동한다는 것이다. 자신의 유전자를 최대한 전달해야 하는 생의 법칙에 모순되는 성질이니 찰스 로버트 다윈을 고민에 빠뜨릴 만한 문제다.

진사회성 생물을 보면 군락 내에 언제나 분산 능력이 뛰어난 차세대 여왕과 수컷이 출현한다. 그들은 준비가 되면 집 밖으로 나가 교미한 후에 새 보금자리를 만들어 새끼를 기르기 시작한다. 새로운 군락이 시작된 것이다. 물론 그중에는 다시 차세대 여왕과 수컷이 될 일정한 놈들이 있다. 하지만 대부분은 암컷 일꾼으로 자란다. 번식용 수컷은 정자를 내준 뒤 하릴없이 있다가 쫓겨나거나 일찍 죽고, 여왕은 다양한 수컷의 알을 지속적으로 수정한다. 여왕이 수컷 왕 하나를 두는 경우도 있다지만 어쨌든 일정한 혹은 다양한 수컷과 여러 차례 수정하는 이유는 다양한 유전자를 가진 새끼들을 낳기 위해서라고 한다. 반응 역치가 다양한 개성을 집단 내에 뿌려 군락을 효과적으로 유지하기 위한 것이다.

개미 사회에 보이는 20 대 80이라는 비율의 효과를 이해하기 위해서는 다음의 질문을 먼저 생각해보아야 한다. 인간처럼 고도의 판단

능력이 있는 것도 아니고 우리 사회처럼 정보를 계층적으로 전달하는 시스템도 없는, 아니 군락 전체 차원에서 정보를 공유하는 일도 거의 없는 곤충들이 어떻게 군락에서 요구하는 일마다 적절히 노동을 분배해 전체에 필요한 일을 순조롭게 처리할까? 구성원에 따라 각기 다른 반응 역치가 있어 필요한 때 필요한 양의 일꾼이 알아서 동원된다는 것이 답이다. 예를 들어보자.

극동 흑개미 사회에는 병정개미라고 부르는 덩치 큰 개체가 하나의 계층을 이루고 있다고 한다. 병정개미는 보통은 아무 일도 하지 않는다. 그런데 보통의 일개미가 많이 죽거나 없어져 병정개미의 비율이 군락에서 80퍼센트 이상 되면 갑자기 병정개미들이 통상적으로 보통의 일개미들이 하던 일을 시작한다고 한다. "일개미 수가 줄었으니 너희가 나서라!"라고 지령하는 사령부가 있는 것도 아닌데 어떻게 그런 조율이 저절로 이루어지는지 신기하다. 병정개미는 평상시에 일개미와 마주치면 다른 방향으로 가버리는 것이 프로그램화 되어 있다는데, 보통 일개미와 마주치면 뒤돌아서 가버리고 마주치지 않게 되면 아무 생각 없이 일을 하게 되어 있다는 게 답이다. 그러니까 왔다가 '어, 이미 일하는 녀석이 있네' 하면 할 일이 없어 떠나고, '아무도 없네' 하면 자기가 알아서 일하는 것이다.

그렇지만 어쩌자고 일은 안 하고 농땡이만 부리는 많은 개미를 그냥 두는 것일까? 사실 인간 사회나 개미 사회나 삶은 예측 불가능한 일로 이루어져 있다. 끊임없이 변하는 환경에서 갑자기 예정에 없던 일이 발생하면 늘 정해진 일만 하기로 되어 있던 녀석들을 끌어와 쓸 수는 없을 것이다. 그들은 단기간이라도 멈추면 군락의 생존이 위태로워지는 일에만 매달려 있는 20퍼센트다. 뜻하지 않은 먹이의 출현이나 어린 인간의 장난으로 집이 무너지는 사고가 발생하면 곧바로 대응할 수 있는 여력이 있어야 한다. 바로 일하지 않는 개미들이다. 물론 곤충이 일만 하다 과로사 한다는 것은 잘 상상되지 않는다. 하지만 곤충도 근육을 이용해서 일하니 젖산이 쌓이면 피로해지고 피로하면 쉬어야 할 것이다.

이럴 때 군락 구성원의 반응 역치가 모두 같아 모두 일제히 일하는 시스템이 있다면 어떨까? 한 연구팀은 반응 역치가 서로 달라 일하지 않는 개체가 존재하는 시스템을 앞서 말한 시스템과 비교해보았다. 그랬더니 일하지 않는 개체가 있는 시스템이 더 오래 존속한다는 결과가 나왔다.

우리 모두는 세상의 일부다

아이와 둘만 지내는 집에서 일 년에 한 번씩 내가 과로로 감기 몸살이 걸려 쓰러져버리면 게으름뱅이 아이가 비로소 진가를 발휘한다. 늘 가만히 앉아서 마실 물조차 가져다달라고 하고, 설명을 반복해주어도 항상 뭐가 어디 있는지 몰라서 일일이 내게 되묻거나 찾아달라고 조르는 녀석이지만 2~3일 동안 내가 끙끙대며 앓고 있으면 제 밥을 제가 알아서 차려 먹고, 시간 맞추어 내 방에 들어와 체온을 재면서 땀도 닦아주고, 이곳저곳을 뒤져 인스턴트 죽도 끓여 바치곤 한다. 물론 내가 다시 건강해지면 모든 것은 원점으로 돌아가지만 말이다.

내 아이는 나와 달리 공부를 하기 싫어하고 활동성도 적어서 혼자 노는 것을 좋아한다. 누구를 닮았는지 현실 속에 부대끼는 것을 좋아하지 않고, 가만히 누워 상상하면서 판타지를 즐긴다. 한마디로 방콕족에 4차원인 녀석이다. 녀석의 앞날을 생각하면 걱정을 안 할 수가 없지만, 그래도 한편에서는 저런 녀석도 사회에 쓸모가 있겠지 하는 생각이 들어 마음을 푼다. 개인 차원에서는 마냥 밀리고 손해를 보겠지만 전체에서는 생긴 그대로 기여하는 바가 생길 테니 있는 그대로 큰 눈으로 볼 필요가 있다. 사실 그렇지 않은가. 모두가 일등만 하면 진짜 뛰어난 사람이 드러날 수 있겠는가. 모두가 부지런하고 성실하면 다 같이 지칠 때는 어떻게 되겠는가. 너도 나도 아이돌에 케이 팝 가수가 되면 누가 연구소에 들어앉아 개미를 연구하고, 모두 열심히 공부해서 명문대에 들어가면 누가 아침에 도시를 청소하고 공장에서 땀 흘리며 망가진 구두 굽을 고쳐주겠는가. 크게 보면 다 제자리에서 자기 할 일을 하는 것이고, 전체를 위해 효율적인 비율로 존재하며 사회를 움직이는 것이다.

읽던 책을 권하면서 내가 아이에게 들려준 이야기다.

"개미는 길에서 우연히 먹이를 발견하면 혼자서는 들고 올 수 없기 때문에 일단 집으로 돌아가. 그것을 운반할 동료들을 불러오기 위해

서겠지? 일단은 자신도 길을 잃으면 안 되니까 가는 길에 자신의 페로몬을 곳곳에 남길 거야. 작은 크기라면 한두 마리가 먹이를 발견한 개미 뒤를 더듬이로 더듬으며 졸졸 쫓아갈 테지. 하지만 먹이의 양이 커서 수십 마리가 이동해야 하면 개미들은 길에 뿌려진 페로몬의 길을 직접 찾아 나서야 할 거야. 개미 사회에도 당연히 똑똑한 녀석들과 소위 멍청하다고 부르는 녀석들이 있어. 애초에 먹이를 발견했던 개미의 페로몬을 100퍼센트 틀림없이 추적하는 개미들, 그리고 좌우로 왔다 갔다 하면서 잘못 추적하는 개미들을 연구자들이 분류할 수가 있대. 그래서 어느 연구팀이 일부러 똑똑이와 멍청이를 이렇게 저렇게 섞어서 다양한 팀을 짜 비교를 해보았다는구나. 그랬더니 페로몬을 100퍼센트 틀림없이 뒤쫓는 녀석들만 있는 경우보다 잘못 추적하는 개미들이 어느 정도 있을 때 먹이를 갖고 집으로 돌아오는 확률이 더 높았다고 해. 길을 잘못 든 개미가 지름길을 찾는 경우가 더러 있기 때문일 거야.

아마 우리 사회도 똑똑한 사람만 있으면 덜 발전하고 덜 효율적일지도 모르겠다. 너처럼 공부도 안 하고 딴짓만 하는 엉뚱한 녀석들이 언젠가는 전체를 위해 맡게 되는 역할이 있을지도 모르지. 그러니 누가 뭐라 해도 너는 그냥 너이기를 바란다. 네 자신을 위해서는 설사 큰일을 못해도 누군가나 전체를 위해서는 너도 모르게 어떤 일을 하게 될지도 모르잖니. 이왕이면 네가 똑똑하게 안전한 길을 잘 찾아가면 좋겠지만, 아무리 보아도 그러기 힘들 것 같으면 애써 널 변화시키려고 너무 힘들이지는 마라. 엄마가 너를 두고 이렇게 말해도 좋은 건지 사실 자신은 없어. 하지만 그래도 엄마는 그렇게 믿고 있어.

　네 방을 정리하고 청소하는 것은 자꾸 엄마 몫이 되는데, 그것도 어쩔 수 없나보다 한다. 너보다 더 지저분한 녀석과 생활하면 너도 엄마같이 먼저 나서게 될지도 몰라. 한번 두고 보자. 인생은 복잡하고 재미있는 일로 가득해. 큰 눈으로 보면 모든 것은 더 의미가 달라진단다."

　말은 이렇게 해도 녀석의 방을 치우면서는 여전히 가끔씩 분통이 터진다. 성적표의 등수가 바닥으로 치닫는 것을 보면 아직도 마음이 편하지 않다. 그래도 세상은 전체로 보아야 하는 것 같다. 나도 아이도 개체이기 전에 세상의 일부이니 말이다.

누가 햄스터를
죽였나?

+
내 가 통 제 해 야
하 는 건 내 마 음

어느 날 집으로 여성가족부에서 우편물이 왔다. 열어보니 우리 동네에 산다는 성폭력 범죄자에 관한 고지 정보서였다. 가슴이 철렁 내려앉았다. '아동·청소년의 성보호에 관한 법률 시행규칙'이 바뀐 뒤처음 받아보았다. 우리 집에 중학생 여자아이가 있으니 이런 것도 날아오는구나. 어쩔까 하다가 나는 아이를 불러 그 사람에게 어떤 행동도 하지 않을 것이지만 얼굴을 익혀두고 보면 피하자고 다짐을 했다. 그 사람이 산다는 주소지를 인터넷 지도에서 찾아 정확히 위치를 파악하고 그 근처로는 다니지 말자고도 약속했다. 오로지 큰길로만 다닐 것! 사진이 크게 박혀 있어 무슨 이력서처럼 보이는 고지서는 냉장고에 붙여졌다. 이런다고 피할 수 있는 일인지는 모르겠지만, 여성가족부에서 일일이 고지한 것을 보면 알아야 할 권리를 넘어 조심하라는 의미겠지.

그런데 처음 우편물을 뜯어볼 때부터 그 사람의 얼굴이 낯익었다. 내가 어디서든 자주 부딪혔던 사람일까? 사는 곳도 내가 늘 다니는 길에 있다. 뇌리에 깊이 박아둔 이 사람을 길에서 우연히 마주치면 나는 어떤 태도를 취하게 될까? 어렸을 때 성적 피해를 입고 어른이 된 많은 여성을 치료하면서 눈물과 힘듦을 본 나는 이 사람에게 이를 갈 것이다. 하지만 67세의 나이에 청소년을 강제 추행한 이 사람의 인생도 딱하다. 성범죄는 우연한 충동이 아니다. 고쳐지지 않을 수도 있는 심각한 병이다. 가해자이긴 해도 병자라면 이 사람도 내 마음에 다르게 다가올 수밖에 없다. 냉장고 문을 열 때마다 나는 여러 가지 생각에 잠겼다. 그 사람이 어떻다는 것을 말하기 전에 나는 어떻게 할 것인지 고민이 되었기 때문이다.

그러다 문득 예전에 있었던 일이 생각났다. 이야기를 하자면 길지만 그래도 찬찬히 되짚어보는 게 좋겠다.

나는 햄스터가 한 일을 알고 있다

내 딸은 어려서부터 호기심이 무척 많았다. 그러나 호기심이 오래 지속되진 못했다. 그래서 하루 이틀 가지고 놀다 구석에 처박아두는 장난감이나 인형이 많았고, 한두 번 쓰다 말고 내팽개쳐 이리저리 굴러다니는 문방용품이나 팬시 제품도 많았다. 그러다가도 아이는 몇 년에 한 번씩 다시 그것들을 찾아보며 반갑다고 좋아하곤 했다. 물론 반가움 역시 이삼 일을 못 갔지만 말이다. 아이에게 찬밥 신세가 된 물건들은 가끔씩 다시 찾아주는 아이의 손길을 이제나 저제나 기다려야 하는 신세였다. 그런데 문제는 아이의 변덕스러운 호기심이 애꿎은 동물과 식물에까지 옮겨갔다는 것이다.

그렇게 말렸지만 울고불고 헛된 약속을 해서 사들인 동물이 참 많이도 내 품을 거쳤다. 다 제명대로 못 살고 일찍들 죽어 실려 나갔다. 강아지, 물고기, 토끼, 햄스터, 소라게, 장수풍뎅이……. 한번은 송충이까지 귀엽다고 잡아와 길렀는데 이틀 만에 물을 안 주니 뙤약볕에서 말라 죽었다. 반짝이는 눈으로 환호를 지르며 귀엽다고 데굴데굴 구르고 난리를 피우다가도 금방 관심을 끊는 아이 때문에 심각하게 생존을 위협받는 어린 동물들은 언제나 내 몫이고 책임이었다. 챙겨야 할 학생들과 내담자들에, 언제 다 클지 알 수 없는 딸자식에, 어린 동물들까지 주렁주렁 매달려 내 손에 운명을 맡기고 있는 것 같아 버겁고 싫었다. 그래서 나는 매정하게 결심을 했다. 애완동물 반입 금지! 아이도 말귀를 알아들을 만큼 컸고 스스로 책임을 지는 법을 배워야 하니, 자신이 돌볼 자신이 없는 것은 절대로 사들이지 말라고 단단히 못을 박았다. 그리고 그 말이 진심임을 알게 하느라고 나는 동물이나 식물을 내 손으로 거두지 않고 말라 죽든 뻣뻣이 죽어나가든 관여하지 않았다. 그래서 한동안 우리 집에는 생명의 씨가 말랐다. 그리고 그만큼 조용하고 평온했다.

그런데 아이가 작전을 바꾸었는지 학교 과학 관찰을 핑계로 다시 생명체들을 내 코앞에 조심조심 끌어들이기 시작했다. 주의를 주고 큰소리를 쳤는데도 3,000~4,000원이면 살 수 있는 이런저런 화분이 아이 용돈을 털어내면서 우리 집 베란다와 창가에 자꾸 쌓였다. 학교에 갈 때, 그리고 귀가할 때마다 아이는 화분들에 한 번씩 눈길을 주고 말을 걸기는 했다. 그러더니 조금 자신이 생겼는지 텃밭을 가꾸겠다고 하면서 방울토마토와 고추를 길렀다. 식물에 때맞추이 물을 주는 것은 그래도 기록적으로 한 달가량 갔다. 하지만 역시나 아이는 오래지 않아 화분들에 전혀 신경을 쓰지 않게 되었다. 그러는 사이 꽃 피고 지고 꽃 피고 지고를 반복하던 기특한 생명체에 마음을 쓰게 된 나는 하는 수 없이 스스로 내린 엄포에도 다시 슬금슬금 아이의 빈자리를 메꾸기 시작했다. 그때 아이가 이런 소리를 했다. "엄마도 알고보면 마음이 참 약해." 되돌릴 수 없게 들켜버린 속사정 때문에 나는 더 이상 허풍도 칠 수 없게 되었다.

마음 약한 엄마의 속성을 확신한 아이는 이제 간덩이가 부어서 엄마의 명을 보라는 듯이 어기기 시작했다. 만만한 외할머니를 구워삶아 무턱대고 애완동물을 사들고 집으로 쳐들어오기 시작한 것이다. 그나마 병들어 헤매던 개를 업둥이로 들여놓은 지 몇 년이 된 터라 한동안 그렇게 노래를 부르던 고양이와 멋진 강아지는 감히 손대지 않는 눈치였다. 아이가 초등학교 4학년이 되었을 때 우리 집에는 다시 거실 창가에 주르륵 애완동물 집이 늘어서게 되었다. 처음엔 엄지손가락만 하던 게 접시 엎어놓은 것만큼이나 커진 거북이, 다섯 마리의 새끼를 낳아 각각 우리에서 별거하는 (아니, 내가 별거시킨) 햄스터 부부, 귀엽지만 하루 종일 얼굴 볼 일 없이 잠만 자는 고슴도치. 물론 이 모든 동물의 똥을 치워주고, 집을 청소하고, 밥과 물을 주는 것은 또다시 내 차지가 되었다. 매정하지 못해 넘겨받고 또 넘겨받는 탓이니 누구를 원망할 수도 없는 처지였다.

그런데 참 이상한 것은 꽃들과 대화하는 버릇이 생긴 탓인지 귀찮다고만 생각했던 동물들과도 내가 점점 더 시간을 많이 보낸다는 것이었다. 아마도 햄스터 부부가 새끼를 낳은 것이 직접적인 계기가 되었던 것 같다.

번식률이 장난이 아니라는 것은 들어서 알고 있었지만 내 할 일에 치여 손쓸 겨를이 없던 차에 그만 햄스터 커플이 임신을 해버렸다. 아직도 그날의 기억이 생생한데, 여름휴가를 다녀와 밥을 주려고 하는데 더운 여름이라 벌레가 생겼는지 우리 속 톱밥이 꿈틀거렸다. 너무 징그러워 순간 외마디 비명을 질렀다. 그런데 다시 잘 들여다보니 손가락 한 마디 정도 되는 분홍빛 새끼 다섯 마리가 바닥에 널브러져 버둥거리고 있는 것이 아닌가! 경이로움으로 입이 떡 벌어졌다. 이 땅에 물질로 태어나 눈에 보이는 생명으로 변한 그것들이 마냥 신기했다. 안녕, 어린 것들아.

일단 다른 사람의 조언에 따라 예민한 암컷의 스트레스거리를 줄여주기 위해 불필요한 수컷은 따로 격리했다. 햄스터 같은 종에서 수컷이 하는 일이라고는 씨를 뿌리는 일 외에는 거의 없었다. 애를 낳고 바쁜 건 암컷 혼자였다. 미끄럼틀이 달린 이층집에서 위로 아래로 밤낮없이 아이들을 물고 다니면서 어미라는 본능에 충실하게 아이들을 거두어 먹였다. 지켜보자니 같은 어미로서 마음이 짠했다.

그때부터 나는 날마다 햄스터 우리에 코를 박고 새끼들이 자라나는 과정을 꼼꼼히 관찰했다. 새끼들은 놀라운 속도로 자라서 한 달 뒤에는 어른과 똑같이 행동하고 먹을 것을 제가 다 알아서 챙겨 먹었다. 나는 언제 또 번식할지 모르는 새끼들을 서둘러 수컷과 암컷으로 갈라서 각각의 우리에 넣었다. 그사이 혼자 격리되어 있던 수컷은 외로워서 그런지 금방 털빛이 나빠졌다. 이내 피부병이 생겨 심하게 구질거리고 털 속 피부가 뻘겋게 부어 염증까지 생겼다. 어쩔 수 없이 또 그놈을 데리고 병원을 왔다 갔다 했다. 의사는 호르몬 문제이지 바이러스성 피부병은 아닌 것 같다고 진단했다. 그 말에 안심한 나는 새끼 수컷 세 마리를 아비 우리에 넣어주었다. 그렇게 외로움을 달래다보면 병도 나아지겠지. 하지만 어미와 다르게 아비는 제 새끼인지 모를 수도 있으니 새끼들을 괴롭히거나 공격할지도 모른다.

아니나 다를까, 같이 살기 시작한 지 이틀도 안 되었는데 새끼들이 갑자기 전에 하지 않던 이상한 행동을 보이기 시작했다. 딱히 때리거나 공격을 하는 것 같지는 않은데 아비가 가끔씩 새끼들을 한 놈씩 잡아 배 부위를 찌르거나 툭 치면 어린 것은 발랑 배를 보이며 바닥에 등을 붙이고는 꼼짝도 안 했다. 동물에 대해 별로 아는 바는 없지만 그것이 복종을 표시하는 몸짓인 줄은 금방 알 수 있었다. 아비가 보지

Georges de La Tour, <The Fortune Teller>, 1630.

각종 매체가 이런저런 진실을 파헤칠 때도,

네트워크를 통해 마녀사냥하듯 희생자를 만들 때도,

내가 알아야 하는 것은 나 자신일 뿐이다.

않을 때는 새끼들이 두 발로 몸을 세우거나 꼿꼿이 서서 걸어 다니는 것도 관찰되었다. 아마도 자신을 크게 보이게 하기 위한 몸짓 같았다. 아비와 달리 어미는 새끼들을 괴롭히지 않았다. 하지만 새끼들끼리는 서열이 정해지자 남자들과 똑같이 누가 더 센지 틈날 때마다 확인했다. 찍찍거리는 짧고 강한 소리가 들릴 때마다 나가보면 어김없이 힘 앞에 굴복하는 새끼가 있었다. 그게 그들의 살아가는 방식일 테니 내가 개입할 일은 아니었다.

그래도 혹시 위협이 될 정도로 아비가 새끼를 괴롭히면 바로 다시 떼어놓으려고 촉각을 곤두세우고 지켜보았다. 안 그래도 아비는 피부병 때문에 쓸데없이 신경질적이거나 공격적일 수 있는데, 혹시라도 몸에 열이 많아 피부병이 더 심해진 거라면 열이 뻗치는 대로 새끼들을 '쥐 잡듯이' 잡을 수도 있지 않을까? 제 놈들도 '설치류'에 속하지만 말이다. 마침내 아비가 폭력을 휘두른다 싶은 순간 현장을 포착한 나는 새끼들을 빈 우리에 따로 넣어주기로 결심했다. 딸과 함께 급히 뚜껑을 열어 새끼들을 다른 우리로 옮기는데, 하나, 둘…… 어라, 이상하게 한 마리가 모자랐다.

분명히 새끼 셋을 넣었는데 어찌된 일일까? 무슨 상상을 했는지 순간 가슴이 뛰기 시작했다. 혹시나 톱밥 속에 숨어 있나 싶어 우리를 열어 샅샅이 뒤져보았다. 하지만 여전히 한 마리가 행방불명이었다. 어디 빠져나갈 데가 있나? 탈출이 가능했다면 여러 마리가 나갔을 테지 딱 한 마리만 사라진 것도 이상했다. 귀신이 곡할 노릇이었다. 혹시 아비가 잡아먹었나? 그런 생각은 하고도 싶지 않아 나와 딸은 몸서리를 쳤다. 그래도 혹시 몰라 어디 피라도 떨어졌는지 구석구석 우리 안을 살폈다. 어디에도 그런 흔적은 없었다.

없어진 놈은 불쌍하게도 가장 작은 새끼였다. 늘 어미의 젖을 찾을 때 다른 놈들에게 밀리고 먹이를 먹을 때도 맨 끝에야 차례가 돌아왔던, 약하고 어수룩한 녀석이었다.

뇌가 빚어내는 어마어마한 오류

나는 머리가 어지러워 당장은 판단을 유보하기로 했다. 일단 나머지 새끼 둘을 따로 우리에 격리했으니 할 일은 한 셈이었다. 기분은 찝찝했지만 행방불명된 한 마리에 대해서는 다음 날 다시 생각해보기로 하고 우선 잠을 청하려고 했다. 그때 식구 한 사람이 서둘러 인터넷을 뒤져보더니 심각한 어투로 "원래 햄스터가 새끼를 잡아먹는대"라고 고지했다. 뭐라고? 일부러 잡아먹는 건 아니지만 어찌해서 잘못 죽거나 다치면 천적을 끌어오지 않기 위해 아픈 놈을 혹은 온기가 가시지 않은 시체를 피 한 방울 안 남기고 먹어치우는 것이 햄스터의 습성이란다. 김기덕 감독의 영화 〈수취인불명〉에서 다시 제 품으로 돌려보낸다며 죽은 아들의 살을 뜯어 입속으로 우걱우걱 집어넣던 넋나간 엄마의 미친 눈빛이 기억났다. 하지만 제 크기의 반이 넘는, 이미 다 큰 새끼를 어떻게 뼈째 먹을 수 있을까? 통째로 먹었을까? 아님

오독오독 씹어 먹었나? 털이 소화가 되긴 하나? 이런저런 궁금증으로 새벽까지 수군거리던 우리는 하나같이 그날 밤 악몽에 시달렸다.

식구 중에 쥐라면 아주 끔찍하게 여겨서 평소에도 우리 근처에는 가지도 않는 사람이 있었다. 그런데 이런 일이 벌어지니 불만이 대단할 수밖에 없었다. "그렇게 털 달린 동물은 데려오는 게 아니다", "쥐 새끼들에게 뭘 더 바라겠느냐?", "끔찍해서 거실에는 나갈 수가 없다", "인터넷을 찾아보니 약간의 돈을 주면 동물병원에서 안락사를 시킨다니 그렇게 하자." 하지만 그럴 수는 없었다. 아이와 한 약속이 있기 때문이었다. "이 모든 일은 애초에 잘 알지도 못한 채 햄스터를 기른 내 책임이니 캠프에 다녀와서 어떻게 할지 결정할게. 그러니 그때까지만 수컷을 미워하지 말고 밥도 주고 물도 줘, 엄마." 내게 단단히 당부하고 학교에서 2박 3일 캠프를 떠난 아이가 아닌가. 그런 아이가 대견해서 나는 다른 사람들의 말은 무시하고 말없이 햄스터들을 돌보아 주었다.

그사이 수컷은 제 새끼를 먹고 단백질 섭취를 많이 해서 그런지 피부병이 조금 나아진 것같이 보였다. 배가 축 늘어져 불러 보였는데, 아직 먹은 게 다 소화가 안 되었나보다. 밥을 주어도 잘 안 먹고 평소보다 많이 남기는 모양이었다. 물도 마시는 것을 볼 수 없었다. 종종 나와 눈을 마주치면 까만 눈이 전보다 더 반짝이는 것 같았는데 '피를 맛본 자의 눈빛이 저런 걸까?' 하고 순간 소름이 끼쳤다. 하지만 그게 햄스터의 습성인데 어찌하겠나! 햄스터가 햄스터답게 사는 것을 두고 인간의 방식으로 손가락질하면서 '사악한 놈이네', '애비가 어떻게 그럴 수가 있나', '제 새끼를 잡아먹는 나쁜 놈' 이럴 수는 없지 않은가. 자기 종족답게 자연스러운 방식으로 살아가는 녀석을 우리 보기에 끔찍하다고 어떻게 죽이거나, 굶기거나, 안락사 시킨단 말인가. 그래도 사람 마음이 참 간사해서, 처음엔 피부병이라고 안쓰러워하며 병원에 데리고 다니면서 정을 붙였는데, 사건이 터지고 난 후에는 도로 수컷과 서먹하고 어색해졌다.

아이가 캠프에서 돌아왔다. 아이는 수컷을 계속 키우기로 결정 내렸다. 그래서 다시 우리 집에는 표면상으로는 평화로운 날이 계속되었다.

하지만 사람들에게 햄스터가 새끼 잡아먹은 이야기를 반복해서 들려주다보니 그동안 미스터리했던 단편이 하나둘 맞추어지는 느낌이 들었다. 어쩌면 아비가 피부병에서 벗어나기 위해 본능적으로 잡아먹은 것은 아닐까? 호르몬의 균형이 깨진 데는 같은 종족을 잡아먹는 것이 최고의 치료법은 아니었을까? (아비의 피부병이 그날 이후로 완전히 나았다) 생각해보니 새끼 햄스터가 사라진 날, 옆에 있던 고슴도치와 거북이가 이상한 행동을 보였다. 고슴도치는 햄스터 우리와 가까운 쪽으로는 잘 가지 않았고 평소와 다르게 반대편에만 웅크리고 있었다. 안 그래도 왜 그러나 했는데 뒤돌아보니 거북이 역시 그날따라 평소보다 고개를 물 밖으로 자주 뺐다. 그래, 버둥거리기도 더 많이 했던 것 같다. 쟤네들은 그 참상을 직접 보았을 게 아닌가. 암컷 햄스터 우리에서도 어미가 집 밖에 나와 있으면서 수컷 우리 쪽을 보고 찍찍거렸는데, 그때 의미를 알았더라면 나라도 벌어진 일을 막을 수 있었을까? 그날 나도 수컷 우리에서 새끼들을 빼내는 문제를 딸아이와 공연히 서둘러서 의논하지 않았다. 어쩌면 끔찍한 일이 일어날 것을 무의식적으로 알고 반응했던 걸까? 인간의 마음이 상상을 통해 정보의 공백을 메꾸는 유추 과정을 나는 실감나게 경험하고 있었다.

그러던 어느 날, 나는 보았다. 냉장고 뒤에서 소파 밑으로 쏜살같이 달려가는 하얀 솜털 덩어리를. '이런! 저놈이 살아 있었군!'

삼풍백화점 붕괴 후 잔해들 속에 깔린 채 일주일 넘게 살아 있었던 생명줄 질긴 사람들처럼, 가장 작고 약하고 어수룩한 새끼가 일주일 넘게 밥도 물도 없이 깜깜한 냉장고 뒤에서 혼자 살았던 것이다. 우리는 녀석의 배고픔을 이용하는 정교한 덫을 놓았다. 그런데도 녀석은 몸이 더 작아진 데다 어찌나 날쌔졌는지 덫에 걸리지 않았다. 꼬박 이틀을 보내고 마침내 녀석을 잡았을 때, 나는 알아버렸다. 우리가 얼마나 무서운 짓을 했는가를.

인터넷을 떠도는 한 조각의 정보만으로 곧장 햄스터 일반에 대한 지식을 만들어 죄 없는 아비를 안락사 시킬 뻔했다. 피를 맛본 눈빛이라면서 그동안 살포시 들었던 정을 떼고 소름 돋는 기분으로 밥을 차갑게 던져주었던 것도 나다. 눈을 감고 잠을 청할 때면 어떻게 잡아먹은 것일까 궁금해지면서 오만 가지 장면이 머릿속에 떠올랐다. 이런저런 관련 없는 일들을 하나의 사건으로 엮어내 심각하게 의미를 부여하며 '그러니까 그게 그랬던 거구나'를 연발했다.

나는 햄스터 탈출 사건으로 인간의 뇌가 빚어내는 치명적인 오류를 보았다. 편협한 지식의 조각을 어마어마하게 일반화해 모든 공백을 상상으로 메꾸면서 커다란 그림을 멋대로 완성할 수 있는 인간의 정신에 놀랐다. 이런 일을 가급적 적게 일어나게 하려면 어떻게 해야 할까. 사람과 사람 사이에서도, 사회적 현상들을 경험하면서, 과학과 학문에 정진하는 중에도 우리는 분명 이런 오류를 저지를 것이다. 대선을 앞두고 정치판에서 각축이 벌어질 때도, 알 권리를 강조하면서 각종 매체가 이런저런 진실을 파헤칠 때도, 네트워크를 통해 '국물녀'니 '지하철녀'니 마녀사냥하듯 희생자를 만들 때도, 내가 겁내야 하는 것, 내가 알아야 하는 것, 내가 통제해야 하는 것은 나 자신일 뿐 다른 어떤 것도 아니다.

괜히 '생햄스터' 잡을 뻔했다. 무지와 어리석음이 악으로 둔갑하는 것은 이렇게 한순간이다.

덧붙임: 아직도 그 녀석이 어떻게 우리를 빠져나갔는지는 미스터리다. 몸이 작아 창살 틈새로 빠져나간 게 아니라면 다른 방도는 없다. 그러나 그냥 미스터리는 미스터리로 놔두고 지나가려 한다. 알려고 들수록 불필요한 판단을 하게 되어 또다시 소설을 쓰게 될 테니 말이다. 그 녀석이 어떻게 빠져나갔든 상황은 달라질 것이 없기에 나는 궁금증을 내려놓고 머리를 쉰다.

마음
똑똑
ⓒ 박승숙, 2014

초판 1쇄 2014년 9월 30일 펴냄
초판 2쇄 2015년 7월 23일 펴냄

지은이 | 박승숙
펴낸이 | 강준우
기획 · 편집 | 박상문, 박지석, 박효주, 김환표
디자인 | 이은혜, 최진영
마케팅 | 이태준, 박상철
인쇄 · 제본 | 대정인쇄공사

펴낸곳 | 인물과사상사
출판등록 | 제17-204호 1998년 3월 11일

주소 | (121-839) 서울시 마포구 서교동 392-4 삼양E&R빌딩 2층
전화 | 02-325-6364
팩스 | 02-474-1413
www.inmul.co.kr | insa@inmul.co.kr

ISBN 978-89-5906-267-6 03180
값 14,000원

이 도서의 국립중앙도서관 출판시도서목록(CIP)은 서지정보유통지원시스템 홈페이지(http://seoji.nl.go.kr)와
국가자료공동목록시스템(http://www.nl.go.kr/kolisnet)에서 이용하실 수 있습니다.
(CIP제어번호: CIP2014026723)